세계복음화문제연구소
(The World Evangelization Research Center)는
한국 교회가 세계 복음화를 위하여
한 모퉁이를 담당해야 한다는 사명으로
사역하고 있습니다.

나는 어떻게 예수님을 만났는가?

편 집 인 홍성철
발 행 인 홍성철
초판 1쇄 1996년 2월 28일
개정12쇄 2014년 2월 25일
발 행 처 **도서출판 세 복**
주 소 서울특별시 종로구 사직로6길 24-1
Tel 070-4069-5562
홈페이지: http://www.saebok.net
E-Mail: werchelper@hanmail.net
등록번호 제1-1800호 (1994년 10월 29일)
총 판 처 미스바출판유통
Tel (031) 992-8691, Fax (031) 955-4433
I S B N 978-89-86424-03-4 03230

값 8,000원

나는 어떻게
예수님을 만났는가?

홍 성 철 편집

도서출판 세 복

How Did I Meet Jesus?

Edited by

Dr. Sung Chul Hong

Seoul, Korea

서 문

"아담아, 네가 어디 있느냐?"이 질문은 최초의 인간 아담이 숲 속에 숨어 있을 때 하나님이 그를 찾으시는 절규(絶叫)이다.

그러면 왜 하나님은 아담을 찾으셨는가? 그 이유는 아담이 오만과 편견으로 하나님을 떠나갔기 때문이다. 그가 하나님을 떠나자 자유와 자치(自治)라는 기대 대신에 오히려 하나님을 두려워하게 되어 숲 속으로 피신하였던 것이다.

그런데도 하나님은 왜 아담을 찾으셨는가? 그 까닭은 하나님이 아담을 사랑하셨기 때문이다. 하나님을 떠난 아담은 위로 하나님을 두려워하고, 아래로 사람들을 미워하며, 스스로 공허를 되뇌며 허우적거리고 있었다. 그런 아담을 하나님은 조건 없는 사랑으로 찾으셨다.

찾아서 어떻게 하시겠다는 것인가? 먼저, 관계를 회복하시겠다는 것이다. 그것도 부모와 자녀의 관계처럼 특별하고도 친밀한 사랑의 관계로…. 그 다음, 다른 사람들을 중심 깊이에서 위할 수 있도록…. 그러나 무엇보다도, 마음 속에 평안과 소속감으로 채워 주시기 위하여….

그 이후도 하나님은 정신적으로나 육체적으로 "수고하고 무거운 짐진 자들"을 여전히 찾으셨고, 지금도 찾고 계신다. 그리고 그 추구(追求)의 결과 하나님을 만난 사람들이 여기 저기에서 나타났다. 이미 만난 자들을 핍박하다 하나님을 만나 사도 된 바울, 방탕과 이단에 몰입했다 성자가 된 어거스틴, 종교 속에 깊이 빠져 있다 종교개혁을 일으킨 마틴 루터, 죄의식에서 헤어나지 못하다 오히려 죄의 용서를 능력 있게 선포한 요한 웨슬레….

그런데 하나님은 지금도, 그리고 한국에서도 사람들을 만나 주시고, 변화시키신다. 여기 이 책에는 이처럼 하나님을 만난 사람들의 이야기가 있다. 여자들도 하나님을 만났고, 남자들도 만났고, 목사들도 그리고 외국인들도 하나님을 만났다. 그들의 진솔한 이야기 모음집이 여기에 있다.

이 모음집은 진실되게 인생을 살아가려는 분들을 위하여, 하나님을 만나기 원하는 분들을 위하여, 그리고 그런 사람들을 돕기 원하는 분들을 위하여 소박하게 태어난 셈이다. 왜냐하면 자신들의 이야기를 들려준 분들 모두가 정말 조심스럽게 그리고 그들을 만나 주신 하나님의 영광을 위하여 소박하게 써 주셨기 때문이다. 그분들의 노고에 진심으로 감사한다.

그리고 이러한 모음집을 통하여 많은 분들이 방황에서 안정으로, 의심에서 확신으로, 죄책감에서 용서의 기쁨으로, 그리고 어두움에서 빛으로 오기를 바라는 마음으로, 기도와 후원을 아끼지 않으시는 이사분들과 후원자들에게 이 글을 통하여 진정한 고마움을 표한다.

세계복음화문제연구소
소장 홍 성 철

차 례

3. 목사들의 신앙 고백

4. 외국인들의 신앙 고백

초청의 글

1 여성들의 신앙 고백

김소엽

양영자

양은순

이정효

정연희

좋으신 하나님

김 소 엽

김소엽(본명 김광자)은 이화여자대학교(B.A.)와 연세대학교 대학원에서 수학(M.A.)하였다.
보성여자중·고등학교, 육군사관학교, 서울신학대학교, 호서대학교 등에서 가르쳤으며, KBS("밤과 인생 이야기"), 극동방송국("하나 되게 하소서"), 기독교방송국("새롭게 하소서")에서 진행을 맡기도 하였다.
현재 국제펜클럽, 한국문인협회, 한국시인협회, 여성문학인회의 회원이며, 동시에 "한국문인선교회"와 "대한민국 문화예술선교회"의 회장이기도 하다.
저서로는 「그대는 별로 뜨고」, 「지금 우리는 사랑에 서툴지만」, 「어느 날의 고백」, 「지난날 그리움을 황혼처럼 풀어놓고」, 「마음속에 뜬 별」 등의 시집과 「사랑 하나 별이 되어」의 수필집이 있다.
1978년 "한국문학" 신인상을 받은 이래, 1993년 "기독교문학 대상"과 1995년 "윤동주문학상"을 수상하였다.

좋으신 하나님

저는 일찍이 어머니의 손을 잡고 강을 건너고 재를 넘어서 은은한 종소리를 들으며 교회에 나갔습니다. 저희 마을은 충청도 대전에서도 한 백 리쯤 떨어진 양촌이라는 곳에 있었는데, 그때만 해도 봉건적인 시대였으므로 8·15 해방 이전에는 그 마을에서 교회에 다니는 사람은 없었습니다. 그때 우리 마을에 세워진 교회의 첫 번째 결신자가 되신 어머니는 예수 믿는다는 것 때문에 손가락질을 당했지만 평소에 늘 인덕을 쌓아 왔던 그런 분이셨기에 결국에는 그 마을 전체가 복음화되었습니다.

제가 어렸을 때 교회에 다녔던 그 모습과 교회에서의 생활, 특히 교회 갈 때까지 마을 사람들이 모여 찬송을 부르면서 갔던 그때의 그 장면은 지금도 고향과 함께 제 머리 속에 아주 깊은 인상으로 남아 있습니다.

마음이 곤고할 때마다 저는 고향의 하늘을 떠올리고 고향의 종소리를 떠올리며 마음의 안식을 찾곤 했습니다. 이렇게 저는 유년 시절에 하나님이 좋으신 하나님으로 각인이 되어졌습니다. 그런데 제가 국민학교 5학년 때 뜻하지 않게 어머니께서 돌아가셨습니다. 저의 작은 머리로는 사람이 죽는다는 것이 무엇인지, 왜 죽어서 헤어져야만 하는지에 대해서 도저히 이해할 수 없었으며 그 문제에 대해서 많은 의문을 지닌 채 다음해가 되었습니다.

그날은 어버이날이었는데 담임 선생님께서 어머니라는 제목으로 글짓기를 시키셨습니다. 저는 그때의 제 심정을 그대로 썼고 그것을 보신 담임 선생님께서는 1반부터 13반까지 돌면서 그 글을 극구 칭찬하셨습니다. 지금 생각하면 어머니가 돌아가셔서 상당히 의기소침해 있는 저에게 격려하며 자신감을 주기 위해서 그리하셨으리라 생각되는데 그 당시에는 담임 선생님의 말씀이 정말인 것으로 받아들였습니다.

"삼성국민학교에서 가장 위대한 작가가 탄생될 것이다"라는 선생님의 말씀을 예언처럼 붙들고 저는 일어서기 시작했습니다. 그 선생님은 그리스도인이었고 그래서 저는 더욱더 그 선생님을 따랐습니다.

제가 여섯 살 되었을 때 어머니와 함께 어느 여름밤에 목욕을 했는데 밤이라 그런지 몹시 추웠습니다. 그래서 저는 어머니의 가슴에 꼬옥 안겨 문득 밤하늘의 별을 쳐다보았습니다. 그런데 그 하늘의 별들이 얼마나 크고 신비롭든지 제 어린 가슴에는 정말 감동적이었습니다. 저를 꼭 끌어안으신 어머니께서는 "애야, 별이 참 곱지? 이 세상에 살 동안 착한 일을 하면 이다음에 죽어서 저렇게 크고 빛난 아름다운 별이 된단다"라고 말씀하셨습니다.

그 말씀은 제 삶에 하나의 길잡이가 되었고 가끔 하늘에 떠 있는 별을 보면 어머니의 얼굴이 떠올라 가슴이 찡했습니다. 그래서 중학교에 입학하면서 문예반에 들어가 열심히 글을 썼고, 인문고등학교에서는 대학을 진학하리라 마음먹고 있었습니다.

그런데 아버지께서 난데없이 저를 부르시더니 사범학교에 진학하라고 하셨습니다. 고3이 되는 어느 여름날 밤 일생을 어떻게 보낼 것인가에 대한 고민으로 밤을 새우고 있을 때 갑자기 교회 종소리가 제 가슴을 때렸습니다.

종소리를 따라 무작정 교회로 갔는데 저도 모르게 강대상 앞에 엎드려 무릎을 꿇고 말았습니다. "하나님, 어떻게 하면 좋습니까? 저는 꼭 대학에 가서 문학을 공부하여 정말 훌륭한 시인이 되고 싶습니다. 제가 대학을 갈 수 있도록 길을 열어 주옵소서"라는 기도를 드렸습니다.

얼마 동안 온 몸이 땀과 눈물로 범벅이 되었는데 제 마음속에 "두려워 말라. 내가 너와 함께 함이니라. 놀라지 말라. 나는 네 하나님이 됨이니라. 내가 너를 굳세게 하리라. 참으로 너를 도와주리라. 참으로 나의 의로운 오른 손으로 너를 붙들리라"는 이사야서의 말씀이 떠올랐습니다. 그 말씀을 의지하여 마음을 정하고 사설 학원에 등록하여 입시 준비를 하였고, 시골에서 유래 없던 이대 영문과에 합격을 했습니다. 이것은 하나님의 예정된 은혜였습니다.

그가 남긴 선물

어느덧 졸업반이 되었고 그때만 해도 이대 영문과 출신이 인기가 있었는지 큰 회사에서 타이피스트나 비서로 오라는 요청이 많았습니다. 그러나 저는 뜻을 굽히지 않고 기독교 학교인 보성여고 영어 선생으로 들어갔습니다.

그곳에 부임하기 한 달 전에 아버지께서 또 세상을 떠나셨습니다. 저는 하늘이 무너져 내린 듯한 아픔을 느꼈으며 무엇보다도 제가 단 한 번만이라도 월급 봉투를 아버지께 안겨 드릴 수 없다는 사실에 더욱 가슴이 아팠습니다. 또한 위로 언니들은 다 출가를 했지만 저만 덩그러니 남아 있어야 한다는 외로움도 억제할 수 없는 슬픔이었습니다.

그러던 어느 날 제가 평소에 존경하던 선생님으로부터 어느 남자분을 소개받게 되었는데 그분을 보는 순간 가슴이 두근거리고 오히려 딱지맞을 것 같은 불안이 쌓이기 시작했습니다. 산같이 흔들림이 없고 바다같이 깊은 마음을 가졌겠다는 강한 인상을 주었습니다. 그런데다가 더욱 마음을 끌었던 것은 목회자의 아들이라는 사실이었습니다. 그 당시 목회자들의 생활은 무척 가난했는데 그럼에도 불구하고 용기를 내었고 그로부터 10개월 후에 결혼을 하게 되었습니다.

이렇게 해서 신혼 여행을 갔는데 첫날밤 남편은 저에게 쪽지를 하나 주었습니다. 저는 생각하기를 "야, 이 남자가 무뚝뚝해서 사랑의 고백을 못하더니 드디어 오늘 하는구나"하는 기대를 안고 그 앞에서 펼쳐 보기가 쑥스러워 화장실 안으로 들어갔습니다. 잔뜩 긴장을 하고 쪽지를 펴 보는 순간 저는 깜짝 놀래고 말았습니다. 그것은 "고운 것도 거짓되고 아름다운 것도 헛되나 오직 여호와를 경외하는 여자는 칭찬을 받을 것이라"는 잠언 31장 30절 말씀이었습니다. 저는 그 성경 말씀을 받고 굉장히 실망을 했습니다. 정말 시시하다는 생각을 하면서 밖으로 나왔는데 이런 저를 아무 말 없이 꼬옥 안아 주면서 "당신에게 좋은 선물이 될 거요"하는 것이었습니다.

그는 저녁 6시가 되면 정확하게 집의 벨을 눌렀으며 만일 회식이 있거나 직장 일로 늦어지면 꼭 전화를 걸어 걱정하지 않도록 했습니다. 또한 아무리 늦은 시간에 들어와도 잠자리에 들기 전 성경을 보고 기도를 하고 아침에도 일찍 일어나 성경을 보고 기도를 한 후 출근을 합니다. 또한 느닷없이 집으로 전화를 걸어 "여보 성경 몇 장 몇 절 펼쳐 봐"하고는 전화기를 내려놓는 정말 싱거운 사람이기도 했습니다.

저는 행복에 겨워 남편에게 불만을 가지기 시작했고 반복되는 생활을 지루해 했습니다. 그런 차에 국민학교 담임 선생님께서 하셨던 말씀이 떠올랐습니다. 훌륭한 시인이 되어 세상에 이름을 내야겠다는 생각으로 다시 글을 쓰기 시작했습니다.

다행히 「한국문학지」를 통해 시가 당선되어 신인상을 받게 되었고 시인이라는 이름을 깃발에 꽂고 나돌아다니기 시작했습니다. 어느 날 남편이 저에게 참으로 불쌍하다는 듯이 "여보 단 한 줄의 글을 쓰더라도 영혼을 울릴 수 있는 글을 쓰시오"하면서 함께 성경 공부를 하러 다니자고 요구했습니다. 그러나 저는 완강하게 거절을 했으며 오히려 대학원에 가겠다고 고집했습니다. 대학을 나오고 10년도 더 지나서야 시작한 공부라 자신이 없었지만 떨어질 것을 각오하고 시험을 봤는데 생각지도 않은 합격의 영광을 안게 되었습니다.

신바람을 내며 대학원을 다녔으며 마지막 논문 학기가 되었습니다. 천만뜻밖에도 「카라마죠프의 형제들」이라는 토스토예프스키의 작품이 주제목으로 선정이 되었습니다. 이것은 제가 전혀 예기치 못했던 우연한 기회에 그렇게 되었습니다.

엘리 엘리 라마 사박다니

그러나 그것은 결코 우연이 아니었습니다. 저는 「카라마죠프의 형제들」을 탐독하면서 토스토예프스키의 위대한 정신에 가 닿게 되었습니다. 그 작가의 위대한 정신에 접근하면서부터 저는 비로소 기독교가 무엇인가를 깨닫기 시작했습니다.

그 작품을 통해 그들의 허영과 무신론과 이단, 방탕한 생활을 알게 되었고 그들의 감각적인 생활을 통해 그들의 죄성을 보기 시작했습니다. 그때에야 저는 기독교에서 말하는 "죄"에 대해 알게 되었고 저의 죄를 회개하는 기회를 갖게 되었습니다. 회개란 내가 죄인인 것을 아는 데서 비롯되는데 그 동안 30년이 넘게 교회엘 다녔지만 내가 죄인인 것을 몰랐단 말인가 참으로 이상했습니다. 목사님의 설교 말씀을 통해서도 얼마나 많이 우리의 죄성에 대해서 들어왔건만 내 자신이 진실로 죄인임을 몰랐던 말인가?

나는 늘 공부를 잘했기 때문에 공부 못하는 아이들을 마음속으로 얕보면서 내 스스로는 상당히 교만해 있었던 것 같습니다. 웃어른들께도 공손히 인사성 바르게 예절을 지켜 인사를 잘하니 칭찬은 으레 내 것이었습니다. 성격적으로 침착하고 내성적이면서도 밝고 친절하니 나는 모든 사람들에게 귀염을 받았고 학교에서나 가정에서나 언제나 칭찬과 굄을 받았습니다. 특별히 다섯째 막내딸로 태어난 나는 언니들이 모든 것을 해 주었고 어리광이 많고 으레 칭찬은 내 것인 줄 알고 살았습니다. 칭찬에 길들어지고 나의 속마음은 상당히 교만해져서 스스로가 의로운 자리에 나를 앉혔던 것 같습니다. 그러다 보니 어려서부터 교회는 다녔지만 참으로 진정한 의미에 있어서 내가 죄인인 것을 고백하고 회개하는 중요한 시간은 없던 채로 나는 기독교인이라고 생각하며 살았던 것입니다.

얼마나 내 마음이 교만에 차 있고 강퍅했는지 나는 내가 죄인인 것을 깨닫는데 30년이나 걸렸습니다. 기실 죄인인 것을 알고 회개하는 것이 기독교인이 되는 첫 번째 단계라는 것을 나는 훨씬 뒤늦게서야 깨달았던 것입니다.

이러한 역사가 나에게 있어서는 대학원 논문을 쓰기 위해서 기독교 문학의 대가이며 "나는 「카라마죠프의 형제들」에 이르러 비로소 기독교를 선포하기 시작했다"고 고백했던 토스토예프스키의 바로 그 작품을 통해서 내가 깨어지기 시작했던 것입니다. 이것은 하나님 아버지의 놀라운 섭리였습니다. 그 소설의 작중 인물들의 죄성을 낱낱이 보기 시작하면서, 하나님을 몰라서 저지르는 그들의 무지몽매한 생각과 삶을 통해서, 나의 죄성을 보고 나는 책이 젖도록 회개의 눈물을 흘렸던 것입니다.

이렇게 회개하고 나니 세상이 달라져 보였습니다. 이제까지 별로 기쁠 것도 없던 생활이 하나하나 날개를 단 것처럼 기쁘게 느껴지고, 지루하게만 느껴졌던 일상 생활이 윤기 있게 돌아갔습니다. 그리고 이제까지 남편에 대하여 별로 탐탁지 않게 생각했던 것들이 180도 다르게 느껴졌습니다. 나는 딸을 낳고 기르면서 짜증이 늘어갔고 아이를 갖고 출산하는 과정에서 심한 디스크를 앓게 되어 만사가 귀찮고 신경질이 늘어갔으며, 남편이 하는 일이란 손해볼 일만 골라서 하는 것 같고 그러다 보니 나의 남편만 좀 덜 떨어진 사람 같고 뭔가 좀 모자라는 것 같아서 나중에는 내가 저런 사람과 어디가 좋다고 결혼을 했을까 하는 후회까지도 하게 되었습니다. 그러한 시점에서 나는 회개의 눈물을 흘리면서 하나님 앞에 고꾸라졌으니 이것은 굉장한 하나님의 은총이었습니다.

이렇게 회개의 눈물로 나의 죄를 씻고 보니 이제까지 등신 같이만 보였던 남편이 참 근사하게 보이기 시작했습니다. 그는 정말 보기 드물게 괜찮은 사람이었습니다. 기독교의 기적이란 바로 이것이었습니다. 죽을 병이 낫고 앉은뱅이가 일어나는 역사만이 아니고 똑같은 사물을 180도 다르게 보게 되는 바로 그것이 기적이라는 사실을 비로소 깨닫게 되었습니다. 이렇게 되니 나는 자연히 남편 말에 순종하게 되었습니다.

이전까지 내 멋대로 내가 좋을 대로 나의 유아적 이기심을 좇아서 살았던 내가 전폭적으로 변화되기 시작했습니다. 누가 시켜서도 아닌데 자연히 그렇게 되었습니다. 이를테면, 나는 반찬을 할 때에도 내가 좋아하는 반찬을 주로 했었습니다. 그는 생선과 토종이라서 된

장 찌개, 김치찌개가 있어야 하는데 나는 고기를 좋아했으므로 만날 고기 반찬을 즐겨 했던 내가 남편이 좋아하는 음식만 하게 되었고, 무엇을 해서 남편을 기쁘게 해 줄까를 생각하면서 살게 되었습니다. 그의 기쁨이 다시금 나의 기쁨이 되어 돌아오곤 했습니다. 그리고 내 중심에서 그리스도 중심으로 옮겨지게 되니 남편의 입이 떨어지기가 무섭게 그렇게 순종이 되어졌습니다. 왜냐하면 그렇게 순종하는 것이 기뻤기 때문입니다. 성경 공부를 하기 시작했고 말씀을 통해 비로소 복음이 제 가슴에 심어지게 되었습니다. 전에는 남편이 함께 성경 공부를 하자고 제의하면 나는 당신 혼자서 하라고 하면서 응하지 않았으나 그의 말을 따라 교회 다닌지 30년이 넘어서 처음으로 성경 공부라는 것을 하기 시작했습니다. 그때 배운 성경이 로마서였는데 우리 신촌성결교회의 어느 전도사님이 얼마나 열심히 은혜롭게 가르쳐 주셨던지 우리들은 그 말씀에 완전히 빠졌습니다. 정말 달고 오묘한 그 말씀, 생명의 말씀을 배워 나아가기 시작하면서 나는 진리에 접근하기 시작했습니다. 특히 로마서는 "이신칭의"의 장으로 죄인 되었던 우리가 하나님의 전적인 은총으로 하나님의 자녀가 되어 의롭다 함을 인정받게 되는 놀라운 축복을 깨닫게 하는 장이기 때문에 내가 받는 은혜는 더 더욱 컸습니다. 성경 공부를 해보니 백날 교회에 다녀도 성경을 모르면 예수님하고는 별로 상관이 없음을 알았습니다. 왜 이렇게 뒤늦게 서야 성경을 배웠을까 도저히 이해가 가지 않았습니다. 본시 책을 좋아하고 가까이 지냈던 내가 어째서 성경 공부는 그토록 늦게 시작했는지 나도 알다가도 모를 일이었습니다.

우리는 점차로 밤이 깊어지는 줄도 모르고 어떻게 하나님께 헌신하며 살 것인가를 이야기하기 시작했습니다. 우리는 하나님의 일을 하려고 작정했으며 그러는 중 남편은 연세대학교 영문과에 정교수가 되었습니다.

사람들은 그의 성실성과 인품을 인정했습니다. 많은 사람이 그를 존경하고 동료들이 그를 신뢰했습니다. 학교에서는 일을 맡길 후계자를 찾았다고 좋아하며 그에게 많은 일을 맡기기 시작했습니다. 교회에서는 그를 장로로 피택하였으며 저는 집사가 되어 합심으로 하나님의 일을 막 시작하려는 때, 하나님께서는 그의 영혼을 부르셨습니다. 이것은 정말 뜻밖의 일이었고 저는 놀래지 않을 수 없었습니다.

그 동안 저는 하나님께서 저에게 초년에 말할 수 없는 슬픔과 고난을 주시더니 좋은 남편을 허락하셔서 행복한 삶을 영위하게 하시니 정말 공의의 하나님이시라고 증거하며 하나님을 찬양했었습니다. 그런데 그런 공의의 하나님이 이렇게 생각지도 못한 불행한 일을 제게 주시는지 저는 도저히 납득할 수가 없었습니다.

이것이 하나님의 뜻이라면 나는 그 뜻을 받아들일 수도 없고 더 이상 하나님을 믿을 필요도 없다고 소리치며 반역했습니다. 그리고 "나의 하나님, 나의 하나님 어찌하여 나를 버리시나이까"라는 그 호소를 수백 번도 더 외치면서 정말 사망의 음침한 골짜기를 헤매는 나날을 보냈습니다.

그러한 생활에서 저는 지옥을 체험했습니다. 하나님을 부인하는 그 자리가 바로 지옥이었으며 하나님과의 교제가 끊어진 그 자리가 바로 고통의 자리, 지옥의 자리였습니다. 저는 한 순간도 살아 있을 수가 없었으며 마지막으로 이렇게 기도를 했습니다. "하나님께서 저에게 주실 마지막 자비가 있다면 저를 이 고통 중에 두지 마시고 하루빨리 데려가 주옵소서." 저는 죽음을 각오하고 식음을 전폐했습니다. 이런 저에게 믿음의 형제들이 끊임없이 찾아와 기도와 말씀으로 위로해 주었습니다.

저는 남편의 연구실을 정리하다가 마지막 남편이 펼쳐 놓은 성경 구절이 시편이었다는 사실을 뒤늦게 알게 되었습니다. 그것이 바로 시편 102, 103, 104편이었는데 어떻게 된 일인지 102편에는 이런 구절이 있었습니다. "하나님이여 나의 중년에 나를 데려가지 마옵소서." 그리고 103편에는 "인생은 그 날이 풀과 같으며 그 영화가 들의 꽃과 같도다"라는 말씀이 있었습니다. 정말 놀랬습니다.

"어떻게 남편이 마지막 읽은 성경에 이런 구절이 있을 수 있나. 그렇다면 그의 죽음은 나의 잘못도 병원의 잘못도 아니며 그것은 순전히 하나님의 계획과 예정 안에 있었던 것이 아니었을까"라는 생각을 했습니다. 저는 시편을 다시 읽었습니다. 시편 22편 첫머리에 있는 "엘리 엘리 라마 사박다니"라는 말을 수백 번도 더 울부짖었는데 그 구절이 바로 거기에 있었습니다.

저는 갑자기 예수 그리스도의 십자가의 고통이 제 고통으로 느껴지기 시작했습니다. 이제까지 머리로만 알았던 십자가의 아픔이 저의 생생한 아픔으로 가슴에 전달되기 시작했습니다.

천지 만물을 창조하시고 우리 인간을 흙으로 빚으셔서 생명이 되게 하셨으며 죽은 나사로를 살리시고 앉은뱅이를 일으키셨던 하나님의 권능으로 십자가에서 그 외아들을 당장 끌어내리실 수도 있었을 것입니다. 그런데 하나님은 당신의 아들이 피와 땀을 다 쏟고 죽기까지 침묵하셨으며 응답하지 않으셨습니다. 왜 그렇게 하셨을까요?

제가 하나님을 향해서 "하나님, 저의 남편의 생명을 히스기야왕처럼 15년만 더 연장하여 주옵소서"라고 기도할 때 하나님은 응답하지 않으셨습니다. 저의 온 교우들이 철야 금식을 하며 기도할 때도 하나님은 응답하지 않으셨습니다. 저의 기도에 응답하지 않으신 하나님께 분노하고 있었습니다.

하나님께서는 그 외아들이 마지막 고통에 못 이겨서 부르짖었을 때 즉각적으로 응답하셨습니까? 그 외아들이 땀과 피를 다 쏟고 죽기까지 하나님께서는 응답하지 않으셨습니다. 만약에 하나님께서 즉각적으로 응답하셨다면 십자가 사건은 인류 역사상에 일어나지 않았고 예수님은 마술사로 전락되었을 것입니다.

하나님께서 온전하신 하나님의 의와 사랑을 이루시기 위해서 그 아픈 고통을 참고 기다리셨습니다. 예수 그리스도께서 순종으로 육신이 죽기까지 기다리셨습니다. 예수 그리스도의 위대하신 순종의 미덕과 하나님 아버지의 아픔을 참고 견디신 그 놀라우신 사랑이 십자가 위에서 일치되었습니다. 예수 그리스도의 순종으로 죽음을 이기시고 부활하실 수 있는 놀라운 상급을 하늘로부터 받았습니다.

저는 남편의 죽음이라는 엄청난 대가를 지불하고 비로소 십자가의 아픔을 이해하게 되었습니다. 제가 어느 곳에 가서 어떤 순교를 한다 해도, 어떤 아름다운 글을 쓰고 어떤 말을 전한다 해도 남편의 생명을 값으로 치를 수는 없다고 생각합니다.

그래서 저는 "기도"라는 시에서 "내 생명은 그대와 더불어 불어지는 한 자루 피리 되리. 내 생명은 그대 숨결로 불어지는 한 자루 피리 되리"라는 신앙 고백을 하면서, 제 생과 하나님의 영혼과 숨결의 아름다운 소리로 상한 심령과 아픈 영혼을 조금이라도 치료할 수 있게 된다면 그것이 저의 사명이며 하나님의 뜻이 아닐까 생각합니다.

이제 나의 목표는 천국 면류관입니다

양 영 자

녹색 테이블의 여왕, 양영자는 전북 익산에서 출생하였다. 아홉 살부터 탁구를 시작하여 15세 되던 해 국가 청소년 대표로, 캐나다 오픈 대회에서 단체전 및 복식에서 우승하였고, 2년 후부터는 국가 대표 선수로 활약하였다. 그 다음해, 곧 82년 서울 오픈 대회에서 단식, 복식, 단체전에서 모두 우승하여 3관왕에 올랐다.

학업에도 열중하여 명지대학교에서 영문학을 전공하여 학사가 되었다. 학업을 하면서 86년에는 서울 아시안 게임 단체전에서, 87년 뉴델리 세계 선수권 복식에서, 88년 니가타 아시아 선수권 대회 단체전에서, 그리고 서울 올림픽 대회 복식에서 각각 우승을 차지하였다.

탁구로 국익을 널리 떨친 공로로 88년 대한민국 체육훈장 청룡상을 수상하였다. 은퇴 후 제일모직 탁구단에서 트레이너가 되기도 하였다. 그 후 1992년 결혼하였으며, 남편(이영철 전도사)과 함께 1996년 1월부터 한국선교훈련원(GMTC)에서 훈련을 받고, 하늘 나라의 영광을 위해 복음 금메달을 다짐하며 선교적인 삶을 위하여 창의적 접근지역 중의 한 나라로 갔다. 슬하에는 두 딸(반재, 윤재)을 두고 있다.

이제 나의 목표는 천국 면류관입니다

내가 처음 라켓을 잡은 것은 이리 남성국교 3년 때인 73년. 탁구 시작 3년만에 전국 국민학교 탁구대회 단체우승을 차지했고 고2 때는 국가 대표 선수로 선발되었다. 당시 내 성질은 고약한 면이 있었다. 절제력이 부족했던 것이다. 그래서 연습이나 시합 중 내 마음대로 되지 않으면 라켓을 물어뜯거나 부수기 일쑤였다. 연습 때는 잘하다가도, 특히 중요한 시합에 임할 때면 급한 성격 때문에 지나친 긴장으로 흥분이 되어 얼굴이 빨개지면서 실력을 충분히 발휘하지도 못한 채 물러나야 하는 경우도 있었다. 그래서 선생님 중엔 자신이 불신자임에도 불구하고 나더러 교회 나갈 것을 권유하셨던 분도 계셨다. 사실은 유치원 때부터 주일학교에 다녔었다. 그 무렵 나는 운동 연습으로 바빠지면서 점점 교회와는 무관한 사람이 되어 가고 있었던 것이다.

하지만 내가 다시 열심을 내어 교회를 나가게 된 것은 선생님의 충고 때문이 아니라 중학교 2학년 때부터 나의 팔꿈치를 자주 괴롭히던 테니스 엘보우라는 증상이었다. 통증 때문에 팔을 펴지도 구부리지도 못함은 물론, 들어올릴 수도 내릴 수도 없었다. 의사 선생님은 탁구를 그만두어야 팔이 나을 것이라고 경고하셨다. 하지만 나로선 가슴에 태극 표시를 달고 국가 대표의 영광을 누리고 싶은 미련을 떨굴 수 없었다. 중요한 국내 경기가 있을 때마다 진통 주사를 팔에 맞아 가며 시합에 임했다. 진통제를 맞을 때마다 아픈 팔에 깁스를 맨 채 삼 일을 쉬어야 했다.

이때부터 나는 갈급한 심령이 되어 있었다. 어디서부터 열심히 생겼는지 기브스한 팔로 설교 말씀을 적지 못하면 왼팔로 써내려 갔다. 철야기도는 물론 새벽기도에도 힘썼다. 누가 깨우지 않아도 시간에 맞춰 일어나 예배에 참석했다. 학교 수업을 마친 후엔 교회를 먼저 들러 예배실 마루바닥에 엎드려 기도하고서야 귀가했다. 집에 도착하면 늘 라디오를 켜서 기독교 방송에서 나오는 목사님의 메시지를 경청하곤 했다.

그러기를 6년, 여고 3학년이던 1983년 나는 국가 대표의 주전 선수로서는 처음으로 세계 탁구 선수권 대회에 참가했다. 일본 동경에서 열렸던 이 대회에 출전하는 나의 심정은 착잡했다. 그 이유는 전번 대회에서 선배들이 어렵게 달성했던 2위의 성적을 유지해야 하는 부담감 때문이었다. 그 동안 맞아 왔던 진통제의 효과는 계속 떨어지고 있었고 탁구를 당장이라도 그만두고 싶다는 충동이 연습 때마다 찾아왔다. 태극 마크의 염원도 이뤘으니 지겨운 탁구를 집어치우고 나도 두 다리 뻗고 편하게 지내고 싶다는 유혹은 집요하게 나를 따라다녔다.

지나친 긴장 때문이었는지 우리는 중국과 대결하기도 전에 힘도 쓰지 못한 채 졌다. 패배로 인한 주위의 눈총을 의식하며 개인 단식 시합에 들어갔다. 대진표를 보니 이른바 난공불락이라 불리던 중국 선수들이 16강전에서부터 줄줄이 대기하고 있었다. 차라리 마음이 편했다. 그것은 지더라도 핑계가 될 수 있었기 때문이다.

예상을 뒤엎고 나는 세 명의 중국 선수를 이기고 결승에 진출했다. 그 선수들 중에 통링이 있었다. 그는 이전 세계 대회의 우승자였다. 나는 결승에서 또 다른 중국 선수에게 져서 준우승에 그쳤다. 그러나 당시 만 18세였던 나로선 일반의 예상을 뛰어넘는 우수한 성적이었다.

그 대회 이후 나는 매스컴의 스포트라이트를 받는 지위로 떠올랐다. 어느새 은퇴하겠다는 생각은 쏙 들어가 버렸고, 주위 사람들은 "이제 양영자가 있어야 중국과 겨룰 수 있다"는 기대를 갖고 나의 팔 치료를 위해 애를 써 주었다. 그러나 많은 시간과 노력에도 불구하고 별 차도가 없었다.

어느 날 팀 선배의 어머니께서 나에게 해결책을 권유하셨다. 기도원 가서 안수기도 받아 보자고. 따라가긴 했지만 그건 나에게 믿음이 있어서가 아니었다. 별다른 방법이 없었기에 밑져야 본전이라는 생각이었다.

그 기도원에서 하나님의 놀라운 은혜가 나에게 임했다. 낯선 기도원 분위기에 적응하지 못한 채 나는 방 한구석에 쪼그리고 앉아 있었다. 그런데 목사님의 설교를 들으면서 나는 스스로 죄인임을 인정하고 죄 가운데 죽을 수밖에 없던 나를 위해 십자가에서 피 흘리셨던 예수 그리스도를 나의 구주로 영접했던 것이다. 태어나서 처음으로 하나님을 큰소리로 외쳐 찾았고 밤을 지새워 가며 기도했다. 숙소로 돌아온 내게 정말 믿기 어려운 일이 일어났다. 무려 6년 동안 나를 그림자처럼 따라다니던 테니스 엘보우가 완치된 것이다.

나는 하나님 아버지께 감사의 기도를 드렸다. 그때 나는 나의 병을 고쳐 주신 하나님은, 아무리 불가능하게 보이는 일도 하고자 하시면 능히 이루시는 분이심을 체험적으로 믿게 되었다. 그제야 탁구라는 재능 역시 내 스스로 얻은 것이 아니라 하나님께서 주신 선물이었음을, 또 세계 대회에서 준우승 한 것도 내가 잘나서가 아니라 하나님의 은혜였음을 깨달았다.

그때 이후 나는 운동하는 목적이 달라졌다. 나의 명예가 아니라 하나님의 영광을 위해 노력하게 되었다. 그 이후 탁구가 지겹다고 느낀 적이 없다. 훗날 선수 생활을 마감하던 날엔 정들었던 라켓을 붙들고 실컷 울 정도였다. 기도원을 내려온 후 탁구에 대한 애정과 열의가 되살아나면서 그만두고 싶다는 생각은 쑥 들어가 버렸다.

내 생활에 변화가 찾아왔다. 독선적이던 성격이 점점 순한 양처럼 변해 가면서 승부사로서의 근성이 약화되었다. 세계 선수권 대회에서 강자로 떠오른 만큼, 좋은 성적을 유지하기 위해 더욱 연습에 매진해야 하는데, 자꾸만 "도대체 무엇 때문에 악바리같이 싸워서 상대를 이겨야만 하는가"라는 회의가 뇌리에서 떠나지 않았다. 이전처럼 악착스럽지 않은 내 태도를 지켜보시던 선생님이 안달이 날 지경이었다.

또 다른 갈등이 생겼다. 개신교와 가톨릭을 비교한 책을 읽으면서, "개신교엔 구원의 가능성이 거의 없다"라는 내용의 독기 서린 주장에 접하자 내 어린 신앙에 파문이 일어난 것이다. 심각해진 내겐 탁구 치는 것이 별 의미가 없었다. "어떻게 해야 진정한 구원을 얻을 수 있는가"에 골몰하던 나는 감독님께 휴가 내줄 것을 요청했다. 코치 선생님은 선수촌 내에 머물면서 쉬고 싶은 만큼 쉬라고 말씀하셨다. 신부님이든 목사님이든 직접 뵙고 상담하려던 내 의도가 빗나가자 나는 선수촌 안에서 빈둥거릴 수밖에 없었고, 점점 "내가 왜 이러나?"라는 반성이 들면서 훈련에 복귀했다. 그때 선생님께서 내 마음먹은 대로 외출을 허락하셨다면 어떻게 되었을까 생각만 해도 아찔하다.

이 무렵 큰 시련이 닥쳐왔다. 이전에 없던 열의를 갖고 연습에 임하고 있던 무렵 갑자기 간염 진단을 받은 것이다. 쉬 피로를 느꼈고 다리에 힘이 빠져 연습을 하기 어려울 지경이었다. 쉬어야 했음에도 불구하고 나를 대신할 선수가 없을 만큼 당시엔 선수 층이 얇았다. 할 수 없이 계속 무리하게 각종 국제 대회에 출전했던 결과, 84년과 85년은 세계 대회에서의 연이은 패배와 장기입원, 낙향으로 점철되었다.

부진한 성적에 실망한 탁구협회에서는 "아픈 선수를 기용할 수 없다"고 판단하고 나를 국가 대표에서 탈락시키었다. 잘 할 때는 하늘 높이 치켜올리다가 못 할 때는 사정없이 떨구는 것이 승부사의 현실이었다. 나는 그대로 주저앉고 싶었다.

"다른 진로나 찾아볼까"하는 생각을 하고 있던 그 무렵, 어느 날 내 눈에 잠언 24장 16절 말씀이 들어왔다. "대저 의인은 일곱 번 넘어질지라도 다시 일어나느니라." 왠지 악착같이 다시 부딪쳐 보고 싶었다. 이전의 승부근성이 되살아났다. 탈락된 후 나는 밑바닥에서부터 다시 시작하기로 마음먹고 열심히 뛰었다. 3군에 소속된 중 고교생들과의 예선에서 1위를 차지하고 2군에서도 수위에 올랐다. 수십 차례 경기를 통해 비로소 1군에 진입했으며 최종적으로 국가 대표 결정전에서 승리를 거두고 다시 정상에 복귀했다. 이제 협회에서도 나를 더 이상 제외시킬 수 없게 되었다.

국가 대표 팀에 복귀한 후 출전했던 첫 대회가 86 아시안 게임이었다. 현정화 선수와 처음으로 복식 파트너를 이뤄 맹훈련에 돌입했다. 그러나 내 건강은 훈련을 따라갈 수 없었다. 충분한 연습도 없이 세계 최강 중국 팀과 겨룰 것을 상상만 해도 초조해져서 입술이 바짝바짝 말라 올 지경이었다. 나는 모든 형편을 주께 맡길 수밖에 없었다.

드디어 중국과 결승에서 맞붙는 날이 되었다. 뜻밖에 내 마음은 담담하였다. 마음의 평강을 누리며 시합했더니 넉넉한 점수 차로 중국 팀을 누를 수 있었다. 신문과 방송은 나와 현정화의 복식조를

"환상의 콤비"라며 추켜올려 주었다. 그러나 그 승리는 전적으로 주의 도우심이었다. 그 대회 이후 나와 현정화의 복식조는 이듬해 세계 선수권 대회에서도 우승하는 등 영광스런 날이 계속되었다.

아시안 게임 직후 아시아 선수권 대회가 중국 선천(Shenzhen)에서 열렸다. 나는 입원해서 간염을 치료받고 있었으므로 갈 형편이 못 되었다. 하지만 나는 복음의 불모지인 중국에 가서 구원의 길을 증거하고 싶었다. 의사 선생님께서는 내가 링게르 병을 들고가서 그곳에서 계속 주사 맞는 것을 조건으로 출전을 허락하셨다. 나는 복음을 전할 방법을 궁리하고서는 전도지를 가져갔다.

듣던 대로 중국에서 탁구의 인기는 대단했다. 무려 22시간 기차를 타고 와서 관람하는 팬들도 있었으며 경기장은 관람객으로 넘쳤다. 그들 중 많은 사람들이 아시안 게임 때 한국 남녀 팀이 중국 팀을 이기던 장면을 텔레비전으로 보았기 때문에 우리 선수들의 얼굴을 기억하고 사인을 받기 위해 몰려들었다. 나는 사인한 종이 위에 전도지 한 장씩을 포개어 그들에게 나눠줬다. 전도지가 뭐인지도 몰랐던 그들은 더 달라고 아우성이었다. 나는 배포를 위해 구태여 돌아다닐 필요가 없었다. 가만히 앉아서 전도지를 돌려주는 일은 특별한 기쁨이었다.

귀국 후 간염이 심해졌던 때가 있었다. 간호사는 나더러 어쩜 더 이상 탁구를 못 할 것이라고 알려 주었다. 하지만 내 마음엔 어떡하든지 서울 올림픽만큼은 꼭 참가하고 싶다는 소원이 있었다.

감사하게도 하나님께서는 차츰 병세를 호전시켜 주시었다. 덕분에 나는 올림픽 직전의 세계 대회와 아시아 대회에 출전할 수 있었다. 그러나 자신감이 없었다. 그래서 경기에 임할 때마다 "하나님 나는 아무 것도 할 수 없습니다"라는 고백을 할 수밖에 없었다.

그런데 뜻밖에도 나는 단식 부문에서 준결승까지 진출했다. 상대는 중국의 다이리리였다. 그녀와는 이전에 여러 번 싸웠지만 한 번도 이겨 본 적이 없었다. 5판 3승 시합에서 세트 스코어 2대2를 이루고 마지막 세트를 맞이했다. 점수는 18대 11, 내가 지고 있었다. 이제 그 선수는 3점을 더 따면 결승에 올라가게 될 상황이었고 나는 완전히 벼랑에 몰린 상황이었다.

그럼에도 그날 따라 나는 이상하게도 질 것이란 생각이 전혀 들지 않았다. 그저 최선을 다하리라고만 마음먹었다. 한 점 한 점 점수를 따기 시작하더니 10점을 연달아 얻어서 상대를 18점에 묶어 두고 21대 18로 극적인 역전승을 거뒀다. 한참이 지나서야 나는 이 경기에 하나님의 특별하신 계획이 있었음을 깨달았다. 다이리리 선수를 16개월이 지난 후에 처음으로 만났다. 그녀의 외모가 너무도 달라졌었다. 긴 머리가 단발로 바뀌었고, 얼굴엔 성형 수술한 자국을 읽을 수 있었다. 중국어 통역관이 가르쳐 주었다. 다이리리는 나에게 패배를 당한 뒤 심경의 엄청난 변화를 경험했다는 것이었다. 탁구에 대한 회의가 생긴 나머지 그만두고 싶은 생각도 했다. 그때 자신의 외모도 고쳤다고 했다. 그뿐만 아니라 더욱 놀라운 사실은 다이리리가 불교를 더 이상 신뢰하지 않게 되었다는 것이었다. 불교 대신 기독교에 대해 관심이 생기더라고 했다. 그런데 다이리리는 우리가 전했던 성경을 읽었지만 무슨 뜻인지 모르겠다면서, 하지만 무척 알고 싶어진다고 대답했다.

그제야 나는 왜 하나님께서 내가 다이리리를 이길 수 있게 하셨는지 분명히 깨달았다. 다이리리는 실패를 통해서 하나님을 바라볼 수 있게 되었던 것이다. 하여튼 나는 무능한 자에게 힘주시고 불가능을 가능케 하시는 하나님께 찬양과 영광을 돌릴 수 있었다. 고린도전서 1장 27-28절에 "하나님께서 미련한 자를 택하사 지혜로운 자를 부끄럽게 하시고 약한 자를 택하사 강한 자를 부끄럽게 하신다"는 말씀은 나의 고백이 되었다.

선수 생활의 어려움 중 하나는 승리의 기쁨을 오래 간직하는 대신, 곧장 긴장 속의 훈련으로 복귀해서 다른 시합을 준비해야 하는 것이었다. 이 때문에 나는 선수촌에 돌아갈 때마다 늘 새로운 마음가짐이 필요했다. 그런데 나는 건강치 못한 관계로 제대로 훈련을 받을 수 없었다. 늘 벅차고 힘든 시간이 계속 이어졌다. 조금만 틈이 나면 나는 쉬어야 했다. 선수 생활 내내 미팅이라든지 데이트라든지 낭만이라곤 상상할 겨를도 없었다.

올림픽이 다가왔다. 처음 참가하는 올림픽이었다. 선수로서 참가한다는 사실만으로도 영광스러울 지경이었다. 신문과 방송에서는 한국 탁구가 금메달을 기대할 만한 종목은 나와 현정화의 복식조라고 예상했다. 하지만 나와 정화는 내심으로 개인단식에 욕심을 품고 있었다. 그러나 두 사람 모두 같은 날 같은 시간 초반에 탈락하고 말았다.

온 국민이 주시하는 복식을 앞두고 기가 꺾여서 더 이상 싸울 마음이 없어질 지경이었다. 그러나 "내가 무엇을 할 수 있는 것은 아니야"라고 생각하니 겸손한 마음이 되었다. 정화와 함께 기도하면서 한 경기 한 경기 넘기다 보니 어느새 결승까지 오를 수 있었다. 상대는 중국의 첸징과 자오즈민이었다. 객관적으로 평가해서 우리가 승리할 가능성은 매우 희박했다. 숙명의 대결을 하루 앞두고 연습을 하던 그들의 여유 만만한 모습을 지켜보던 우리는 잔뜩 주눅이 들 지경이었다. 결승전 당일 우리는 두 손을 잡고 기도했다. 하나님께서 시합 직전 "또 여호와를 기뻐하라 네 마음의 소원을 이루어 주시리로다"라는 말씀을 주셨다. 수천 명의 관중이 몰려와 함성을 질러도 우리는 흥분하지 않았다. 우리의 호흡이 신앙으로 일치한 덕분에 경기가 잘 풀리었다. 그러나 어렵게 첫 세트를 빼앗았지만 두 번째 세트에서 일방적으로 점수를 내주어서 세트 스코어 1 : 1 동점이 되었다. 그런데 마지막 세트에선 자오즈민이 파트너의 다리에 걸려 넘어지는 등 보기 드문 일이 벌어졌다. 덕분에 우리는 결국 손쉽게 승리를 거둘 수 있었다. "신앙으로 하나 된 덕택에 얻은 금메달"이라고 고백할 수밖에 없었다. 더구나 이 모든 배후에 많은 그리스도인들의 기도가 있었음을 나중에 깨달았다.

한편 왜 그날 따라 자오즈민이 엉덩방아를 찧는 등 실수가 많았는지 내가 재미나게 추측해 보았다. 아마 관람석에서 경기를 지켜보던 한 남자, 곧 지금은 자오즈민의 남편이 된 안재형 선수를 자꾸 쳐다보다가 넘어진 것이 아닐는지.

올림픽이 끝나고 첫 주일이 돌아왔다. 복식에서 금메달을 따서 안도의 숨을 쉬었지만, 단식에서의 초반 탈락은 내가 생각해도 창피할 정도였다. 그때 성가대석에서 "나"라는 찬양곡이 흘러나왔다. "나 가진 재물 없으나 나 가진 지식 없으나 나 남에게 있는 건강 있지 않으나 / 나 남이 없는 것 있으니 나 남이 못 본 것을 보았고 나 남이 듣지 못한 음성 들었고 나 남이 받지 못한 사랑 받았고 나 남이 없는 것 깨달았네 / 공평하신 하나님이 나 남이 가진 것 나 없지만 공평하신 하나님은 나 남이 없는 것 갖게 하셨네…"

평소에도 이 가사가 마음에 들었다. 그러나 이때 이 노래를 들으니 정화와 내가 단식에서 한 사람은 1등 다른 사람은 3등하는 식으로 차별지게 성적 내는 것보다 두 사람이 공평하게 복식 금메달을 함께 나누는 것을 기뻐하셨구나 싶었다. 감사한 마음이 속에서 우러나왔고, 그 순간 단식에서 놓친 메달 때문에 응어리졌던 내 마음이 치료되었다.

그 후 나는 오랜 선수 생활을 마감하고 후배 양성의 길로 들어섰다. 이젠 대학원에 들어가서 이론과 실기를 겸한 멋진 지도자가 되어야지 하는 야심이 생겼다. 당시 나에겐 마음만 먹으면 안되는 일이 없는 것처럼 생각되었다. 세상에 안되는 일이 뭐가 있겠는가 할 정도로 무모한 자신감이 넘쳐흘렀다. 그저 나의 앞에는 장미꽃이 만발한 오색의 화원, 금빛 찬란한 왕의 대로가 광활하게 펼쳐져 있는 것만 같았다.

그런데 이때쯤 당시 63세로 건강하시던 어머님이 갑자기 병원에 입원하셨다. 나는 모든 일정과 계획을 뒤로 한 채 어머니 곁에 있어야 했다. 진단 결과는 무서운 간암이었다. 암세포는 빠른 시간에 온몸에 퍼졌고 다시 살아날 가능성이 없었다. 그런데도 나는 인간의 생사화복을 주장하시는 하나님의 주권을 인정하기 싫었다. 어느새 나는 매우 교만한 사람으로 변해 있었다. 그러나 나의 의지와는 반대로 나의 생활은 음침한 침체의 수렁 속으로 빠져들었다. 아무리 하나님을 부르짖고 찾아도 하나님은 계시지 아니하시는 듯 했고 캄캄한 두려움이 나를 감쌌다.

어머니는 한 달 만에 소천하셨다. 나는 더욱 절망하였고 아무리 "하나님 제발 저를 불쌍히 보세요"라고 외쳤지만 별 도움이 되지 않는 것 같았다. 나는 끝없는 흑암의 터널 속에 갇혀서 그 속에서 헤매다가 죽을 것만 같았다. 오랜 기간을 그렇게 보내면서 나는 인간이 얼마나 약하고 무력한 존재인지 절감했다. 아무 의욕도 생기지 않은 채 무기력한 상태가 되어 아무 일도 할 수 없었다. 삶의 의미를 찾지 못했다. 그렇게 신앙 좋다고 칭찬 받는데 익숙했던 나는 삶의 뿌리까지 흔들렸다. 그제야 그 믿음의 기초가 얼마나 허술하기 짝이 없었는지를 깨달았다.

나의 믿음은 걸음마부터 시작해야 하는 어린아이에 불과함을 인정하지 않을 수 없었다. 이 일을 위해서는 지체의 도움이 필요했다. 그때 하나님은 말씀 묵상의 권위자를 한 분 보내 주셔서 일 대 일

양육을 받게 하셨다. 그분에게서 아침 묵상 훈련을 받았다. 날마다 성경을 가까이 하며 적용하는 것이 점점 내 삶의 보람이 되었다. 어느 날 예레미야서를 묵상할 때 모압 자손이 그들의 부와 영광과 칭송으로 교만하게 되었고, 그 때문에 망하게 되었음을 깨달았다. 말씀이 한 구절 한 구절 내 마음에 새겨지면서 나는 옛 자아가 말씀의 거울에 비쳐진 모습을 보게 되었다. 시편 107편 10-14절의 말씀이 이러했다. "사람이 흑암과 사망의 그늘에 앉으며 곤고와 쇠사슬에 매임은 하나님의 말씀을 거역하며 지존자의 뜻을 멸시함이라 그러므로 수고로 저희 마음을 낮추셨으니 저희가 엎드러져도 돕는 자가 없었도다 이에 저희가 그 근심 중에 여호와께 부르짖으매 그 고통에서 구원하시되 흑암과 사망의 그늘에서 인도하여 내시고 그 얽은 줄을 끊으셨도다."

하나님께서는 나의 결혼도 은혜롭게 이루어 주셨다. 내가 인도네시아의 자카르타에 있는 어느 집사님 댁에 머물고 있었을 때, 나는 초대받은 점심 시간에 연합통신 기자로 출장취재 중이던 한 청년을 만났다. 그는 하나님 앞에 헌신된 자였다. 결국 그는 나와 결혼한지 두 달 만에 기자직을 그만두고 주의 종이 되기 위해 총신대학 신학대학원에 입학했다.

이제 결혼한지 3년이 넘었다. 우리 가족은 선교를 목적으로 삼고 있다. 나는 GPTI라는 전문인 선교단체에서 훈련을 받았다. 구체적 선교지는 못박아 두지 않고 있다. 나중에 하나님과 선교 전문가들의 지도를 받고자 한다.

선수 시절 나는 북한 팀의 이분희에게 교회에 다니라고 권한 적이 있다. 그녀는 뜻밖에 "교회에 나간다"고 대답하는 것이었다. 깜짝 놀라 추궁해 보니 "교회"가 아닌 도시 바깥의 "교외"였다. 하나님을 믿으라고 했더니 대뜸 "하나님이 밥 먹여주냐"면서 자신은 "오직 김일성 수령 동지만 믿는다우"라고 하였다. 이젠 김일성도 죽었는데 요즘은 누굴 믿고 사는지 모르겠다.

요즈음 나는 딸 둘을 기르는 엄마로서 아이 키우는 데 필요한 대가를 톡톡히 치르고 있다. 이것이 나를 연단 하시는 하나님의 방법임을 종종 느낀다. 아침에 남편과 함께 갖는 말씀 묵상 시간은 참으로 행복하다. 가정 속에서 맛보는 하나님 나라의 기쁨은 올림픽 금메달이 주었던 기쁨과 비교가 안 될 만큼 크다.

최근에 말씀을 적용했던 사례를 소개할까 한다. 며칠 전 나의 후배 남편에게 직장을 구해 주었다. 기도했던 바 이상으로 잘됐다며 기뻐하는 그들의 모습을 보면서 무척 마음이 자랑스러웠다. 그런데 다음날 아침 시편 115편을 읽는데 "여호와여 영광을 우리에게 돌리지 마옵소서 우리에게 돌리지 마옵소서 오직 주의 인자하심과 진실하심을 인하여 주의 이름에 돌리소서"라는 구절이 눈에 들어왔다. 너무나 상황에 적합한 말씀이었다. 자칫 내가 영광을 사람으로부터 받을 뻔한 것이다. 그제야 나는 그 일을 이루신 하나님께 찬양을 돌렸다. 진실로 하나님의 말씀은 교훈과 책망과 바르게 함과 의로 교육하기에 유익하다.

나는 탁구 덕택에 남들이 부러워하는 좋은 것들을 가지고 누릴 수 있었다. 탁구 선수들의 꿈인 올림픽 금메달도 땄고, 언론매체를 타고 수많은 팬들의 사랑을 받았을 뿐 아니라, 포상금과 연금 등으로 경제적으로 풍족했으며, 세계 곳곳을 다니며 귀빈 대접을 여러 번 받았다. 그러나 이런 모든 것들은 풀의 꽃들과 같이 시들어 버릴 것들이다. 영원의 관점에서 보자면 아무런 의미가 없다. 건강할 때나 병들 때나 승리할 때나 패배할 때나 기쁠 때나 슬플 때나 살 때나 죽을 때나 언제나 내 속에 찬연한 빛을 발하는 것 - 그것은 하나님의 사랑이다.

예수 그리스도만이 나의 소망이시고 기쁨이시다. 이제 나의 목표는 올림픽 금메달이 아니라 천국의 면류관이다.

하나님 사랑해요!

양 은 순

양은순 박사는 하나님께서 "천국의 모형을 우리에게 주셨는데 그것이 바로 가정"이라고 말하고, 가정선교교육원(HOME) 원장을 역임했다.

양은순 박사는 한국외국어대학교 영어과를 졸업하고 미국 풀러(Fuller) 신학대학원에서 가정사역(Family Ministry)을 전공하여 석사학위를 받았다. 그리고 초문화교육학으로 바이올라대학교(Biola University)에서 박사학위(Ph.D.)를 취득하였다.

그리스도인들의 고전으로 불려지는 「사랑과 행복에의 초대」의 저자로 「하나님 닮았어요」, 「억울함일까 황송함일까」 등 8권을 저술하였고, 70여 권의 가정사역에 관한 책자를 번역하여 많은 사람들에게 도움을 주었으며 한국의 가정사역에 새로운 장(場)을 열었다.

유용규 목사의 아내와 네 자녀의 어머니이며, 결혼과 가정생활 상담 세미나와 자녀 교육 세미나 강사로 사역하며, 2004년에는 미국 캘리포니아의 코로나(Corona)에 HIS University를 설립하고 총장으로 가정사역을 위한 인재 양성에 주력하고 있다.

양은순 박사는 5,000여 회의 개교회 집회와 특별 세미나를 국내외에서 인도하였으며 국내의 주요도시는 물론 미국, 홍콩, 사이판, 독일 등에도 해외 지부를 두고 가정사역을 확장시키며 천국의 모형으로 가정을 회복시키는 일에 주력하고 있다.

하나님 사랑해요!

교회는 즐거운 곳

"할머니 저도 시장에 갈래요"

국민학교 3학년, 5월의 첫 토요일 오후, 나는 예쁜 옷을 골라 입고 할머니를 따라 나섰다.

"우리 은순이 뭘 사줄까? 빵집에 가볼까?"

"아니에요, 할머니."

평소에 할머니의 사랑을 독차지하고 있던 나는 특별한 부탁이 있으면 으레 할머니를 찾았다. 아무리 좋은 것을 사 주겠다고 해도 아니라고 머리를 흔들던 나는 꽃집으로 할머니를 끌었다.

"할머니 나 여기서 제일 예쁜 꽃을 한 다발 사 주셔요."

"아니, 웬 꽃을 사겠다는 거냐?"

할머니는 놀라시면서도 대견하고 기쁜 마음으로 내가 고른 꽃을 사 주셨다. 나는 장미나 카네이션 등 눈에 띄는 화사한 꽃을 다 제치고 석죽화를 한 다발 골랐다. 석죽화 한 송이 한 송이는 아주 작아서 눈에 띄지 않지만 한 다발로 묶어 놓으면 정말 환하고 탐스럽고 아름다웠다.

나는 꽃집 아줌마의 도움을 받아 예쁜 모양으로 꽃다발을 만들었다. 그리고 리본에 글씨를 적어 넣었다: "어린이들을 사랑하시는 하나님께!"

다음날은 내가 다니기 시작한지 얼마 안되는 주일학교에서 어린이 주일을 "꽃 주일"로 정하고 가장 예쁜 꽃을 가지고 오는 어린이에게는 상을 주기로 되어 있었다. 그 꽃 주일에 내가 내놓은 그 석죽화로 최우수상을 받게 된 나는 그때까지 서먹서먹하기만 했던 주일학교가 너무나 좋아지기 시작했다.

내가 태어난 가정은 전통적인 유교 가정으로 일 년에 서너 차례 제사 드리는 것이 집안의 가장 큰 행사였다. 5남매의 맏이인 나는 친구의 권유로 처음 주일학교를 다니게 되었는데 할머니의 총애를 입어 엄격한 할아버지의 눈길을 피해 우리 집에서는 유일한 "예수쟁이"가 되었다.

그러나 매주 일요일 아침 언제나 같은 시간에 나가야 했던 나로서는 비밀을 지키기가 점점 힘들어졌고, 곧 나와 할머니와의 작은 비밀은 탄로나고야 말았다. 하지만 할머니와 나의 계속적인 설득과 또 "딸자식 시집가면 그만이니까…."라는 묵인 때문에 나의 교회 출석은 차차 당연한 것으로 받아들여지게 되었다.

온 가족이 둘러앉아 식사를 하면 나 혼자만 식탁 앞에서 기도를 했다.

"너 기도하는 동안 누가 네 밥 집어 갈라…."

때론 온 가족의 놀림을 받기도 했지만 청소년 시절의 교회 생활은 많은 추억과 함께 내 삶을 즐겁고 풍요롭게 해 주었다.

교회를 떠나 세상으로

전혀 예기치 못했던 대학 입시 실패는 내게 너무나 큰 충격을 주었다. 나는 고3 때에도 교회 생활을 열심히 했기 때문에 막연히 하나님께서 내가 원하는 모든 것을 이루어 주시리라고 믿었다.

내가 원하는 대학에 합격하지 못한 수치심과 하나님께서 내 기도를 들어주시지 않았다는 마음의 원망으로 나는 그 뒤 교회를 다니지 않았다. 하나님은 존재하지 않는다는 결론을 내린 것이다. 교회에도 나가지 않고 하나님을 믿지 않기로 작정한 나의 대학 생활은 세상적인 즐거움과 인간적인 성공을 향한 안간힘으로 채워져 갔다.

학교에서의 여러 가지 클럽 활동, 영화 감상, 음악 감상, 의상실 출입 등 여대생이 누릴 수 있는 모든 것을 해 보았지만 마음은 늘 공허했고 인생은 자꾸만 허무하게만 생각되었다. 영어가 전공이었던 내게 유일한 소망이 있었다면 그것은 미국 유학이었다.

예수님을 나의 구세주와 주인으로

대학 3학년이 되는 2월 어느 날 나는 영어 회화를 배우려는 욕심에 "대학생 선교회"(C.C.C.) 지도를 맡고 계신 켄 크래머(Ken Kramer) 선교사님이 인도하는 영어 성경 공부반에 참석하게 되었다. 모든 진행을 영어로 했고 모두가 진지해 보였다. 그 모임에서 "교회를 다니는 이유"에 대한 토론이 있었는데 나는 나 나름대로의 이론을 전개시켰다. 대강 이러했다: "나는 하나님께서 정말 계신지 잘은 모르지만, 어쨌든 인간은 나약하기 때문에 절대자를 추구하고 의존하게 마련이다…."

결국 그 당시 나의 생각은 하나님께서 인간을 창조하신 것이 아니라 인간이 하나님을 만들어 냈다는 것이었고 토론이 진행됨에 따라 나는 자연히 개인적으로 구원의 확신이 없는 사람으로 두각을 나타내게 되었다.

토론이 끝난 후, 그 모임에서 지도자 훈련을 받고 있던 한 청년이 내 의견을 듣고 내게 복음을 전하기 위해 접근했다. 그 청년이 너무나 진지하게 성경 말씀을 읽고 설명을 해 주고 숙제까지 내 주었기에 나는 귀찮았지만 하는 수 없이 성경도 읽어보고 암송도 하게 되었다. 그러면서 내가 교회는 오래 다녔지만 사실 진지하게 성경을 직접 읽어본 적이 없었음을 깨달았다. 나는 요한복음부터 성경을 읽겠다고 작정하게 되었고 차츰 예수님이 누구인가를 조금씩 깨닫기 시작했다. 그러던 어느 날 나는 요한복음 3장 16절을 새롭게 깨닫게 되었다. 그 말씀은 너무도 흔히 들어오던 평범한 말씀이었기에 늘 대수롭지 않게 들어왔었는데 그 순간은 그 말씀이 내 마음속에 개인적으로 부각되면서 가슴이 그렇게 벅차 오를 수가 없었다.

"하나님이 세상(은순)을 이처럼 사랑하사 독생자를 주셨으니 이는 저를 믿는 자(은순이도)마다 멸망치 않고 영생을 얻게 하려 하심이라!" 하나님께서 나를 사랑하시다니! 이토록 연약하고 부족한 죄인인 나를 하나님이 사랑하시다니…!

나는 처음 복음을 들었을 때 내가 죄인이라는 소릴 듣고 상당히 반발심을 느꼈었다. 나는 늘 사랑과 귀여움을 받던 모범생이었고 늘 착하다는 칭찬을 받아 왔기에 나를 비교적 착한 사람이라고 스스로 생각해 왔기 때문이었다. 그러나 하나님 앞에서 내 속 마음을 비추어 보았을 때 내가 죄인임을 인정하지 않을 수 없었다.

나는 요한계시록 21장 8절에 열거된 "불과 유황으로 타는 못"에 참예할 수밖에 없는 죄에 모두 다 해당되지 않은가!?: "그러나 ①두려워하는 자들과 ②믿지 아니하는 자들과 ③흉악한 자들과 ④행음자들과 ⑤살인자들과 ⑥술객들과 ⑦우상숭배자들과 ⑧모든 거짓말하는 자들은 불과 유황으로 타는 못에 참예하리니 이것이 둘째 사망이라"(요한계시록 21:8).

① "두려워하는 자": 나는 하나님을 만나려면 두려움을 느낀다. 한 착한 아이가 엄마가 시장간 동안 엄마를 도우려고 청소를 하다가 값진 도자기를 깨뜨렸을 때 엄마를 만나기를 두려워하는 것과 같다고나 할까? 비록 고의는 아니었을지라도 어쨌든 나는 하나님 보시기에 분명 부족한 사람이기에 하나님을 직면하기가 두려운 것이다.

② "믿지 아니하는 자": 사실 나는 하나님이 계신 것과 예수님의 십자가와 부활을 믿지 않았다. 왠지 하나님을 믿으면 너무 구속받는 일이 많을 것 같았고, 내가 원하는 삶을 살지 못할 것 같아서였다. 성경이 하나님 말씀인 것도, 예수님이 "길이요 진리요 생명인 것"도 믿지 않았다.

③ "흉악한 자": 겉으로 보기에 나는 부드럽고 고운 여자지만 내 속에는 흉악한 것이 얼마나 많은지. 누군가가 자존심을 건드리거나 내 권리가 침해당하면 내 마음은 사나워지고 작은 손해에 속을 끓이는 적이 한두 번이 아니다.

④ "행음자": 그때까지 나는 겉으로 남자를 가까이해 본 적이 없는 순결한 처녀였지만 성경에서는 "여자를 보고 음욕을 품는 자는 이미 간음했느니라"고 단정짓고 있다. 그러한 기준으로 본다면 나도 별 수 없는 행음자가 아닌가.

⑤ "살인자": 어찌 살인이라는 끔찍한 죄를 지을 수 있으랴. 그러나 성경의 기준은 "형제를 보고 '라가(돌대가리)'라 하는 자는 이미 살인했다!"고 정의를 내린다. 나는 형제에게 상처를 준 일도, 바보라고 비난한 일도 수없이 많으니 이미 살인자가 된 셈이다.

⑥ "술객": 점을 치거나 요술을 부리는 자를 가리키는데 나는 어려서 고사를 지낼 때 할머니 옆에 서서 "할머니, 나 공부 잘하게 해 달라고 빌어 주세요!"하며 절도 곧잘 했고, 달을 보며 소원을 빌면 이루어진다기에 보름달만 보면 하늘을 보며 마음의 소원을 뇌어 보기도 했다. 내가 노력한 대가 이상의 요행을 바라는 마음이 얼마나 많은지. 술객이 아니고 무엇이랴.

⑦ "우상숭배자": 돌이나 나무에 절하고 이방신을 섬기는 것도 우상숭배지만 마음 속에 하나님보다 더 귀한 것을 가지고 있는 것이 바로 우상숭배다. 내 마음 속에 하나님보다 더 귀한 것이 얼마나 많은가?

⑧ "모든 거짓말하는 자": 악의의 거짓말뿐만 아니라 모든 거짓말하는 자들이다. 선의의 거짓말이나 소극적인 거짓말도 다 포함된다. 내가 어찌 거짓말을 한 번도 안했다고 주장할 수 있으랴.

성경 말씀에 비추이어 볼 때 나는 결국 둘째 사망 즉 불과 유황으로 타는 못에 참예할 수밖에 없는 죄인인 것이다. 그런 죄인인 나를 하나님께서 사랑하셔서 예수님을 보내셨고 내가 그 예수님을 믿기만 하면 멸망치 않고 영생을 얻게 된다는 것이다. 어찌 그 엄청난 하나님의 사랑을 마다하랴.

나는 그 복음을 설명해 주는 상담자에게 바싹 다가갔다.

"그 예수님을 믿겠어요. 어떻게 해야 되지요?"

그분은 내게 요한복음 1장 12절을 설명해 주었다:

"영접하는 자 곧 그 이름을 믿는 자들에게는 하나님의 자녀가 되는 권세를 주셨으니…"

예수님을 믿는다는 것은 그분을 내 인생에 그리고 내 마음 속에 모셔들이는 것이다. 나는 그 상담자를 따라 예수님을 내 개인의 구세주와 주인으로 모셔들이는 기도를 드렸다.

"하나님 저를 창조해 주신 것 감사합니다. 저는 죄인입니다. 죽을 수밖에 없고 멸망할 수밖에 없는 죄인을 사랑해 주시고 예수님을 보내 주셔서 내 죄를 대신하여 십자가에 못박혀 돌아가게 해 주셔서 감사합니다. 그 예수님이 부활하신 것도 믿습니다. 제 마음을 엽니다. 제 마음에 들어와 주셔서 제 구세주가 되어 주시고 제 인생에 들어오셔서 저의 주인이 되어 주옵소서. 예수님 이름으로 기도 드립니다. 아멘!"

이와 같은 예수님을 영접하는 기도를 마치고 난 뒤 그 상담자는 내게 하나님의 자녀가 해야 할 일을 가르쳐 주었다. 마치 엄마 뱃속에서 갓 태어난 아기가 ①쉬고 ②먹고 ③호흡하며 ④가족들 틈에서 자라며 ⑤열심히 움직이는 것처럼, 예수님을 영접해서 거듭난 영적인 자녀들도 ①주님 안에서 죄용서의 자유 속에 참된 삶을 누리고, ②하나님 말씀인 성경을 매일 읽고 묵상함으로 영적인 양식을 먹고, ③영적인 호흡인 기도를 드리고, ④교회 출석을 통해 믿는 성도들과의 교제를 나누고, ⑤봉사와 전도를 통해 열심히 움직임으로 건강하게 성장한다는 것이다.

믿음의 뿌리가 내려지고

주님을 영접한 후 나는 내가 구원받았다는 사실에 실감이 나질 않았다. 나는 정말 하나님의 자녀가 된 것일까? 나는 정말 지금 죽어도 천국에 갈 수 있을까…? 이러한 의문이 떠오를 때마다 나는 내게 복음을 전해 준 상담자를 찾아서 내 생각들을 솔직하게 털어놓았다. 그 상담자는 그때마다 성의를 다해 성경을 펴서 내게 확인시켜 주었다.

"내가 진실로 진실로 너희에게 이르노니 내 말을 듣고 또 나 보내신 자를 믿는 자는 영생을 얻었고 심판에 이르지 아니하나니 사망에서 생명으로 옮겼느니라."

내가 의심을 한 것은 바로 하나님 말씀을 온전히 믿지 않았기 때문인 것이었다. 내가 성경을 통해 예수님의 말씀을 듣고 하나님께서 나를 구원하시려고 예수님을 이 땅에 보내셨음을 믿었다면 하나님께서는 내게 영생을 주시고 심판을 받지 않게 하시며 사망에서 생명으로 옮겨 놓으신다고 약속하셨다.

"듣고" "믿는 것"은 나의 책임 영역이고, "영생을 주시고" "심판에 이르지 않게 하시며" "생명으로 옮겨 놓으시는 것"은 하나님의 책임 영역인 것이다. 내가 나의 책임을 분명히 지켰다면 하나님께서 어찌 하나님의 책임을 분명히 지키시지 않겠는가?!

나는 나의 느낌이 어떠하든지 영생을 얻었고 구원받았다는 사실을 의심치 않게 되었고, 하나님 복음을 알면 알수록 그 말씀에 순종하면 할수록 구원의 기쁨과 감명은 커졌고 내 삶의 방향성과 태도와 목표는 달라졌다.

가난한 전도자의 반려자로

예수님을 영접한 후의 대학 생활은 활기차고 즐겁고 보람있었다. 그러나 졸업할 때가 되자 갈등이 생겼다. 졸업한 뒤에 무엇을 할 것인가? 대학원 진학, 유학, 결혼 등의 선택할 수 있는 진로가 있었지만 하나님의 뜻을 따르고 싶었다. 하나님께서는 내가 제일 원치 않았던 취직의 길로 인도하셨다. 아버님의 사업부진으로 갑자기 가정경제가 어려워졌고 그 당시 대학을 졸업한 여성에게 가장 많은 보수를 주던 체이스 맨하탄 은행 취직 시험에 합격이 되었다.

외적으로 화려한 직장 분위기 속에서 도전과 갈등이 많았다. 각 대학 수석 졸업생들끼리 같은 부서에서 일하면서 비교의식과 경쟁력도 심했고, "죽음과 같은 먼 미래는 생각하고 싶지도 않다"라고 말하는 똑똑한(?) 직장 동료에게 복음을 전할 수 없는 것 때문에 내 마음은 더 안타깝고 답답했다.

그런 가운데 결혼에 대한 압박감도 만만치 않았다. 부모님께서는 신앙과는 상관없이 조건이 좋은 신랑감을 고르고 계셨고, 나는 믿지 않는 남자와는 결혼하지 않겠다고 단단히 결심하고 있었다.

그러던 중, 내가 신앙 훈련을 받고 있던 죠이(JOY) 선교회에서 "나랑 결혼할 여자는 깡통 차고 살 각오가 되어 있어야 합니다!"라는 어이없는 공언을 하고 다니던 청년이 내게 청혼을 한 것이다. 나는 두려움과 갈등으로 고민에 빠졌다.

그 청년은 늘 검은 작업복에 커다란 가방을 들고 긴 장화를 신고는 청계천 등지로 전도를 다니며 열정적으로 말씀을 전하곤 했다. 그는 약대를 졸업했지만 하나님의 일을 하겠다고 생명의 말씀사에 근무하고 있었고, 언제나 하는 일에 열정과 자신감이 넘치던 사람이었다. 그는 내가 영적으로 존경하는 지도자니까 어떻게 하면 자존심 상하지 않게 그의 청혼을 거절할 것인가를 궁리했지만 마치 하나님의 명령을 거절하는 것 같은 두려움을 느꼈다.

내가 만약 그와 결혼을 한다면… "나는 비가 새는 문간방 부엌에서 울고 있을 거야. 그가 전도를 해서 많은 사람들을 데리고 왔는데 대접할 음식이 아무 것도 없을 테니… 나는 그때 눈물로 기도하겠지. 그때 하나님께서는 어떤 기적을 베푸실까?" 나는 갑자기 스릴을 느꼈다. 한번 맛볼 만한 모험이라는 생각이 들기도 했다. 이런 생각들을 하고 있던 내게 그는 다시 물어 보았다.

"저와 일생을 함께 보내지 않겠습니까?"

나는 고개를 숙인 채 우물쭈물 대답했다.

"저는 전도자의 아내감이 못돼요. 약점도 많고 세상 욕심과 허영심도 많고…."

그가 불쑥 내 말을 가로막았다.

"저는 전도자의 아내감을 구하는 것이 아닙니다. 그리고 저는 당신의 약점을 다 압니다. 제가 당신을 사랑하니까 당신의 모든 약점까지도 일생 동안 나누어지겠습니다. 그냥 동의만 하면 됩니다."

너무나 확신 있는 그의 말에 나는 더욱 고개를 숙인 채 아무 소리도 못하고 있었다. 그때 그가 갑자기 내 손을 잡으며 이렇게 말하는 것이었다.

"그럼 됐습니다. 우리 함께 기도하지요."

그는 큰 목소리로 기도하기 시작했다.

"하나님 이 자매를 저의 일생의 반려자로 허락해 주심을 감사합니다. 예수님의 이름으로 기도 드립니다. 아멘"

그가 기도를 마치자 나도 모르는 사이에 나도 "아멘" 하고 있었다. 나는 이제 그와 함께 깡통을 차고 일생을 살 각오를 한 셈이었다. 하지만 내 마음은 얼마나 평안하고 기뻤는지…. 그 후로 26년이 지난 지금까지 하나님께서는 내가 찬 깡통을 너무나 값진 것들로 채워 주셨다.

가정사역 관련 전문 번역가로 출발

"이 책 한번 번역해 봐."

생명의 말씀사 편집부장이던 남편이 어느 날 원서 한 권을 내게 건네준다.

"원고지 1백 장 정도로 번역을 해서 심사를 받고 합격하면 그 책의 번역자가 되는 거야…."

나는 너무 기뻤다. 너무 바쁘고 피곤한 생활이었지만 내게 번역할 수 있는 기회와 책을 읽을 수 있는 기회가 주어진 것이 좋았다.

남편은 결혼하면서 나에게 철저히 제자훈련을 시켰다. 책을 너무 좋아해서 다른 일을 하다가도 책을 한번 잡으면 잠자는 것도 밥먹는 것도 잊어버리는 내게 독서 금지령을 내렸다.

"문학은 사단의 세력이야. 죄를 미화시키는 힘이 있단 말야."

남편에게 복종하는 것을 제일 원칙으로 삼고 있던 나였기에 그 후로 성경 이외의 다른 책은 전혀 읽지 않았다. 덕분에 성경을 여러 번 읽게 되었고, 큐티(Q.T.)의 진가도 알게 되었다.

나는 잠자는 시간을 아끼며 번역을 했다. 직장에도 도시락을 싸가지고 가서 점심 시간을 아껴 가며 번역을 했다. 그 책 내용을 통해 내가 은혜를 받고, 번역된 책을 통해 언어의 장벽으로 읽을 수 없는 많은 사람들에게 은혜를 줄 수 있다는 사실을 참으로 감사했다.

지난 22년 동안 번역한 책은 70여 권이 되었고, 대부분의 책이 가정에 관한 내용이어서 현재 가정사역의 밑거름이 되었다. 82년도에는 번역서가 아닌 최초의 저서가 출판되었다. 「사랑과 행복에의 초대」를 위시해서 지금까지 8권의 저서가 출판되었다. 현재는 가정 선교 사역의 일환으로 도서출판 홈(HOME)을 통해 본격적인 문서 사역이 전개되고 있으며, 그 수익금은 국내 및 해외 문서 선교비로 쓰여지고 있다.

본격적인 가정사역 전문가로

둘째 아이를 갖게 되자 7년반 동안 다니던 은행을 사직하고 본격적인 사역을 시작했다. 내가 번역한 책을 보고 총신대학 여학생회에서 "그리스도인의 이성교제와 결혼관"이라는 제목으로 강의를 하게 되었다.

남편은 나보다 더 기뻐하면서 강의 내용을 다듬어 주었다. 또 강의 도중 환등기(OHP)를 틀어 주며 적극적으로 도와주었다. 남편 앞에서 강의를 한다는 것이 조심스럽고 거북했지만 기도하는 마음으로 경청해 주는 그의 모습에 한층 격려가 되었다.

"당신 강의에 내가 제일 은혜를 받은 것 같은데… 나는 강의를 들으면서 '저 사람은 나의 아내이기 이전에 하나님이 쓰시는 여선지자다. 나는 저 사람을 하나님께서 마음껏 쓰시도록 도와야 한다'고 생각했지."

그 이후부터 지금까지 남편은 자신이 희생을 치르면서도 가정사역을 전적으로 돕고 있다. 그 당시 75년도에는 한국 교계에서 결혼이나 가정사역에 대한 강의가 거의 없었다. 교회뿐만 아니라 학교나 사회단체에서도 그런 주제는 잘 다루지 않았다. 그래서인지 나의 강의는 큰 호응을 얻어 각 교회로 확산되었다. 강의 내용은 이성교제에서 부부생활, 자녀교육 등 전반적인 가정생활에 관한 성경적인 메시지로 확대되었으며, 말씀을 전할 때마다 하나님께서 역사 하셨다.

새롭게 주님을 영접하는 사람들, 혼전 순결을 결단하는 젊은이들, No Bible No Breakfast(성경을 읽지 않고는 아침식사를 하지 않겠다)를 약속하는 청년들, 이혼의 위기에서 회복되고 새로워지는 부부들, 자녀를 하나님께 헌신하기로 다짐하는 부모들의 감사와 감격의 눈물들… 하나님께서 풍성한 열매를 거두셨다. 거의 매일 집회를 해도 요청하는 분들의 초대에 응할 수 없는 것이 안타까울 뿐이었다.

미국 유학길에 온 가족 동행

나의 사역은 82년도에 이미 활발해져서 신학교 강의, 교회 세미나, 제자훈련 모임 등으로 보람있는 생활을 누리고 있었다. 그러나 남편은 어릴 때 목사가 되기로 소원했기 때문인지 뒤늦게 신학대학원에 들어갔고, 미국 훌러(Fuller)신학대학원에서 박사 과정을 밟기로 결정했다. 나는 마음이 썩 내키지 않았지만 남편에게 순종해야 하는 것이 성경의 원리이기에 하나님의 뜻으로 알고 따르기로 했다.

우리 일곱 식구는 하와이, 시애틀, 오하이오, 시카고 등지를 거쳐 캘리포니아 주 파사디나(Pasadina)에 있는 훌러신학대학원 기숙사에 도착했다. 학생 기숙사 아파트 침실은 한 개. 일곱 식구가 들어가기엔 터무니없이 좁은 공간이다. 하지만 아이들의 반응은 뜻밖이다.

"엄마, 미국에 오니까 참 좋다."

"무엇이 좋으니?"

"매일 밤 우리는 '가족의 밤'(Family Night)이잖아!"

우리는 한국에서 가끔 온 가족이 한 방에서 잠을 자며 이야기도 나누고 간식도 먹고 찬양도 하는 시간을 가졌는데, 그런 밤을 "가족의 밤"이라고 불렀다. 우리 아이들은 그런 밤을 무척이나 좋아했었다.

그래서 일곱 식구가 단칸방에서 다닥다닥 붙어 자면서도, 언제나 잠자리는 아이들에게, 바쁜 엄마 아빠와 함께 보낼 수 있는, 하루

중 가장 신나는 일과가 되었다. 드디어 1985년 6월, 남편은 선교학 박사 학위를, 나는 가정사역학 석사 학위를 나란히 받으며 우리는 감사와 감격의 눈물을 흘렸다.

사랑하는 시어머님께서 돌아가셔서 가슴 아팠던 일, 남편의 학위 논문을 타이핑하면서 내 리포트를 써야 하는 초조감으로 짜증을 내던 일, 방학이면 아이들을 차에 태우고 8시간씩 샌프란시스코 지역으로 말씀을 전하러 가던 일, 급히 식사 준비를 마치고 달려가면 온 몸에서 김치 냄새가 나 민망해 하면 어색한 미소를 짓던 훌러신학대학 원우들, 영어 철자법까지 고쳐 주시던 실력과 자상함을 고루 갖춘 교수님들… 이제는 모두 아름다운 추억이 되어 내 가슴을 따뜻하게 해 준다.

나는 처음 미국에 올 때처럼 다시 한국에 돌아가는 것을 마음 내켜 하지 않았다. 미국에서도 이미 시작된 가정사역은 너무나 시급한 실정이었고 여러 곳에서 가정 문제로 상처 입은 많은 사람들이 우리의 도움을 기다리고 있었던 것이다. 게다가 나는 훌러에서 가정사역학 전공 박사 과정에 입학 허락을 받았기에 계속 공부하고 싶은 열망도 있었다.

"복잡한 한국엔 무얼 하러 가려고 해? 할 일 많은 미국에서 얼마든지 기회가 있는데…."

선배 목사님들의 권고에 나는 박수를 보내곤 했다. 이미 여기에 정을 붙이고 친구들과 헤어지기 싫은 아이들 또한 한국에 가고자 하는 소망은 거의 없었다. 그러나 남편은 이미 결심이 서 있었다. 미국에 올 때 공부를 마치면 돌아가겠다고 했으니 약속을 지켜야 한다는 것이었다.

"오라는 곳은 없지만 갈 곳은 많습니다!"

특별히 약속된 사역장은 없었지만 한국에 나가 하나님의 일을 하겠다는 남편의 공언이었다. 나는 하나님 앞에서 무릎을 꿇었다. 남편의 뜻을 따르는 것이 하나님의 뜻이라면 내게도 확신과 평안을 달라고 간구했다. 하나님은 내 기도를 응답해 주셨다. 우리 가족은 미국 전역을 다니며 3개월 동안 가정 세미나를 마치고 그리운 한국에 돌아왔다.

정말 오라는 데는 없었지만 할 일은 많았다. 나날이 시급해지는 가정사역을 위해 우리는 다시 바빠지기 시작했다.

하나님 사랑해요

우리 온 가족이 92년 상도제일교회 사택으로 이사오면서 우리가 살던 목동 집터에는 아담한 가정선교 교육원이 설립되었다. 각 교회에서 가정사역에 관심이 있는 많은 분들이 모여 「결혼과 가정생활 상담 세미나」, 「자녀교육 세미나」 등을 통해 자신의 가정이 변화되는 것은 물론 다른 가정을 돕는 아름다운 간증이 이어졌다. 지금도 목동 홈 센터(HOME Center)에서는 가정에 관한 상담교육과 가정사역자 훈련이 계속되고 있다. 이제는 모든 홈(HOME) 동역자들이 홈 국제학교(Home International School)를 설립할 비전을 가지고 기도하며 준비하고 있다.

예수님을 영접한 지 30년 가까이 된 지금 돌이켜 볼 때 하나님께서는 내 삶을 너무나 많은 은혜와 축복으로 채워 주셨다. 하나님을 사랑하고 의지하며 살아온 한평생이었지만 그의 끝없는 사랑은 시간이 가면 갈수록 나에게는 점점 더 크게만 느껴진다. 이런 하나님을 우리 이웃에게 전할 수 있고 또 그를 위해 일생을 바칠 수 있는 것이 얼마나 큰 축복인가! 물론 하나님은 아시겠지만 나는 이 글을 통해 한번 더 그에게 나의 마음을 고백한다.

"하나님 사랑해요!!!"

영원한 가정 천국에 갔을 때, 난 그 곳에서 예수 그리스도로 말미암아 하나님의 자녀가 된 온 가족들과 함께, 삼위일체 하나님께 경배와 찬양을 드리며 다시 고백하게 되리라.

"하나님 사랑해요!"

새 생명 새 출발

이 정 효

이정효 박사는 서울에서 태어났고, 고려대학교(B.A.)와 순복음신학교를 졸업하고, 이화여자대학교에서 기독교교육 전공으로 문학석사(M.A.)와 박사학위(Ph.D.)를 취득하였다. 그 후 미국의 클레몬트신학교(School of Theology at Claremont)에서 수학하기도 하였다.
현재는 서울신학대학교 기독교교육학과 교수이며, 이화여자대학교의 강사와 미국의 노스웨스트 기독교대학교(Northwest Christian College)의 객원 교수도 역임한 바 있다. 동시에 광성성결교회에서 교육전도사로서 성경을 가르치고 있다.
저서로는 「기독교 교육론」, 「성서교육」, 「기독교 교육개론」, 「현대성서교육론」 등이 있으며, 그 외에도 많은 논문과 번역서가 있다.

새 생명 새 출발

인생에 대한 회의

나는 지금도 내가 살아있다는 사실과 전도사이며 서울신학대학교의 교수라는 현실이 꿈만 같다. 1972년 33세 때, 나는 이미 죽었을 사람이 아니던가? 나는 새벽마다 교회 종탑 십자가의 불빛을 바라보면서 어떻게 내가 이 성전에 들어올 수 있는 하나님의 자녀가 되었으며 또 하나님의 말씀을 가르치는 일에 헌신할 수 있는 종이 되었는가를 다시금 되새겨 본다. 이 모든 감격할 일들이 예수 그리스도의 십자가의 은혜임을 나는 결코 잊을 수 없다.

나는 칠 남매 중 여섯째로 태어나 다섯 살에 아버지를 여의는 불운 속에 가난한 어린 시절을 보냈지만 자애로우시고 희생적이신 어머님의 사랑과 형제들의 각별한 우애 속에 결코 불행하지 않은 건강하고 화목한 삶을 살았다. 철저한 유교 전통과 필요에 따라 불교와 미신을 함께 섬겼던 서울 토박이 우리 가족들은 바로 옆에 있었던 교회와는 완벽하게 담을 쌓고 살았다. 맛있는 과자와 예쁜 학용품 또는 특별한 프로그램 등으로 어린이들에게 많은 호기심을 불러 일으켰던 성탄절 행사 때에도 내게 있어서 교회는 결코 가서는 안되는 곳이었다.

10살 되던 1949년 가을에 있었던 한 사건이 어쩌면 하나님과 나와의 술래잡기의 시작이었는지도 모른다. 굴다리 밖에 아무렇게 싸서 내버린 갓난아이의 시체를 여러 아이들과 함께 보게 되었다. 그 아이의 까만 옆 머리와 조그만 하얀 발만을 멀찌감치 서서 보았을 뿐인데 그날 밤부터 내 마음에는 큰 근심과 고민이 생기게 되었다. "그 아이는 왜 태어났으며 어찌해서 죽게 되었는가?"하는 의문부터 시작된 고민이 "사람은 왜 죽는가? 죽으면 어떻게 되는가?"하는 문제로 이어졌다. "그러면 나도 죽는가? 언젠가 나도 죽을 텐데. 죽으면 어디로 가는가? 이 세상의 끝은 언제이며 어떻게 되는가? 그때까지 안 죽고 살 수는 없는가?"하는 의혹이 점점 깊어갔으며 그것이 병으로까지 확대되었다.

낮이고 밤이고 이 죽음의 공포가 엄습해 와서 나는 견딜 수 없는 괴로움에 시달리게 되었다. 낮에는 상념에 빠져 멍청히 앉아서 허공을 쳐다 볼 때가 많아졌고 밤이면 죽음이 무섭고 싫어서 이불을 뒤집어쓰고 꼬부리고 밤을 새우기도 하였다. 어머니께 이 고민을 말씀드려봐도 "사람은 누구나 다 죽는 것이 세상 이치인데 어린 아이가 왜 그런 걱정을 하느냐" 하시면서 타일러 주셨다.

나는 이 무서운 생각들을 떨쳐 버리기 위해 재미있는 동화와 만화책을 계속해서 읽기도 하고 밤 늦게까지 친구들과 놀기도 하였다. 그러나 모두가 시시했고 그런 것은 내가 할 일이 아닌 것 같았다. 잠을 편안히 자지 못하니까 입맛도 떨어지고 핏기도 없어졌다. 어느 누구와도 의논할 수 없고, 명쾌한 해답을 줄 사람이 내 주위에 없는 것이 너무나 안타까웠다.

공부하는 것이 그 중 가장 보람있게 생각되었다. 죽음을 잊기 위해 나는 열심히 공부했다. 하지만 내게 붙여진 일등 모범생이라는 이름도 결코 내게는 좋을 것도, 기쁠 것도 되지 못했다. 영원히 해결할 수 없을 것만 같은 큰 고민이 마음 속 깊이 자리잡고 있었기 때문이었다. 무섭고 괴로운 가을과 어둡고 지루한 겨울을 지나면서 말 못할 병은 깊어만 갔다. 새봄과 함께 새학년, 새친구를 만나면서 다소 평정이 되는 듯 싶었으나 오히려 한 해가 지나면서 죽음이 한 발자국 더 가까워졌다는 죽음에 대한 강박관념 때문에 고통은 더 커졌고 말도 웃음도 점점 줄어들게 되었다. 모두 귀찮았고 싫었다.

다음해 1950년 초여름 한가로운 오후 나는 대청마루에 앉아서 어머님이 다림질하시는 일을 도와 드리고 있었다. 마주 보이는 신작로 위쪽 끝에 눈같이 깨끗한 흰옷을 입은 한 분이 검고 두꺼운 큰 책을 손에 들고 서서 나에게 받으라는 것이었다. 나는 그 책을 분명히 보았고 또 받았다. 잠을 잔 것도 아니고 꿈을 꾼 것도 아닌데 시공간을 초월한 이 체험은 너무 놀랍고 신기한 것이었다. "어머니 내 책 어디 갔어요?"하고 빈손을 어머니께 보이면서 방금 있었던 일들을 말씀 드렸다. "천지신령님께 책을 받았으니 넌 이 다음에 박사가 되려는가 보구나"하고 대답해 주셨다. 그러나 나는 그 책이 성경책이었음을 그 일로부터 23년 후 목사님으로부터 집사 직분과 함께 검은 성경책을 받는 순간까지 깨닫지 못했다.

지금까지도 생생하게 기억되는 이 사건이 있은지 몇 날이 못되어 6·25사변이 터졌고 미처 서울을 빠져나가지 못한 우리 식구들은 사방에서 수많은 사람들이 다치고 죽어가는 비참한 전쟁 속에 있었다. 하루에 한 끼 죽으로 연명해야 하는 뼈저린 배고픔도 견디어야 했다. 상상 속에서 나를 괴롭혔던 죽음은 이제 현실이 되었다. 전쟁의 처참함은 어린 내 가슴에 지울 수 없는 큰 상처를 남겼다.

굶주림에 허덕이는 이 나라 경제를 일으켜 보겠다는 뜻을 품고, 나는 1959년 고려대학교 경제학과에 입학했다. 2학년때 4·19혁명의 현장에 있었고 다음해 5·16 격동기를 지나면서 또다시 인생의 무상함을 실감하게 되었고, 죽음에 대한 공포와 영생에 대한 갈구가 되살아났다. 나는 다시 불안했고 괴로웠고 방황했다. 도선사에서 청담 스님의 설법을 여러 번 듣기도 했다. 불교의 연기설은 실존론적으로 합리적이란 생각이 들었으나 존재 자체의 기원에 대한 설명이 분명치 않아 내게는 무의미했다. 또한 백팔 번뇌를 극복하기 위한 도를 닦는 일이 내게는 도저히 불가능하게 여겨졌다. 자신이 없었다. 끝내는 실망하고 말았다.

"어떻게 하면 영생을 얻을 수 있단 말인가?" 그 당시 대학생들에게 인기가 있었던 실존주의 철학책을 탐독해 보았지만 불면증을 심화시킬 뿐이었다. 마음은 미칠 지경이 되었고 왼쪽 골이 아파오기 시작하더니 오른쪽 팔과 다리가 점점 힘이 없어지고 아파서 쓸 수가 없게 되었다. 독일 유학을 하여 경제학 박사가 된 후 한국 경제를 일으켜 보겠다는 꿈도 포기할 수밖에 없었다. 나는 아무 일도 할 수 없는 무익한 사람이 되었다.

막내딸을 살려 보시겠다는 어머님의 애타는 노력과 사랑 덕분에 병이 조금 나아졌을 때 한 동네에서 어렸을 적부터 잘 아는 사이였던 경제과 동기생 김현일과 결혼했다. 시댁 역시 우상을 지극히 받들어 섬기는 집안이었다. 나는 1년에 일곱 번 이상 제사를 드려야 하는 종갓집의 맏며느리가 되었고 교회나 예수와는 더욱더 멀어져만 갔다.

성경 그리고 교회

둘째 아들이 두 살이 되었을 때 우연히 시작된 하혈이 보름이 지나도록 그치지 않았다. 남편의 새 사업 시작으로 인해 신경을 쓴 탓이거니 처음에는 대수롭지 않게 생각했다. 병원 치료도 계속 받았으나 별 효과가 없었고 한약도 소용이 없었다. 하혈의 양은 점점 많아졌고, 병의 원인도 찾지 못한 채 석 달이 넘도록 하혈은 멈추지 않았다. 눈은 차차 어두워졌고 청력도 약해졌다. 손과 발이 오그라들고 뒤틀리며 마비 증세가 나타나곤 했다. 심한 현기증 때문에 이층 계단에서 떨어져 허리와 다리를 다치고 난 후부터는 외부 출입을 전혀 할 수 없게 되었다. 친분이 있는 의사에게 진찰을 받았다. 내게는 심한 빈혈이니 우선 일 주일에 한 번씩 수혈을 해보자고 하였으나, 남편에게는 불치병의 일종인 재생 불능성 악성 빈혈이고 이미 계수가 많이 떨어져 있어서 소생이 불가능하다고 말했던 것이다.

10살부터 이 세상에서 갖은 병들을 거의 다 거쳐가면서 어렵게 여기까지 왔는데 결국 몸에 있는 피가 다 빠져나가는 병으로 33살의 젊은 나이에 죽을 것을 생각하니 기가 막히고 억울했다. 그렇게도 무서웠고 싫어했던 죽음이 내 앞에 온 것이다. 사업에 실패하고 식사와 빨래, 또 두 아들을 돌보는 일까지 도맡아해야 했던 남편도 안팎의 이중 고통으로 몹시 지쳐 있었다. 나는 죽음이 더욱 가까이 왔음을 알았다. 사랑하는 남편과 어린 두 아들을 두고 이 세상을 떠나야 할 일과 더구나 나를 잃고 미쳐 버리실지도 모르는 친정 어머님을 생각하니 금방이라도 가슴이 터질 것만 같았다. 코 앞에 닥친 죽음을 받아드릴 수밖에 없는 현실 앞에서 신기하게도 나는 담담할 수 있었다. 약도 주사도 다 끊고 주변을 정리하기 시작했다. 가족들에게 남길 말도 구체적으로 기록해 두었다. 죽음과 죽음 뒤의 세계에 대한 두려움을 초월할 수 있는 길은 죽으면 좋은 세계로 간다는 믿음을 갖는 것 뿐이라는 생각이 들자 일찍부터 천당이나 극락에 대한 신앙을 갖지 못한 것이 무척이나 안타깝고 아쉬웠다.

성경을 읽어보리라 마음먹었다. 많은 서양의 위인들과 우리 나라의 선각자들이 성경을 통하여 하나님을 믿게 되었고 삶의 의미를 찾았으며 죽음도 초월할 수 있었다고 말하지 않는가? 또 성경은 세계에서 가장 많이 팔리는 책이 아닌가? 성경 속에 그 무엇인가 내가 모르는 신비의 진리가 있을 것 같았다. 눈도 잘 보이지 않고 앉아 있기에도 괴로운 상태에서 남편 몰래 성경을 읽는다는 것이 쉬운 일은 아니었다. 큰 성경책의 첫 장을 펴서 "태초에 하나님이 천지를 창조하시니라…"는 첫 구절을 읽었을 때, 이상하게도 그 구절이 내 마음에 와 닿았다. 진화론을 수용하는 입장에 있으면서도 최초의 우주 만물의 기원에 대해서 완전히 해결되지 못한 숙제를 갖고 있었던 나로서는 하나님이 천지를 창조했다는 이 간단한 명제가 믿어지기만 한다면 모든 것이 풀릴 것 같다는 야릇한 심정을 갖게 했다.

성경을 구약부터 열심히 읽어 내려갔다. 의심나는 부분도 많았고 윤리적으로 도저히 이해 못 할 내용도 많아서 집어 던져 버리기도 했다. 그러나 하루하루 죽음만을 기다리는 나로서는 혹시 천당을 믿을 수 있을까하는 마음에 다시금 성경을 끌어당겨 한 줄 한 줄 읽어 내려갔다. 요한복음서까지 읽었을 때에 나는 교회에 나가 볼 결심을 하게 되었다. 마침내 성경이 나로 하여금 교회에 첫 발을 내밀 수 있도록 인도한 것이다.

1972년 1월 9일 작은 언니가 다니고 있던 교회에 주일 저녁예배부터 처음 나가면서 내가 진심으로 드리는 기도는 한 가지였다. "하나님! 제게도 은혜를 내려 주셔서 웃으면서 죽을 수 있게 해주십시요. 천당의 유무가 문제 되지 않습니다. 다만 천당이 있다고 믿고 갈 수만 있게 해주시면 좋겠습니다." 병 낳기 위한 소원이나 살기 위한 기도가 아니었다. 다만 편하게 죽기 위한 간구였다. 그때부터 믿음을 얻기 위한 나의 피나는 노력이 시작되었다. 기도하고 찬송하고 성경 읽고 예배드리는 것이 삶의 전부가 되었다. 부흥회도 참석해 보았고 기도원이라는 곳에도 가 보았다. 다른 사람들은 울고 불고 회개하면서 성령을 체험하는 은혜를 받았다고 야단들인데 내게는 합리적으로 이해되는 것 이외에는 잘 받아들여지지 않았다.

조물주 하나님이 있을 것이라는 생각은 가지고 있었지만 이스라엘 땅에 요셉이란 목수의 아들인 예수가 하나님의 아들이며 구세주란 말은 도저히 믿을 수가 없었다. 조상도 혈통도 다른 예수가 나와 무슨 상관이 있는가? 예수를 믿는다는 것이 내게는 도저히 이루어질 것 같지 않았다. 다만 예수를 믿고 영생을 얻었다고 기뻐하는 저 사람들과 같이 나도 믿을 수만 있었으면 하는 간절한 부러움이 있을 뿐이었다.

하나님의 은혜를 받지 못하는 이유와 예수를 그리스도로 믿지 못하는 까닭이 겸손하지 않고 교만한 죄를 회개하지 못하는 데에 있다는데 아무리 생각해 보아도 나는 천당 못 갈 만큼 큰 죄가 있는 것 같지 않았다. 가족들에게 잘못한 사소한 죄가 조금 있기는 하지만 도적질, 거짓말 같은 범죄나 남을 해치는 악한 일은 결코 하지 않으려고 노력했고, 또 죄짓지 않고 착하게 살아 보려고 무척 애써오지 않았던가? 교회에 갈 때마다 조그만 허물까지도 모두 후회하고 반성하고 회개했는데 목사님은 설교 때마다 계속해서 회개하라고 외치셨다. 내게 무슨 죄가 있으며 어떻게 회개하란 말인가?

십자가와 영생

1972년 9월 16일 토요일 새벽! 내게 있어서 영원히 기억해야 할 역사적인 감격의 순간이다. 교회에 나온 지 10개월 만에 새 생명으로 거듭 태어난 날이다.

내가 살던 곳에서 가까운 벧엘중앙교회에 부흥회가 있었다. 내가 출석했던 교회 성도님들과 함께 나는 한 시간도 빠지지 않고 집회에 참석했다. 한 시간도 빠짐없이 참석하면 은혜를 꼭 받을 수 있다는 부흥 강사님의 말씀대로 실천해 보았다. 부흥회는 끝났고 많은 사람들이 은혜와 성령의 충만함을 받아 기뻐 뛰는데 나는 여전히 은혜라는 것을 받지 못했다. 허탈감에 빠져 기도하는 사람들을 물끄러미 쳐다보고 있는 나에게 보고만 있지 말고 기도를 좀 해보라는 권사님의 권유를 받고 십자가를 정면으로 향하여 자세를 바로하고 기도하기 시작했다.

"하나님!" 부르는 순간, 내 입에서 "아버지!"하는 말이 연이어 나왔다. 나는 놀랐다. 그때까지 나는 하나님을 아버지라 부르지 못했다. 내가 어떻게 천지를 창조하신 하나님을 아버지라 부를 수 있을까? 하는 생각이 들었을 때 나는 친히 내 이름을 부르시는 하나님의 음성과 내 마음 속에 엄청난 깨달음을 주시는 하나님의 말씀을 들을 수 있었다.

"내가 너를 만들었다. 그러면 너는 누구의 것이 되겠느냐?"

"나는 네가 똑똑한 줄 안다. 그렇다고 네가 나보다 더 똑똑하단 말이냐?" 나는 대답했다. "제가 어떻게 하나님보다 더 똑똑할 수 있겠습니까?" "그런데 너는 왜 매사에 나보다 앞장을 서느냐? 네가 나를 따라와야 되는 것이 아니냐? 너는 언제나 나를 네 머슴으로 취급하지 않았더냐?" 나는 말문이 막혔다. 그렇다. 그 동안 나에게 있어서 하나님은 내가 계획하고 수행해 나가는 인생 노정 가운데서 넘어지거나, 잘못되었을 때 항상 내 뒤에서 나를 도와 주어야만 하는 종 같은 존재였다.

문득 지난 여름에 있었던 한 사건의 이야기가 내 마음 속에 떠오르면서 분명한 깨달음은 계속되었다. 미국에 유학해서 박사학위를 받고 돌아오는 아들이 공항에 마중 나온 누추한 부모님을 자기 약혼

녀에게 자기집 머슴으로 소개하고, 처갓집 자가용을 타고 훌쩍 떠나갔다는 이야기를 듣고, 나는 이런 천하에 배은망덕의 죄인이 있을 수 있을까 하고 울분을 감추지 못했었다. 금의환향하는 아들에게 그 부모가 진정 바라는 것이 있다면 그것이 무엇이겠는가? 값비싼 밍크 코트인가? 아니면 공부시키느라고 궁색해진 살림에 보탤 돈인가? 그러나 논밭 다 팔고 삯바느질을 하면서 훌륭한 아들로 키워 보겠다고 온갖 희생을 다했던 그 노부모가 진정 원했던 것은 밍크 코트도 돈도 아닐 것이다. 어느 형편에 처해 있든지 아버지는 아버지로 어머니는 어머니로 아들에게 인정받는 것이 아니겠는가? 생각이 여기에 이르렀을 때, 내 마음은 큰 불덩어리가 떨어진 것 같은 뜨거움으로 달아 올랐다. 나를 친히 만드시고 사랑하시는 하나님을 하나님으로 인정하지도 않고 믿지도 않는 천하의 제일 고약한 배은망덕의 죄인이 바로 나 자신이 아닌가?

천지 만물과 인간을 창조하시고 생사 화복을 주관하시는 하나님을 믿지 않고, 내 마음 내 뜻대로 살아 왔던 그 세월들이 얼마나 하나님 앞에 큰 죄를 범하는 삶이었던가를 깨닫는 순간 나같은 죄인은 이 세상에 다시 없을 것 같았다. 거룩하신 창조주 하나님을 노예처럼 부렸던 가증하고 교만한 죄인, 제 주인도 몰라보는 짐승만도 못한 죄인인 주제에 얼마나 다른 사람들을 비방하고 무시하였던가? 좀 깨끗하게 살았다고 좀 많이 배웠다고 얼마나 교만한 짓을 했던가? 얼마나 고상한 척 큰 소리를 쳤던가? 지난 세월 속의 모든 삶이 낱낱이 드러나면서 나는 하나님께 너무 죄송스럽고 부끄러워 견딜 수가 없었다. "하나님, 나는 죽어 마땅합니다. 죄인 중에 괴수입니다"란 말이 계속 나왔다. 성령님께서는 죄가 없다고 생각했던 나에게 하나님을 믿지 못한 죄가 얼마나 큰 죄인가를 책망으로 깨우쳐 주셨다. 창피한 줄도 모르고 울고 또 울었다. 내 생전 그렇게 통곡하면서 울어본 적이 없다.

몇 시간이나 흘렀을까? 날은 훤히 밝았고 기도하던 사람들은 모두 집으로 돌아갔는지 나만 홀로 남은 듯 했다. 다시 한 번 십자가를 바라보는 순간, 예수님을 십자가에 못박아 죽게 한 사람은 다른 사람이 아닌 바로 나 자신임을 발견했다. 나는 내 자신이 너무 밉고 싫어서 온몸을 떨었다. 돈이나 명예나 권력 때문에 서슴없이 예수를 팔았던 가룟 유다나 빌라도나 종교 지도자들과 내가 다를 것이 무엇인가? 그들의 악한 속성이 내 마음에도 꽉 차있음을 분명히 보았다. 내 마음이 이렇게 더럽고 가증한 줄 정말 몰랐다.

하나님의 아들을 죽인 죄인, 하나님과 원수가 된 이 괴수는 이제 살아야 할 가치도 없고 살려둘 이유도 전혀 없는 존재였다. 그런데 이처럼 연약하고 경건치 못한 죄인, 죽어 마땅한 이 원수를 구원해 주시려고 그 아들을 대신 십자가에 죽게하신 하나님! 그 측량할 길 없는 하나님의 사랑이 생생하게 느껴지며 그 갚을 길 없는 주님의 은혜가 마음으로 믿어지면서 다시금 눈물이 하염없이 솟아 나왔다.

근본 하나님과 본체이시나 자기를 낮추시고 사람의 모양으로 나타나시어 십자가에 대신 죽기까지 복종하신 예수님, 바로 그 예수님이 십자가에서 찔리시고 상하시고 죽으신 것은 모두 나의 허물과 죄악 때문이라는 목사님의 설교 말씀이 거짓 없는 진실로 믿어졌고 그대로 고백할 수 있었다. 드디어 나는 무시무시한 죄와 사망으로부터 구원을 받고 영생을 얻은 것이다!

"하나님이 세상을 이처럼 사랑하사 독생자를 주셨으니 이는 저를 믿는 자마다 멸망치 않고 영생을 얻게 하려 하심이라"란 요한복음 3장 16절 말씀과 "영접하는 자 곧 그 이름을 믿는 자들에게는 하나님의 자녀가 되는 권세를 주셨으니 이는 혈통으로나 육정으로나 사람의 뜻으로 나지 아니하고 오직 하나님께로서 난 자들이니라"란 요한

복음 1장 12-13절 말씀이 마음으로 확실하게 믿어졌다. 나는 뛸듯이 기뻤다. 그것은 샘과 같이 솟아나는 기쁨이었고 평안이었다. 어둡고 무서운 죄와 사망의 긴 터널을 뚫고 영생의 찬란한 광명으로 나온 것이다. 드디어 나도 하나님의 은혜를 입어 예수 그리스도를 믿게 된 것이다. 나는 그날 그 순간을 영원히 잊을 수가 없다.

지금까지의 나의 삶 전체가 하나님의 섭리 가운데 있었음도 깨닫게 되었다. 10살짜리 어린 아이가 죽음의 공포 때문에 괴로워 떨고 있을 때 환상 가운데 주님이 친히 복음의 성경책을 주신 일도, 온갖 질병들이 차례차례 나를 괴롭혔던 세월도, 남편의 사업 실패로 집을 쫓겨났던 가난함도, 몸에 피가 거의 다 빠져나가 소생 불가능하게 되었던 것도 모두 하나님이 나를 찾아 부르시는 사랑의 표시(sign)였음을 분명히 알게 되었다. 십자가를 바라볼 때마다 또 생각할 때마다 나는 영원히 죽어 멸망 받을 이 죄인을 살리시려고 십자가에서 물과 피를 다 흘려 죽으신 주님께 회개하며 울고 또 감사하며 울었다. 그 많던 불평은 사라져 버렸고, 모든 것이 감사하고 아름답고 사랑스러웠다. 가족과 친척들에 대한 나의 생각과 마음이 달라졌다. 특히 남편에 대해서 항상 못마땅하게 생각했던 것들이 후회가 되었다. 그에게도 내가 도저히 못 따라갈 좋은 점이 있다는 것과 또 그가 매우 귀한 존재라는 것이 마음 깊이 새겨졌다. 이 생명 다 할 때까지 이러한 기쁘고 편안하고 좋은 마음이 계속되기를 간절히 원했다.

임마누엘

영생을 주신 하나님! 나는 그분만으로 만족하고 그분을 위해 살아야 한다고 결심했다. 23년 동안 나를 괴롭혔던 그 많은 병들은 인사할 틈도 안주고 송별회도 없이 떠나가 버렸다. 성경을 읽고 교회를 가는 것이 너무 즐겁고 기뻤다. 그렇게도 안타깝게 믿어지지 않던 성경 말씀이 거짓 없는 진리의 말씀으로 확실히 믿어졌다. 성경 말씀이 너무 달고 오묘해서 읽고 또 읽었다. 목사님을 통해 3년 동안 성경을 배우면서 나는 큰 은혜를 체험할 수 있었다. 교회학교 교사, 구역장 등 목사님이 시키는 대로 무엇이든지 순종했다. 교회에 너무 미쳐 버릴까 염려하던 남편도 아내의 죽음이 기적 같은 소생으로 바꾸어져 가는 변화에 감격할 수 밖에 없었고 스스로 교회에 따라 나오게 되었다. 예배드리고 전도하고 배우고 가르치는 일이 있으니 모두가 의미있고 보람있는 삶이 되었다.

1975년 순복음신학교 신과 3학년에 편입했다. 주님의 뜻을 알고자 하는 나의 간구를 불쌍히 여기셨든지 하나님께서는 또 다시 1977년 이화여자대학교 대학원에서 공부할 수 있는 기회를 주시고 인도해 주셨다. 대학을 졸업한지 13년, 쉬었다가 다시 시작하는 공부이고 보니 보통의 각오와 용기를 가지고는 어림도 없었다. 하지만 하나님이 함께 해 주시고 도와주실 것이라는 믿음이 늙은 주부 학생으로서는 너무나 벅찬 공부를 견디어 낼 수 있는 원동력이 되었다.

이제 전도하는 일도 부끄러운 일이 아니었다. 친정 어머님을 비롯해서 온 친정 식구들이 구원을 얻게 되었고, 교회를 개척하는 축복을 받기도 했다. 1976년 4월 광성교회가 개척되어 창립되던 날 나는 전도사가 되었다. 전도사가 될 생각은 전혀 없이 다만 성경을 배우려고 아무도 모르게 신학교에 다녔는데 하나님께서는 나에게 전도사의 길을 예비해 놓으셨던 것이다. 옛날부터 나는 여전도사에 대한 이미지를 별로 좋지 않게 가지고 있었다. 그런데 내가 그 여전도사가 되어야 한다는 것에 놀라지 않을 수 없었다. 그러나 어찌하랴,

주님이 원하시고 주님이 명하신 일이라면 복종해야 하는 것, 나의 교만은 또 깨어져야 했다. 예수 그리스도의 복음을 전하고, 가르치며, 생명을 살리고 돌보고 풍성케하는 일에 동참하는 여전도사의 일이 얼마나 보람되고 기쁘고 멋진 사명인지 예전에는 정말 몰랐었다.

영생을 얻은 기쁨에 앞만 바라보고 미칠듯이 달리는 나의 삶 속에서도 내 마음 깊이 해결할 수 없었던 고민 때문에 괴로움을 겪어야 했다. 그것은 내가 원하는 선한 삶을 살지 못하고 때때로 악한 마음을 가지고 악한 행동을 여전히 하고 있다는 갈등이었다. 예수 그리스도의 은혜를 잊을 수 없다고 다짐했고 그의 말씀대로 꼭 지켜 행하겠다고 맹세하지 않았던가? 예수를 위해서라면 지금 죽어도 한이 없겠노라고 간증도 하지 않았던가? 그런데 내 마음 속에는 여전히 미움이 있고 나를 괴롭히는 사람들에게 원망과 시비가 나오고 억울하고 분한 일을 당하면 참지 못하고 남이 잘되는 것을 보면 축하하는 마음 속에 은근한 질투가 있고 시시때때로 변명과 거짓을 털어놓고 온갖 죄와 잘못을 여전히 짓고 있으니 어떡하면 좋단 말인가! 죄사함받고 이제부터는 깨끗하게 살아가겠노라고 눈물로 결단했던 그 순간은 어디 갔단 말인가? 하나도 변한 것이 없고, 성경 말씀대로 살아가려고 애쓰면 애쓸수록 더욱 잘못과 실수를 저지르는 내 모습을 보면서 나는 더욱 괴로웠다. 차라리 예수를 몰랐다면 이런 괴로움은 없었을 것이라는 생각까지 들었다. 내 안과 내 주위가 온통 죄악으로 꽉 차 있는 것이다. 원하는 선과 행하는 악과의 갈등 속에서도 나는 어린이 주일학교 전도사 일을 아무 일 없는듯이 계속하고 있었다.

그러던 중 나는 7살짜리 어린 꼬마가 확신 속에 기쁨으로 자신의 죽음을 맞는 현장에 동참하게 되었다. 백혈병으로 소생할 가망이 없어 병원에서 집으로 다시 와서 불과 1개월도 못살고 죽은 아이지만 숨지기 5분 전까지도 너무도 똑똑한 목소리로 예수님과 천사들이 보인다고 말하면서 예수님의 손을 꼭 붙들고 가겠노라고 우는 엄마를 위로하며, 이제는 푹 자고 싶다면서 안녕히 계시라는 인사를 마지막으로 남기고 조용히 죽음을 맞이한 그 꼬마의 깨끗하고 평안한 모습을 지켜 보면서 나도 저 아이와 같이 완전히 죽기만 한다면 아무런 고민도 괴로움도 없겠다는 깨달음이 왔다. 나는 그 꼬마의 입관을 지켜보면서 바로 내가 그 관 속에 있다면 어떤 억울함이나 괴로움, 심지어 즐거움까지도 아무런 소용이 없어져 버릴 것이란 생각이 들었다.

죄지을 내가 죽기만 한다면 문제는 끝날 것으로 깨달아질 때 갈라디아서 2장 20절 말씀이 주의 음성으로 마음 속에 들려왔다. "내가 그리스도와 함께 십자가에 못박혔나니 그런즉 이제는 내가 산 것이 아니요 오직 내 안에 그리스도께서 사신 것이라 이제 내가 육체 가운데 사는 것은 나를 사랑하사 나를 위하여 자기 몸을 버리신 하나님의 아들을 믿는 믿음 안에서 사는 것이라." 이 구절을 통해 나는 정과 욕심을 십자가에 못박아 그리스도와 함께 죽고 그리스도와 함께 부활하는 진리를 깨닫게 되었다. "죽은 자가 다시 사는 것이 없으면 하나님이 그리스도를 다시 살리시지 아니 하였으리라"는 고린도전서 15장 15절 말씀으로 나의 부활을 보증하신 하나님의 은혜를 깨닫게 되었을 때에 온몸이 불덩어리가 되는 것 같은 감격과 흥분을 감출 수가 없었다. 부활이 믿어지니 죽는 것이 두렵지 않게 되었고, 하나님이 나와 함께 하신다는 확신도 갖게 되면서 항상 기쁘고 범사에 감사할 수 있게 되었다. 이때부터 나는 영혼 구원에 대한 갈구가 더욱 솟아나게 되었고, 무엇보다도 시댁 식구들의 구원이 큰 문제로 다가오게 되었다.

종갓집 맏며느리가 예수를 믿어 망하게 되었다고 발걸음도 못하게 했던 시댁 식구들에게 전도는커녕 5년 동안 집 근처에도 얼씬 못했었다. 그러던 어느 날 시아버님이 중풍으로 쓰러지셨고 맏며느리인 나를 찾으신다는 전화를 받았다. 허둥지둥 시댁으로 달려간 나는 생각지도 못한 놀라운 말씀을 시아버님으로부터 듣게 되었다. 이제부터 예수를 믿을 터이니 목사님을 모셔와 예배를 드리자는 것이었다. "주 예수를 믿으라 그리하면 너와 네집이 구원을 얻으리라"하신 사도행전 16장 31절의 말씀을 확신하고 기도만 할 뿐, 전도 한 번을 제대로 못했는데 이렇게 속히 응답해 주시다니 이것이 웬 하나님의 은혜인지! 너무 감격스러워 엎드려 울기만 했다. 예배를 드리는 동안 아버님의 눈에서는 소리 없는 눈물이 흘러 내리고 있었다. 예배가 끝나자 아버님은 집 안에 있는 모든 부적들과 신주단지 등 우상들을 불태워 없애라고 하셨고 가족 한 사람 한 사람에게 예수 믿을 것을 당부하셨다. 아버님의 소천을 지켜 본 시댁 식구들은 모두 교회에 나가게 되었고 지금은 신실한 주의 일꾼들이 되어 봉사하고 있다.

대학원에서 신학과 기독교 교육학을 공부하는 10년 동안 너무나 힘들어서 좌절할 때마다 하나님께서는 세밀한 부분까지 보살펴 주셨다. 체력과 기억력이 떨어져 몹시 지쳐서 안타까워 하고 있을 때 순간 순간 위로해 주시고 생기와 지혜를 불어 넣어 주셨다. 주의 종이 되기 위해서는 온갖 연단을 받아야 한다는데 나는 공부하는 연단을 주셨으니 감사할 뿐이었다. 힘든 신학 수업을 통해 하나님께서는 매일 내 몸을 쳐 복종시키는 훈련을 받게 하셨고, 또한 그리스도와 함께 나는 십자가에 죽고 다만 예수 그리스도를 믿는 믿음 안에서만 살 수 있도록 연단시켜 주셨다. 십자가의 도가 진정 하나님의 능력이며 지혜가 됨도 깨우쳐 주셨다.

나는 하나님의 특별하신 은총에 힘입어 1983년부터 서울신학대학교에서 가르치고 있다. 여기서 나는 좌절과 실망의 자리에서 다시 일어나 사명감을 새롭게 하고 미지의 목회지와 선교 현장으로 떠나가는 종들을 가르치고 그들을 위해 기도하면서 더할 나위 없는 보람과 세상에 없는 기쁨을 맛보고 있다. 남편은 장로로 봉직하고 있고 큰아들 내외는 대학원에서 음악을, 작은 아들은 고맙게도 신학을 공부하고 있으니 더 이상 무엇을 바랄 것인가? 오로지 내 마음 속 깊이 간직한 간구가 있다면 그것은 이 모든 것이 하나님의 은혜임을 잊지 않고 언제, 어디서나 사랑할 수 없는 사람까지도 사랑하는 겸손한 사람이 되는 것이며, 연장시켜주신 나의 생명을 주님을 위해 바칠 수 있기를 간절히 기도하는 것 뿐이다. 그리고 병든 자, 가난한 자, 억눌린 자, 실패한 자, 특히 죽음을 두려워하는 자들에게 담대히 외치고 싶은 오직 한마디!

"예수 믿고 영생을 얻으십시오!"

내 영혼의 씨눈 벗겨질 때에

정 연 희

1957년, 이화여대 국문과 3학년 재학 중에, 동아일보 신춘문예 단편소설이 당선되어 등단. 졸업 후, 신문사 기자, 이화여대 강사, 이화여대 평생교육원 강사 역임.
1969년부터 신문사 순회특파원으로 세계일주 취재, 기행문 연재를 하며 4차례 세계일주. 1975년, 세례를 받고 신앙생활. 꾸준한 작품 활동으로 한국소설가협회상 수상, 한국문학작가상 수상, 대한민국문학상 수상, 윤동주문학상 수상, 유주현문학상 수상.
대표작으로는 「내 잔이 넘치나이다」, 「양화진」, 「여섯째 날 오후」, 「소리치는 땅」, 기행문 「시베리아 눈물의 樂園」, 묵상시집 「외로우시리」 등이 있으며 한국기독교여성문학인회 회장 재임시 2년간, 선교간증극 「이 민족을 주소서」, 「하늘의 종소리」를 공연. 그 기금으로 1989년 3월부터 전도책자 「주부편지」를 발행하고 있다.

내 영혼의 씨눈 벗겨질 때에

내가 태어나는 순간 어머니는 새 아이가 딸임을 알자 그때부터 눈물을 흘리며 비탄에 빠지기 시작했다. 어머니는 나를 낳기 몇 개월 전 금지옥엽 같았던 아들을 잃으셨던 것이다. 첫 딸 다음으로 아들을 낳아 기르시며 잘생긴 아들을 자랑스러워 하시다가 세 번째 아기를 태중에 두고 출산 몇 개월을 앞두고 세 살짜리 아들을 잃으셨던 것이다.

아들을 잃고 비탄에 빠졌던 어머니는 새로 태어나는 아기가 아들이기를 바라셨다. 그런데 신생아는 어머니의 기대를 저버렸던 것이다. 할아버지는 손주의 이름을 지어가지고 막내 며느리를 찾아 오시다가 대문의 인줄이 딸인 것을 보시고는 그대로 돌아서버리셨다.

아들을 잃고 비통해 하는 어머니의 태중에서 어머니의 슬픔을 함께 겪으며 허무와 죽음의 공포, 그리고 무력감 등 온갖 부정적이고 어두운 것들로 하여 상처를 깊게 입은 신생아는 태어나는 순간 어머니의 눈물과 비탄을 만났던 것이다.

나의 영혼은 태어나기 전부터 상처를 입었고 태어나는 순간 어머니조차 반가와 해주지 않는 그 캄캄함으로하여 더 예리하고 깊은 상처를 입지 않을 수 없었다. 그 상처는 나를 병적으로 여리고 예민한 아이가 되게 했다. 다른 아이보다 예민하고 병약했던 모든 것이 어머니를 힘겹게 만들어서 그것이 또 어머니로 하여금 둘째 딸인 나에게서 멀어지게 만든 원인이 되었다.

나는 자라면서 끊임없이 헛헛해 했다. 나를 감싸줄 포근한 그 무엇이 필요했으나 내가 걷는 길은 사막이었다. 내가 태중에서 입었을 상처에 대하여 눈치를 챈 사람은 아무도 없었다. 그 사막길 열 살에 만난 전쟁은 굶주림과 헐벗음 그리고 혼란과 무질서 속에서 더욱 무거운 열등감을 짊어지게 만들었다.

세상은 내 앞에서 닫혀 있었다. 열려있는 것은 아무 것도 없었다. 부모 형제도 내게는 삭막한 존재였고 친구도 막연했다. 대학공부도 시들했고 미래는 더욱 불확실했다. 스스로를 달랠 수 있는 길은 오직 글을 쓰는 것 한 가지 뿐이었다. 세상으로부터는 끊임없이 상처를 입고 그 상처로 가시울타리를 치며 나는 안으로 끝없이 움츠러들었다. 작가가 되려고 했던 것은 작가라는 이름 속으로 나를 숨기고 싶어서였다. 상처투성이의 나, 열등감으로 깊게 병든 나를 감출 수 있는 길은 그 길 한 가지뿐이라고 믿었다.

이화여대 재학 사년 동안 나는 나를 부르시는 갖가지 주님의 손길에 나를 맡기는 대신 나를 숨기고 감출 수 있는 길이 무엇인가를 끝없이 찾아 헤맸다. 작가가 되었으나 그것은 헛된 이름이었다. 영혼의 눈은 맹인이었고 마음의 문은 닫혀 있었으니 나의 인식의 세계는 황무지였다. 인식의 창문이 닫혀있던 나에게는 글을 쓸 소재를 찾아낼 능력도 없었다. 얼치기 작가는 인습 앞에서도 무력했다. 나는 결혼이라는 인습에 손목을 잡혀 그것이 어떤 세계인지도 모르고 끌려들어갔다. 나의 결혼은 자기기만과의 야합이었다.

나는 분명 사람이었으면서도 내가 누구인지를 몰랐다. 나의 값을 알 길이 없었다. 창조의 섭리와 존재의 의미, 곧 하나님의 사랑으로 지어진 하나님의 자녀라는 것을 알 수가 없었다. 나는 영혼이 도통

눈멀고 귀먹었던 주제에 고집스럽게 눈을 캄캄하게 감고 귀를 단단히 틀어 막아, 주께서 부르시는 음성을 들을 수 없는 인간이었다. 창조의 섭리가 아니고는 존귀와 고귀함을 알 길이 없었고, 엄청나게 값이 먹여진 존재라는 것을 끝없이 가르쳐 주시려 하는데 그것을 듣고자 하지 않았다.

나 자신의 존귀함을 모르던 내가 타인의 존귀함을 알 까닭이 없었다. 남편이라는 존재는 세상과 나 자신으로부터 나를 숨기는 차폐물에 불과했다. 우리의 관계는 시작부터가 거짓이었다. 겸손도 사랑도 없는 그 관계는 피차의 인격을 파괴했고 삶을 부패시켰다. 당연한 순서였다.

나는 이혼을 간절하게 원했고 그 결과는 자유라고 생각했다. 그러나 막상 가정이라는 굴레를 벗어나고 보니 나를 의탁할 곳은 아무데도 없었다. 나는 미친듯이 일을 했다. 아니 헛된 이름을 걸고 나를 팔기 시작했다. 글을 써서 파는 일, 전문인도 아니면서 방송국에 나가서 말을 파는 일, 텔레비전에 나가서 얼굴과 자신없는 말을 파는 일, 겁도 없이 강단에 서서 사람을 가르치는 일까지 그저 닿는 대로 일을 했다. 그러나 그 어느 것도 내 삶의 버팀목이 되어 주지 않았다. 헛되고 헛되다는 느낌은 보라빛 죽음의 그림자를 낳기 시작했다.

나는 한 사람 한 남자를 갈망했다. 내가 허무의 늪에서 헤어 나올 수 없는 것은 한 남자가 없기 때문이라고 생각하며 그 한 사람을 간절하게 소망했다. 그러나 내가 더듬더듬 걸어 들어간 길은 사련(邪戀)의 늪이었다. 아내 있는 남자와 얽힌 관계는 불지옥이었다.

나는 사마리아의 여자였다. 떳떳한 여자들과 함께 우물물을 기를 수가 없었고 남들과 자연스럽게 어울릴 수도 없었다. 일부종사 못한 여자, 아내 있는 남자와 몰래 야합하는 여자. 사람들은 내 앞에서

침을 뱉었고 뒤에서는 끝없이 말거리를 만들어냈다.

나는 숨어서 살았다. 다른 여자들이 물긷는 시간을 피하여 홀로 물을 길러다녀야 했다. 숨어서 일하며 가난한 형편으로 입에 풀칠을 했다. 그 불지옥의 고통을 견딜 수 없어, 치정(痴情)의 울타리를 벗어나올 때 내 전신은 피투성이, 손과 발은 성한 데가 없었다.

나를 기다리는 것은 호구지책과 창녀같은 인기(人氣)의 직업 뿐이었다. 홀로 세계 곳곳을 누비며 여행도 했고 글도 썼으며 사람도 만났고 닥치는 대로 무슨 일이든지 해냈다. 의도적으로 일에 미칠 수 밖에 없었다. 겉으로 보면 제법 요란해 보였다. 그러나 나는 하루에 두 번씩 절망과 허무를 껴안고 죽는 여자였다. 아침이 시작되는 것이 나에게는 절망이었다. 그 하루를 살아낼 일이 캄캄하고 무서웠다. 하루 낮을 빚 갚듯이 치르고 나면 이제는 밤을 맞을 일이 공포였다. 남들이 다 돌아가는 따뜻한 집. 불이 밝혀지고 기다리는 사람이 있고 단란한 식탁이 있는 그런 집이 내게는 없었다. 나의 거처는 아무도 없는 어두운 동굴이었다. 불빛도 없고 식탁의 단란도 없이 홀로 찾아 들어가야 하는 썰렁한 공간이 있었을 뿐이다. 그렇게 만나는 밤이 무서웠다. 그 철저한 소외의 현장이 무섭고 끔찍했다.

그 무렵, 하나님께서는 다시 한 번 구체적으로 나를 부르셨다. 숙명(淑明)여고 동창생인 정혜숙을 통하여 사랑의 말씀으로 나를 불러주셨다. 간곡하고 간절한 권유였으나 내 귀도 내 마음도 너무 두껍고 딱딱하게 굳어 있어 단 한마디도 스며들어오지 않았다.

나는 절망의 중독자였다. 절망을 먹고서야 하루를 사는 이상한 짐승이었다. 말씀은 귓등으로 흘려버리고 절망의 족쇄(足鎖) 소리에 귀를 기울이며 멸망의 길로, 멸망의 길로 계속 전진하는 짐승이었다.

그 무렵, 그 절망의 길목에서 이상스럽게도 나를 닮은 한 쓸쓸한 남자를 만났다. 그는 아내와 남매를 둔 가장이었으나 황야의 이리, 그리고 무일푼의 방랑객 같았다. 우리는 서로가 상대방의 거울이었다. 우리는 피차 그 거울 속으로 빠져들어갔다. 그러나 하나님께서는 우리들의 어울림을 내어버려 두시지 않았다.

1973년 9월, 나는 간통 피의자로 수사를 받기 시작했다. 원고는 물론 K의 아내였다. 내 막내 동생보다도 더 어린 검사는 처음부터 자백을 하라고 협박을 했다. 그때까지 그토록 법에 대하여 무식하던 나로서도 도저히 납득을 할 수 없는 일이 40일간이나 이어졌다.

불구속 상태로, 이것이 증거인가, 아니면 저것이 증거인가 허둥거리면서, 이 사람 저 사람 증인을 불러대기를 40여 일. 나는 이틀이 멀다하고 검사 앞에 불려 갔고 때로는 기막히는 대질 심문을 당했다. 증거를 찾기 위하여 눈에 불을 켜고 노심초사하던 검사실에서였는지, 아니면 원고측 변호사의 계략이었는지, 어느 기자에게 귀띔해 준 피의사실은 곧 매스컴에 불이 붙어 폭발하기 시작했다.

그리고 수사 40일 만인 10월 11일, 검사가 요구하는 자백을 끝내 거부한 상태에서 우리는 구속되었다. 재판을 받는 동안 나는 철저한 비겁자였다. 나는 무턱대고 세상이 무섭기만 했다. 숨을 곳이 있으면 그곳이 비록 죽음이라도 곧장 들어가고만 싶었다. 나는 운명이라고 믿었던 내 사랑을 옹호하고, 우리들의 사랑을 짓밟는 법에 대하여 단 한마디도 항변할 힘이 없었다.

기소된 뒤에 불구속 수사가 40일씩 계속된 이유도 따질 수가 없었고, 1심에서 나만을 풀어주고 K를 계속 감방에 가두어 두는 이유가 무엇인지를 캐어낼 엄두도 낼 수가 없었다. 그 하찮던 이름 한 쪼가리 찢기고 짓밟힌 것만이 억울했던가… 나는 세상으로부터 버림받은 인간일 뿐이었다.

재판이 계속되는 동안 그때까지 나를 필요로 하고 나와 함께 손잡고 일했던 매스컴 전체가 광란을 했다. 단순 보도가 아니라 찢고 할퀴고 짓밟으며 끝없는 돌팔매질을 계속했다. 고소인의 일방적인 기자회견을 토대로 기사는 폭죽 터지듯 화려하게 폭발했다. 주간지들이 썩은 시체를 만난 까마귀떼와 독수리떼처럼 몰려들어 물고 뜯었다.

그때까지 나의 젊음을 다투어 필림에 담고자 했던 사진 기자들이 마귀떼처럼 법원으로 몰려 들어 푸른 수의(囚衣)를 입은 나를 사진에 담으려고 아우성을 쳤다. 서로 앞자리를 차지하려고 밀고 밟고 넘어지고 악을 쓰며 난리를 쳤다. 내게는 죽음보다 더 진한 수치와 침묵 이외에 아무 것도 남겨진 것이 없었다.

K를 간첩혐의로 감옥에 묶어 둔 사람은 원고와 내연의 관계를 맺고 있던 중앙정보부원이었다. 그들의 계략은 치밀했다. 그의 아내는 남편을 간통 혐의로 묶어 재판을 받게하는 한편 중앙정보부의 권력을 빌어 남편을 간첩으로 몰아부쳤다. 그리고 재산이랄 것도 없는 내 삶의 터를 몰수하려고 달려들었다. 그 사실이 처음 알려졌을 때 나는 믿으려 하지 않았었다. 그리고 나에게는 K를 살려낼 단 한 가닥의 힘도 희망도 없었다.

"결국 나로 인하여 한 사람이 죽는다"는 사실만이 어마어마한 죄책감으로 나를 짓눌렀을 뿐이다. 어떻게도 할 수가 없었다. 사방을 둘러 보아도 빠져 나갈 길이 없었다. 몸부림을 치고 땅을 긁어 통곡을 해도 소용없는 일이었다. 그것은 내 삶의 마지막 자리였다. 나는 쓰러졌다. 그리고 하나님을 외쳐 불렀다. 어리석음과 방자한 판단 그리고 되지 못한 내 잣대로 버티어 오던 모든 것이 잿더미처럼 무너지는 순간이었다.

"하나님, 이 세상에 그렇게도 많은 사람들이 하나님을 살아계신 분으로 찾고 또 믿고 있습니다. 정말 살아계신 분이라면 나를 이 죽음의 수렁에서 다리 한 짝만이라도 빼어 주소서. 저 죽어가는 슬픈 사람의 목숨을 구해 주소서. 그리하면 나는 하나님 앞에 무릎을 꿇겠고 그 사람을 남편으로 섬겨 평생을 함께 하겠습니다." 그것이 서원이라는 것도 알지 못했다. 그저 통곡으로 부르짖으며 매어달렸을 뿐이다.

주간지들이 일 년 가깝게 그 사건을 울거 먹는 가운데 사건은 뒤집혔다. 고소인과 중앙정보부원이 구속되었다. 중앙정보부의 서슬이 하늘을 찌르던 그 시절, 그 일은 실로 불가사의한 힘에 의해 이루어졌다.

나는 오직 무서워 떨며 그 되어 가는 일을 지켜 보았을 뿐 하나님 앞에 무릎을 꿇지 않았다. 감사치도 아니했으며 내가 나아갈 길을 묻는 것도 거절했다. 그리고 내 가슴은 원망과 증오와 복수심으로 부글부글 끓었다.

우매하기 짝이 없었던 나는 하나님께서 왜 나를 그 지옥으로 인도하셨었는가를 알지 못했다. 알고자 하지도 않았다. 내가 죄인이라는 것을 깨닫지 못했다. 회개가 무엇인지 알지 못했다. 알고자 하지도 않았다.

그러나 나에게 남아있는 길이 무엇이 있으랴. 내게는 이제 선택이 따로 없었다. 미련도 없는 슬픈 자가 되어 정처없이 떠돌던 나를 하나님께서는 길이 참으시고 나를 계속 부르셨다. 하나님의 사랑의 간섭은 현실로 나타나기 시작했다. 그나마 내가 매달려 있던 것을 차례로 끊어 놓으셨다. 나의 이름 석 자를 간통죄라는 이름으로 먹칠을 해 놓으시더니, 시답잖은 것이기는 했지만 옹색하게 살지 않아도 될 정도로 있던 재물도 흩으셨다. 그리고 건강까지 나락으로 떨어졌다. 사면 팔방 붙잡을 것이 없었건만 나는 서원했던 하나님 앞으로 돌아가지 않았다. 완악 강퍅함이 아니라 미련 천치와 같았던 자였다.

하나님께서는 방법을 바꾸셨다. 나의 일정표나 예정에는 없었던 어느 예배의 처소에 나를 부르셨고 그 자리에서 고꾸라져 통회하게 하셨다. 성령께서 기다리시다 못해 나와 함께 슬퍼하시며 나의 회개를 도우시고 대신하셨다. 그렇게 시작된 회개의 자리가 눈물로 눈물로 거듭 씻기워지면서 나는 그제서야 내 모습을 볼 수 있는 눈을 뜨기 시작했다.

간음 중에 잡힌 여자가 예수님 앞으로 끄들리워 간 사건이 어떤 복(福)인가를 깨달았다. 갈갈이 찢기고 짓밟히던 수치와 죽을 수밖에 없었던 조건 속에서 "나는 너를 정죄하지 아니하노니 가서 다시는 죄를 범치말라"하신 그분의 용서와 구원을 받는 기적이 일어난 것이다.

나에게는 그 지옥과 같았던 사건이 복이요 선물이었다. 그것은 나를 포기하지 않으신 하나님 아버지의 사랑의 표적이었다. 하나님께서는 나를 사랑하셨기에 나에게 지옥을 선물하셨다. 죄의 엄청난 결과가 하나님을 만나는 자리가 되는 것을 체험하게 해 주셨다. 그리고 돌아간 자를, 무릎 꿇은 자를, 품을 열어 품어 주시는 사랑에 눈뜨게 해 주셨다.

나는 나의 분깃을 걸터름질하여 아버지 곁을 떠난 뒤 아버지의 재산을 멋대로 탕진하고 거지가 되어 아버지 앞으로 돌아간 탕자처럼 그렇게 거덜이 난 모습으로 하나님 앞으로 돌아왔다. 육신으로는 흠없이 태어났고, 부지런하고 선량한 부모 사이에 태어나 착한 형제와 함께 자랐고, 훌륭한 스승, 좋은 친구와 공부할 기회, 그 위에 글을 쓸 수 있는 재능과 기회를 부여받아 아쉬울 것이 아무 것도 없었건만 나는 나의 인생을 사랑하지도 않았고 감사할 줄도 몰랐다.

하나님은 나같은 것에게 너무 많은 것을 주셨다. 그러나 그 어느 것 한 가지도 감사한 줄 몰랐다. 감사에 소경이었으니 그 한 가지 귀하고 값진 것을 가꾸고 키울 생각을 해 볼 수도 없었다. 그 모든 것을 헛되이 탕진하고 거덜을 내고서야 내 아버지의 부르시는 음성과 손길에 이끌려 아버지 앞으로 돌아온 것이다.

주님께 대한 나의 첫사랑은 온통 눈물뿐이었다. 찬송도 눈물이요 기도도 눈물이요 말씀도 눈물이요 예배도 눈물이었다. 기뻐서도 울었고 감사해서도 울었고 내 죄가 너무 부끄럽고 아파서도 울었다. 내 눈물로, 십자가에서 상하신 주님의 전신을 씻겨드리고 싶을 만큼 그렇게 두고 두고 눈물을 끊임없이 흘렸다.

그렇게 눈물길로 이어진 교회에 반 년쯤 다닐 때였다. 사소한 일로 남편(하나님께 서원한 대로 1975년 5월29일 세례를 받고 세례식과 함께 K의 아내가 되었음)이 원망스럽고 미워지며 기쁨도 스러지고 확신도 엷어지기 시작했다. 어둠이 독한 연기처럼 스며들기 시작하면서 평화가 깨어졌다. 영혼이 깊이 침체하기 시작했다.

그런 상태로 남편의 출장지 운천엘 따라갔다. 1978년 5월 28일은 주일. 시골 신작로 길을 홀로 운전하여 교회로 예배를 드리러 가던 중, 과속으로 달려오는 버스를 피하려다가 내 차체는 옆에 있는 고목나무를 들이받으며 박살이 났다. 입으로 피를 쏟으며 운전대에 고꾸라졌으나 정신은 깨끗했다.

행인들에 의하여 구조된 뒤 운천병원에서 응급처치를 받는 동안 연락을 받은 남편이 나를 안고 서울 큰 병원을 향하여 떠났다. 아카시아꽃이 만발한 오월의 화창한 하늘은 꽃향기로 가득차 있는데 나를 안고 가는 남편의 얼굴은 쉴사이 없이 흐르는 눈물로 젖었고 그 눈물은 계속해서 내 얼굴을 적셨다.

순천향병원 도착은 오후 세시경, 중요한 부서의 의사 선생님은 아무도 계시지 않았다. 인턴 한 분이 응급실에서 나를 데리고 X레이실로 들어가 사진 찍는 일을 도왔다. 나는 X레이를 찍던 도중 심한 통증 때문에 정신을 잃었다. 다시 정신이 잠깐 든 것은 저녁 무렵. 본 교회 목사님의 기도 소리를 들으며 정신이 들었다. 그리고 연락이 되어 달려 오신 선생님들이 의논하는 소리가 들렸다. "지금까지 매시간 체크를 하고 있는데 체온이 정상입니다. 혈압에도 이상이 없습니다. 백혈구 수에 아무런 변동이 없고요. 세밀하게 찍은 X레이가 다 깨끗합니다. 지금으로서는 어느 부위를 어떻게 손을 대야 할는지 모르겠습니다. 하룻밤을 지내면서 지켜보기로 하지요."

다음날은 5월 29일. 세례를 받은 지 만 삼 년째 되는 날이다. 아침에 출근한 의사 선생님은 깜짝 놀라서 수술을 서둘렀다. 하룻밤 사이에 배가 무섭게 부어올랐던 것이다. 수술실로 직행. 배를 열어 본 결과는 참담했다. 십이지장이 두 군데가 끊어지고 췌장이 파열되어 있었던 것이다. 췌장은 염증만으로도 여섯 시간 만에 사망하는 예가 있는, 인간의 장기 중 가장 예민한 장기다.

수술 다섯 시간 반. 오래 전부터 나를 아껴 주시던, 허경발 박사께서 눈물겨운 수고로 집도해 주신 뒤 보호자들에게 들려준 말씀은 지극히 조심스러운 것이었다. "의학적인 방법으로는 최선을 다 했습니다. 그러나 재수술을 하게 될 일이 생길는지도 모르니 너무 놀라지 마십시오." 그러한 상황에서 재수술이란 죽음을 의미했다. 병실로는 검은 리본이 달린 조화(弔花)가 배달되어 왔다. 이미 세상을 떠났다고 소문이 난 것이다.

사망이 겹겹으로 나를 두르고 있었다. 의식이 돌아왔으나 생존 그 자체가 내게는 공포였다. 공포는 사망이었다. 숨을 쉬고 살아 꿈틀거리고 있었으나 공포가 나를 지배하고 있었고 그것은 삶의 의미를 새까맣게 지워 놓았다.

기도와 찬송 그리고 성경 말씀으로 예배를 드릴 때 잠깐씩 빛을 만날 뿐 나의 병상은 침침하고 눅눅한 죽음의 잿빛으로 덮혀 있었다. 한 자 가량 찢긴 오른편 옆구리의 수술 자리에서는 끊임없이 진물이 흘러내렸다. 그것은 진물이라기 보다 줄줄 흘러 두꺼운 패드를 쉴사이 없이 적셔내는 끔찍한 불순물이었다. 수술자리 옆으로 고무호스 두 줄이 꽂혀 있어 계속 불순물을 빨아내고 있었지만 살 틈으로 스며 나오는 물을 주체하기가 어려운 정도였다.

이른 아침 의사 선생님은 출근하는 길로 그 상처부터 드레싱을 해주러 내 방엘 들린다. 드레싱 도구를 싣고 오는 밀차 소리가 무서웠다. 핀셋 부딪는 소리도 무서웠고 옆구리에서 떼어내는 흠뻑 젖은 패드를 보는 것도 무서웠다. 아무 것도 듣고 싶지 않았고 보고 싶지도 않았다. 그래서 귀를 막고 눈을 감은 채 치료를 받고는 했다.

타붙는 갈증과 진물 쏟음, 영혼의 캄캄함과 육체의 쇠잔. 절망할 기력조차 없는 가사상태였다. 절망이 따로 없는 무력한 상태였다. 살아야겠다는 의욕도 없었고 죽음을 두고 무서워하는 것도 아니었는데 내 목숨은 공포에 질려 있었다. 내 몰골은 살아있는 사람이랄 수 없을 만큼 참혹해져 갔다.

수술 후 십여 일째 되는 날 아침이었다. 복도에서 밀차 소리가 들려왔다. 나는 또 귀를 막고 눈을 감다가 말고 문득 예수님을 떠올렸다. 마지막 순간에 십자가 위에서 창에 허리 상하시고 물과 피를 쏟으신 그분을.

십자가 위에서 창에 허리 상하시고 물과 피를 쏟으신 예수님. "오 예수님, 오늘의 나의 이 처참한 모습은 나의 죄과로 인함이거니와, 오 주여, 이 사건을 통하여 주님을 뵈옵게 하시니 감사합니다. 옆구리로 물을 쏟으시며, 창에 허리 상하시며 나를 구원해 주신 주님을 기억하게 하시니 감사합니다."

그것은 말이 되어 나오지도 못했던 내 마음 속의 기도였다. 그러나 그 기도와 겹쳐지며 내 영혼은 하나님의 말씀을 듣고 있는 것이 아닌가. "두려워 말라 내가 너와 함께 함이니라. 놀라지 말라 나는 네 하나님이 됨이니라." 나는 그 말씀이 이사야 41장 10절에 기록되어 있는 말씀이라는 것을 나중에서야 알았다. 분명한 것은 내가 십자가 위의 예수님을 떠올리며 기도하는 그 순간 나의 영혼이 그 말씀을 들은 것이다. 함께 한 것이다.

그것은 순간이나 찰나라는 말로는 대신 할 수 없고, 기적이라거나 신비라는 언어로도 표현할 수 없는 일이 내게서 일어나고 있었다. 그것은 존재의 변화였다. 어둠이 변하여 광명이 되고 죽음이 변하여 생명이 된 존재의 변화였다. 공포가 걷혔다. 있었던 것 같지도 않았다.

살아계신 하나님의 말씀 안에서 나는 새롭게 태어난 생명이었다. 사고 당시 운전대에 얼굴을 들이받치면서 앞니 하나는 뽑혀져 나가고 윗쪽 앞니 대여섯 대가 뿌리채 흔들려 그 이를 다 잘라내는 수술을 하지 않으면 안 될 처지가 되었다. 충격의 자리가 그 윗니로부터 일 센티만 더 올라갔더라도 그것은 위험한 급소여서 현장에서 목숨을 잃었을 뻔했던 것을 윗니가 받쳐주어 생명을 건진 것이다.

윗니 가운데 대문니 하나는 2밀리 남짓 흘려내려 있어서 인상을 아주 망가뜨렸고, 흉하기 짝이 없는 몰골이 되었다. 병원 치과에서는, 입원해 있는 동안 수술을 하고 새 이를 해 넣자는 권고였으나 내 마음 속에서는 계속 어린애처럼 천진한 말이 맴돌고 있었다.

"아닙니다. 이 이는 수술할 필요가 없어요. 나의 하나님 나의 아버지께서 고쳐 주실거예요. 두고 보세요. 꼭 고쳐 주시고 온전케 해 주실거예요." X레이를 두 번 세 번 찍었고 몇 사람의 치과 의사가 따로 진찰을 하고 난 뒤의 의견은 모두가 같았다. 이 뿌리가 다 흔들리고 늘어져 있으니 잘라내는 수술을 하고 새 이를 해 넣어야 한다는 것이었다.

나는 드디어 내 마음 속에서 굳건한 믿음으로 고개를 들고 있는 그 말을 하고야 말았다. “하나님 아버지께서 고쳐주신다고 하셨어요.” 의사 한 분은 나의 그 말 때문에 적지않은 충격을 받고 정색을 하며 나를 나무랬다. 그리고 내가 교통사고로 심한 충격을 받고 어디가 잘못된 것이 아닌가 하는 눈치였다.

그러나 나는 그 흉한 이를 그대로 가지고 퇴원을 했다. 사고를 당한 뒤 한 달, 두 달, 석 달 그리고 넉 달째로 접어들었다. 그 엉망이 된 이를 어떻게 고쳐 주실는지 나는 보채는 일도 없었고 불안해 하지도 않았다. 그것이 언제인지 어떻게인지 알려고 해 본 일도 없었다. 내가 살고 있던 그 하루하루는 이미 나의 것이 아니었다.

1978년 9월 17일. 추석날이었다. 여러 달 전 어느 모임에서 예정에 없이 만나 뵈었던 이천석 목사님께서 “한얼산 기도원에 한번 와 보라” 하시던 말씀에 어쩔 수 없이 “예”라고 대답했던 그 약속에 묶여 마지못해 한얼산을 찾아갔다. 그때까지 나는 기도원에 관한 이야기를 소상하게 들어본 일도 없었고 기도원에 다녀 왔다는 사람을 만나본 일조차 없었다.

마지못해 했던 약속 때문에 어쩔 수 없이 목이 매여 끌려 가듯 그렇게 한얼산 기도원으로 갔다. 도착 첫날 저녁 예배는 고역이었다. 북치고 찬송하며 소리소리 지르며 통성기도라는 것을 하는데 영문 모르고 함께 앉아 있는 나의 전신을 갈갈이 잡아 뜯는 것만 같았다.

두 시간 넘게 앉아 있으면서 “이 자리는 내가 올 곳이 아니었다. 나는 이렇게 예배를 드리는 사람들 하고는 다른 사람이다. 이 무슨 경건치 못하고 교양없는 사람들의 광란이란 말인가”하고 돌아갈 궁리만을 했었다. 무슨 구실을 대고 돌아가야 할는지….

숙소로 돌아와 무릎을 꿇고 엎드렸다. 기도 가운데 돌아갈 구실을 찾을 수 있을까 해서였다. 그런데 무릎을 꿇자마자 "네가 크고 광채나는 아름다운 구슬이기를 원하느냐?"하는 말씀이 나를 가로 막았다. 나는 크고 광채나는 구슬이라는 것만 좋아서 낼름 그런 구슬이기를 원합니다 하고 대답했다. 그러자 "나는 오늘 저녁의 그 예배를 작지만 고르고 아름다운 구슬꿰미로 받았느니라"하시는 게 아닌가. 자칭 크고 광채나는 구슬이었던 나는 그 예배의 처소에 처음부터 끝까지 함께 있었으나, 나는 작으나 아름다운 구슬꿰미에 들지 못한 자, 곧 예배를 드린 자가 아니었다. 북치고 손벽치며 찬송하고 부르짖어 찾으며 기도했던 그들의 예배를 하나님께서는 고르고 아름다운 구슬꿰미로 받으신 것이다. 나는 나의 교만을 보고 당황했다. 그리고 "주님 머물겠습니다. 돌아가지 않고 4박 5일의 이 집회에 착실하게 참석하겠습니다"하고 기도했다.

그러나 하루에 네 차례 있는 집회는 나의 세계가 아니었다. 나는 맨 뒷자리에 앉아 남의 눈에 띄기를 싫어하며 구경하는 자가 되어 앉아 있었다. 말씀, 은혜 받은 사람의 간증, 안수, 방언하는 사람, 방언 통역, 통회하는 모습, 입신하는 사람 등, 모든 것이 너무도 새로왔으나 너무도 낯설었다. 그리고 그 모든 것이 기이하고 우스워서 싫도록 많이 웃었다.

하루, 이틀, 사흘, 나흘째가 되었다. 이제는 싫더라도 내일이면 돌아가야 한다. 나흘째 되는 오전 11시 집회 때에 나는 비참한 심정으로 사람들 틈에 섞여 집회 장소로 가고 있었다. 나는 무엇하러 이곳엘 왔더란 말인가? 모든 사람들이 은혜받고 기뻐 뛰기도 하고 통회자복한 뒤 은사를 받기도 하며 모두가 하나님 앞에서 어린애같은 모습들인데 나는 왜 이렇게 맹숭맹숭한 방관자의 자리를 지켜야만 하는가. 이런 모습으로 사박오일을 지내고 돌아가다니 이 무슨 무의미하고 억울한 노릇인가.

나는 처음으로 삼분의 일쯤 앞자리로 진출했다. 그리고 내 한심한 모습을 들여다 보았다. 무엇이 잘못 되었는가. 어디가 잘못되었는가를 답답해 하며 찾아 보았다. 아, 있었다. 찾아 냈다. 목사님의 말씀에 순종치 않은 한 가지가 있었다. 통성기도를 시작할 때에 목사님께서는 회중을 향하여 두 손을 번쩍들고 「주여!」를 부르짖되 세 번을 그렇게 하라고 하셨다. 집회가 한 번 있을 때마다 통성기도는 여러 차례 있게 마련이고 회중은 그때마다 두 손을 번쩍 들고 목숨껏 부르짖는 것이다. 그 두껍고 넓은 기도원의 천정이 어떻게 날아가지 않고 견디는가 싶을만큼 그 부르짖음은 하늘을 진동시키는 소리였다. 그때마다, 실로 그때마다 나는 그 중에서 가장 얌전하고 가장 조용하며 짐짓 가장 교양있는 여자가 되어 모두가 한 목소리로 부르짖는 그 속에서 홀로 무릎 위에 두 손을 모으고, 차악 가라앉은 목소리로 들리듯 말듯 "주님!"을 불렀던 것이다. 그것은 목사님이 시키시던 것과는 정반대되는 짓이었다. 나는 순종을 외면했던 것이다.

아 어찌할꼬. 이제 어찌해야 좋을꼬. 내가 두 손을 번쩍 들어? 그리고 목청을 다 해 부르짖어? 견디기 어려운 수치심이 눈 앞을 캄캄하게 만들었다. 그러나 나는 급했다. 목숨이 걸려있다는 느낌이 들만큼 급박했다. 어떻게? 어떻게? 그러자 문득 "해산하는 고통으로 부르짖으라"하신 성경 말씀이 떠올랐다. 해산하는 고통…, 고통으로 부르짖으라. 해산하는 고통은 죽음과 같은 것이다. 그것은 또 하나의 자기포기의 양상이다. 죽자. 죽자. 죽는 데에 수치가 어디있고 자아가 어디에 있으랴.

말씀은 결단이었고 힘이었다. 통성기도를 알리는 종소리를 듣는 순간 나는 눈을 질끈 감았다. 그리고 두 손을 한껏 치켜 들었다. 그것은 자기포기와 함께 하나님을 찬양하는 절대적인 표현이었다. 주여! 태어난 이래 최초로 터뜨린 절규였다. 아무 소리도 들리지 않았다. 목숨을 걸고 나를 내어 던지는 마지막 자리였을 뿐 오관(五官) 같은 것은 없었다.

단 한 차례 뿐이었다. 그 한 번의 부르짖음에 세상과 나는 간 곳 없어졌다. 그 자리에 고꾸라졌다. 오장육부를 갈갈이 찢어내고 저며내듯하는 아픔의 통회가 시작되었다. 물 쏟듯이 쏟아졌다. 눈물, 콧물, 침, 땀… 전신이 물이었다. 끝없는 무지 속에서 교만에 교만으로 똘똘 뭉쳐졌던 자. 회개 할 줄 모르던 자의 그 두껍기 짝이 없던 교만의 껍질을 깨어 주시고 그 안에 들어차 있던 온갖 더러운 것을 쏟아 놓게 하시고 씻겨 주시던 자리였다.

집회가 언제 끝났는지 알 수 없었다. 사람들이 나가느라고 툭툭 걷어 차고 밟고 하는 바람에 정신이 들었다. 방으로 돌아와 나를 기다리고 있던 남편을 만났을 때, 남편의 안색이 변했다. 그리고 질린 음성으로 띄엄띄엄 말을 했다. "당신의 이가… 당신의 앞니가 가지런하게 올라가 붙었네." 눈으로 보면서 말을 하는 사람도 실감하기 어려운 듯 계속 미심쩍은 눈으로 나를 들여다 보았다. 무슨 소리인가. 처음에는 얼른 납득이 가지 않았다. 거울을 찾아 들여다 보았다. 몇 시간 전까지 대문니 하나는 흘러내려와 있었고 충격으로 수술을 해야 한다던 댓개의 웃니가 곧고 가지런하게 고른 치열을 보였다.

두 사람 다 얼마나 얼띈 사람들인지 그 자리에서 무릎 꿇고 찬양과 감사기도를 드리는 일조차 잊어버리고 어리벙벙해 있었다. 나는 틈틈이 혀끝으로 이틀을 더듬어보며, 주님 앞에 나를 던져 통회했을 때 하나님 아버지께서 비밀하게 내게 주신 사랑의 징표를 확인했을 뿐이다.

하나님께서는 내 영혼의 씨눈을 그렇게 벗겨 주시고 믿음의 눈으로만 볼 수 있는 하나님 나라의 비밀과 기적을 보여 주셨다. 주께 대한 내 믿음과 사랑의 순례의 길은 그렇게 시작되었으나 그 후의 나의 믿음은 광야를 헤매던 이스라엘 민족과 다를 것이 없었다. 때마다 넘어지고 수렁에 빠져 허덕이며 위급할 때는 외쳐 주님을 찾고 위험을 모면하면 또 해이해지고는 했다.

깨달음도 더디고 행하기에는 더욱 더딘 나를 주께서는 그때마다 다시 일으켜 주시고 손잡아 주셨다. 미미한 깨달음과 굼뜬 행함도 대견타 하시면서 나와 동행해 주고 계시다.

이 땅에서 안고 있는 연약함이나 이 땅에서 겪는 어떤 고통도, 하늘나라에서 누릴 절대 평화의 값이요, 주님과 함께 할 사랑의 값을 더 값지게 하기 위한 기틀임을 믿게 하시니 감사할 뿐이다. 우리가 이 땅에서 곤고함을 치른 날 수대로와 화를 당한 연 수대로 하늘 나라에서 더 알뜰하게 누릴 수 있음을 믿고 소망을 가지게 하시니 감사할 뿐이다. 이지러진 것을 아름답게 다듬으시어 사용하시는 주님. 저는 주님의 것이니이다.

2 전문인들의 신앙 고백

김인수

박성수

양승훈

윤주홍

이영덕

정근모

달고 오묘한 그 말씀, 생명의 말씀

김 인 수

김인수(金仁秀) 박사는 1938년 일본 동경에서 출생, 인디아나대학교에서 경영학 박사학위를 취득하였다.

학문적으로는 미국 컬럼비아대학교와 보스톤대학교에서 가르쳤으며, MIT 공과대학에서 기술혁신이론과 정책을 연구하였다. 1978년 귀국 후에는 한국개발연구원(KDI) 연구위원, 한국과학기술원(KAIST)의 경영학 교수를 거쳐 고려대학교 경영학 교수를 역임하였다. 국제적으로는 50여 편의 논문을 외국학술지와 단행본에 발표하였고, 미국과 영국의 5개 국제학술지의 논문심사/편집위원을 역임하였다.

신앙적으로는 남서울교회 장로로, 기독교윤리실천운동본부 실행위원으로 수고하였다. 그 외에도 또한 평신도 설교자로서 많은 교회와 기독교 단체에서 말씀을 전하였다. 부인 김수지 교수(이화여자대학교)와 함께 기독교 가정사역원을 설립하여 우리 문화와 사회현실에 맞는 크리스천 부부생활 세미나, 크리스천 부모학교 등의 가정사역 프로그램을 개발하여 교회를 섬겼다.

가족으로는 부인인 김수지 교수와 딸 김수와 김지인, 아들 김인이 있고, 2003년 2월 6일 소천하였다.

달고 오묘한 그 말씀, 생명의 말씀

주후 1965년 한미재단 장학생 선발시험의 마지막 부분이 영어 작문이었다. "당신의 삶 중에서 가장 귀중한 경험 하나를 선택하여 그것을 중심으로 영작하시오"라는 제목이었다. 나는 주저함이 없이 곧 작문을 시작했다. 내가 어떻게 하나님 안에서 자녀가 되고 그것이 왜 가장 귀중한 경험이었는가에 대해 두 장의 시험지를 가득 채우고 마지막에 다음과 같은 제안으로 내 글을 끝맺었다. "채점하시는 선생님이 누구신지 알 수 없지만, 선생님께서 아직 예수님을 모르신다면 예수님을 믿음으로 말미암아 이 귀한 경험을 갖게 되기 바랍니다."

나는 하나님이 필요 없다

나는 기독교 배경이라고는 가족이나 친척 중에 전혀 없는 가정에서 태어났다. 국민학교 2학년 때 우연히 친구를 따라 근처 교회에 나가기 시작하여 5학년까지 열심히 다녔다. 완벽주의적 성격을 가진 나는 결석을 한두 번 하게 된 것이 마음에 걸려 교회 출석을 그만두었다. 그 후 체신고등학교 1, 2학년 때 타향인 서울에서 고학하게 되면서 외롭고 고생스러운 마음을 달래기 위해 교회에 다시 나갔다. 그러나 곧 수학과 과학, 그리고 합리적 사고에 눈뜨기 시작한 나는 점점 신앙이 미신스럽고 광신적으로 보이기 시작한 데다가, 내 눈에 비친 교회의 부조리와 교인들의 위선에 거부감을 느끼면서 교회를 그만두게 되었다. "신앙이란 심약한 사람들을 위로하는 허구이다. 나 같이 의지가 강한 사람이 왜 여기에서 시간을 낭비하고 있는가? 보이지 않는 하나님에게 연연하기보다 보이는 현실에 충실하게 살자"고 마음을 분명히 정한 것이었다.

가정형편상 체신고등학교를 졸업하고 곧 체신공무원으로 취직했다. 18살의 어린 나이에 세상물을 먹기 시작한 것이었다. 당시 내가 다니던 직장의 선배 공무원들 간에는 음악감상, 당구, 놀음, 사교춤 등이 비교적 유행하고 있었기 때문에 나도 열심히 선배들을 좇아 다니며 그 삶을 배우고 있었다. 이러한 삶에 대해 회의를 느끼거나 마음의 갈등 같은 것은 전혀 느끼지 못하고 살았다. 단지 가장 평범하게 그 당시의 세파를 따라 살아가면서 빠른 시일 내에 세상적 경험을 많이 쌓아 어른으로서의 모습을 갖추고 싶었을 따름이었다.

말씀으로 찾아오신 하나님

이러한 내 생활에 급격한 변화를 가져다 준 것은 1960년이었다. 같은 직장에 다니는 친구가 "영어로 성경 공부하는 대학생 모임이 있는데 같이 가 보지 않겠느냐"고 권하는 것이었다. 몇 번 거절을 했지만 계속되는 권유에 못이겨 나가기로 정했다. 성경 공부에는 전혀 관심이 없었지만 영어를 공부한다는 것에 마음이 끌렸다. 그 당시 내가 다니던 직장에서는 외국과의 통신이 필요했기 때문에 영어를 잘하는 것이 대단히 중요했다. 나는 "대학생들이 영어를 하면 얼마나 할까?"하는 깔보는 마음을 가지고 그 모임에 갔다. 그런데 이게 웬일인가. 15여 명의 대학생들이 귀를 의심할 정도로 유창하게 영어로 토의하는 것이었다. 전혀 다른 세상을 접한 나는 마음의 큰 충격을 받았다. 그때부터 매주일 열심히 나가 영어 공부를 하기로 하였다. 그 모임이 지금은 죠이 선교회라는 청년 선교기관이 된 것이다.

매주 계속되는 선교사의 설교, 회원들의 3분 스피치, 미리 정한 주제에 대한 영어 토론 등으로 3시간 정도의 회의가 마쳐지는 것이었다. 설교를 들을 때마다 나는 "그럴듯한 이야기야, 그러나 저런 것은 마음이 약하고 자기 문제를 처리할 줄 모르는 사람에게 필요한 것이지 나 같이 의지가 강하고 자기 일을 분명히 처리할 줄 아는 사람에게는 전혀 필요하지 않는 것"이라고 결론지었다. 그런데 회원들 중 세 사람이 나를 위해 기도하기 시작했다. 나는 속으로 코웃음을 쳤다. "쓸데없는 짓을 한다"고. 그 세 사람 중의 하나가 바로 지금의 내 아내이다. 그런데 내 속에 의문의 생각이 들기 시작하였다. 명문대학을 다니며 영어를 유창하게 구사하는 대부분의 회원들이 결코 어리석고 심약한 사람들이 아니었다. "그런데 왜 바보스럽게 예수를 믿을까?" 그들은 내가 옛날 교회에서 보았던 위선적 교인이 아니었다. 삶의 가치가 분명히 바르게 서 있는 사람들이었다. 그러한 그들의 신앙과 삶은 내게 기독교에 대해 다시 알아보도록 자극하는 계기가 되었다. "저 친구들이 무엇을 잘못 알고 있는 것인지, 아니면 내가 알아야 할 중요한 것을 모르고 살아왔는지를 분명히 정리해야지"하는 생각을 하게 된 것이다. 나는 누구에게 물어보기가 싫었다. 아마 누가 내게 상담을 제의했어도 응하지 않았을 것 같다. 내 스스로 기독교의 진리가 담겼다는 성경을 통해 직접 찾아보기로 결정했다.

이즈음 나는 군에 입대하게 되었다. 신약 성경 한 권을 들고 논산훈련소에 갔다. 훈련 시간 사이의 휴식 시간에도 성경을 읽었다. "하나님, 정말 당신이 계십니까? 일단 당신이 계신다고 가정을 하고 성경을 읽겠습니다. 참으로 당신이 계시면 내게 나타나 주십시오"라고 기도하고는 성경을 읽었다. 예전 주일학교에 다닐 때에도 성경을 읽어보려한 적이 있었다. 그러나 한 번도 그 지루한 마태복음 1장을 넘겨 본 적이 없다. "누가 누구를 낳고, 누가 누구를 낳고" 생소한 긴 이름들의 나열은 나로 하여금 성경 읽기를 그만두게 하기에 충분했다. 그런데 드디어 마태복음 1장을 끝내고 2장으로 넘어가게 되었던 것이다.

신약 성경을 3개월 만에 처음으로 독파했다. 두 번째에는 2개월 만에 읽었다. 미군유류병참학교 훈련기간 중에는 시간이 많았다. 그래서 더 열심히 성경을 읽었다. 첫 1년반 동안에 아마 30번 정도는 읽은 것으로 기억한다. 신약 성경 전체를 8일 만에 읽어내기도 했다. 오랜 기간 동안 천천히 공부를 하면 새로 배우는 것과 잊어버리는 것이 비슷하기 때문에 머리에 남아있는 것이 별로 없는데 비해, 단시일 내에 엄청나게 읽게 되니 공부가 많이 되었던 것 같다. 공부란 짧은 시간에 집중적으로 많이 해야 효과가 있다는 것을 그때 깨달았다. 그때만 해도 기억력이 대단히 좋았던 젊은 나이였기 때문에 읽은 성경의 모습이 눈에 훤하게 남아 있었다.

반복하여 성경을 읽으면서 나는 성경의 깊은 가르침에 빨려들기 시작하였다. 빨간 펜을 들고 마음에 드는 구절에 줄을 쳤다. 무슨 뜻인지 이해가 가지 않는 구절 위에는 물음표를 쳐 두었다. 처음에는 윤리도덕적 가르침에 마음이 끌려 그런 구절에 밑줄을 쳤다. 여러 번 읽으면서 물음표를 쳤던 부분에 대한 해답을 다른 구절에서 발견하고 물음표를 지울 수 있었다. 비슷한 구절이 여기 저기 많았다. 나는 큰 노트를 하나 사서 앞으로 성경을 읽게 될 후배들을 위해 그 구절들을 정리하기 시작하였다. 그런데 나중에 서점에 가보았더니 「성경 사전」이 벌써 나와 있었다. 그때만 해도 신앙 서적이 별로 없던 때이라 오직 성경만을 읽을 수 밖에 없었다. 그것이 후일 나에게 큰 축복이 되었던 것 같다. 다른 사람들의 생각에 영향을 받지 않고 혼자 하나님 앞에서 말씀을 깨닫는 방법을 터득하게 되었기 때문이다.

내가 성경에서 발견한 기독교는 주일학교와 고등부에서 7년정도 배우고 경험했던 기독교와는 전혀 다른 것이었다. 교회가 잘못 가르쳤거나 내가 잘못 배운 것이다. 지금도 기독교와 교회에 대해 비판하는 사람을 만나면 나는 "성경을 읽으라"고 권한다. 성경을 깊이 읽지 않고 신앙 생활을 제대로 할 수 없다고 나는 생각한다. 일 주일에 한두 번 나가는 교회에서의 설교에 의존해서는 신앙이 자라지 않는다. 한쪽 귀로 들은 것은 다른 귀로 다 흘러나가 버린다. 하나님께서도 야고보서 1장 22~25절에서 듣고 돌아서는 자는 잊어버리는 자요 말씀을 들여다 보는 자가 참으로 행하는 자라고 분명히 말씀하고 계신다. 어느 분이 내게 "콩나물은 위에서 물을 주면 밑으로 다 흘러내리지만 자라지 않느냐"고 반론하는 것이었다. 그러나 계속 그런 식으로 물을 주면 조금만 자란 후 곧 썩어 버린다. 말씀을 듣기만 하며 신앙 생활하면 20년 이상을 교회 다니고도 경건의 능력이 없는 성도가 되어 교회를 어렵게 만드는 경우를 종종 보게 된다.

성경 읽기가 거듭되면서 점점 신앙적 부분이 눈에 들어오게 되었다. 그러나 가장 어려웠던 것 중 하나는 내가 죄인이라는 사실을 깨닫는 것이었다. 오랫동안 세상의 다른 사람들과의 상대적 개념에서 나를 보았기 때문에 죄인이라고 생각되지 않았지만, 하나님의 절대적 기준으로 보게 될 때 우리는 본질적으로 죄인이라는 사실을 깨닫게 되었다. 그 다음 어려웠던 것은 2천 년 전 유대 땅에서 태어난 목수의 아들을 믿어야 한다는 사실이었다. 그것이 납득되지 않았다. 정말 그것이 하나님의 섭리라면 사도행전 9장에서 예수님이 바울에게 나타났듯이 내게도 나타나 보여달라고 하나님께 계속 기도하였다. 그러나 그런 기적은 내게 나타나지 않았다.

이런 과정에서 로마서를 읽게 되었다. 1장에서는 이방인이 죄인임을 선언하고 있고 2장에서는 유대인도 죄인임을 선언하고 있다. 3장에서는 그렇기 때문에 모두가 죄인이라는 것을 선언하고 있다. 그 다음 3장 20절, 24절 말씀이 나로 하여금 하나님을 믿게 되는 가장 중요한 약속의 말씀이 되었다. 하나님께서는 우리로 하여금 도저히 다 지킬 수 없는 율법을 통하여 우리가 죄인임을 깨닫게 하시고 그 다음 그리스도라는 새로운 길을 통하여 하나님의 의에 이르는 차별 없는 길을 주셨다. 그것이 곧 "그리스도 안에 있는 구속으로 말미암아 하나님의 은혜로 값 없이 의롭다 하심을 얻는 자"되는 것이다. 그 외에도 다른 여러 성경 구절들이 내게 구원의 확신을 갖게 하는데 도움을 주었다.

나는 생활의 위기를 당하여 하나님을 찾게 된 것도 아니다. 누가 전도해서 예수를 믿게 된 것도 아니다. 혼자 성경을 읽다가 그 말씀의 약속이 사실임을 믿고 받아들여 하나님의 자녀가 된 것이다. "영접하는 자 곧 그 이름을 믿는 자들에게는 하나님의 자녀가 되는 권세를 주셨으니"라고 선언한 요한복음 1장 12절 말씀같이, 나는 첫째 하나님의 약속을 믿었고, 둘째 하나님을 내 중심에 받아들였다. 즉, 이제는 세상적인 내가 내 삶의 중심이 아니라 하나님의 말씀을 따라 돌아서기로 결정한 것이다. 30년 이상이 지난 지금도 기적을 보고 하나님을 믿지 않고 말씀의 약속을 받아들여서 믿게 된 것을 감사한다. 왜냐하면 믿음에 의심이 생길 때마다 나는 내게 확신을 주었던 성경 말씀으로 돌아가서 그 구절을 읽음으로써 그때의 감격을 다시 재생시킬 수 있고 그 약속에 대한 믿음을 다시 확신할 수 있기 때문이다. 만약 내가 기적을 보고 믿게 되었다면 그 기적을 다시 재생시킬 수 없을 뿐만 아니라 사단이 만약에 "그 기적은 사실이 아니라 환상이었다"고 속삭인다면 방어할 방법이 없기 때문이다.

기억력이 대단히 좋았던 그때에 많은 성경 구절들을 암기하게 되었고 그 구절들이 그 동안 나의 삶을 멋있게 살 수 있도록 지켜주는 빛이 되었을 뿐만 아니라 노년기에 접어 들은 지금도 내 삶의 맑은 샘이 되고 있는 것이다. 어떤 사람들은 "예수 일찍 믿을 것 없다. 세상 재미를 마음껏 즐기다가 노인이 되어서 믿어도 천국 가는 것은 마찬가지다"라고 느긋하게 생각하는 사람들이 있다. 이런 사람들은 세상 풍조에 휩쓸려 인간의 정욕에 찌들고 초점없이 살다가 노인이 되어서는 지적인 분별력이 쇠퇴함으로써 믿는 것이 무엇인지 믿는 생활의 기쁨이 무엇인지를 알지 못하게 된다. 나는 젊은이들에게 머리가 명석한 젊은 시절에 여호와 하나님을 깨닫고 그의 말씀으로 무장하게 되면 평생 동안 하나님의 인도하심을 구체적으로 경험하며 기쁨으로 살 수 있다고 말해 주고 싶다.

우리들의 행전

이렇게 시작한 내 신앙 생활은 향락을 추구하며 무엇이나 거머쥐려고 하던 이기적인 내 삶을 하나님이 기뻐하시는 모습으로, 남에게 베푸는 모습으로 바꾸어 놓았다. 군대 3년 동안의 생활에서 하나님께서는 가난하여 학교가지 못한 청소년들을 모아 야학 사역을 하게 인도하셨다. 그 과정을 통하여 많은 청소년들이 공부하게 되었을 뿐만 아니라 하나님의 말씀을 접할 수 있는 귀한 기회를 갖게 하셨다. 그리고 하나님을 의지하고 사는 삶의 기쁨을 경험하게 하셨다. 미래의 삶을 같이 하기로 약속한 지금의 내 아내는 이 과정에서 마음의 후원자요 믿음의 동반자로서 항상 격려와 기도를 아끼지 않았다. 그때 내 아내와 나누었던 편지들이 최근에 「우리들의 아가서」라는 제목으로 두 권이 출판되었다.

내가 아내와 결혼하게 된 것은 1966년 5월이었다. 미국 유학을 가서 좋은 장학금을 받고 대학원 공부를 하고 있던 아내에게 나는 "약속대로 나와 결혼하려거든 유학을 그만두고 귀국했으면 좋겠다"는 편지를 보냈다. 내 편지를 받고 아내는 모든 것을 포기하고 귀국하였다. 대학을 나오고 유학을 갔던 아내는 대학도 가지 못하고 하숙값이 안되는 월급으로 고전하고 있던 나와의 약속을 지키기 위해 귀국하였던 것이다. 참으로 믿음을 가진 마음이 큰 여자라고 생각한다. 결혼 후 아내는 서울외국인학교의 보건교사로 일하면서 중단했던 대학원 공부를 계속하게 되었다. 나는 더 좋은 직장으로 옮기고 싶어도 대학 졸업장이 없어서 원서를 낼 기회조차 얻지 못하다가 학력을 묻지 않는 외국 대사관에 응시하여 많은 대학 졸업 경쟁자를 물리치고 행정 책임자로 발탁이 되어 일하게 되었다. 죠이(JOY) 선교회에서 닦은 영어 실력 덕분이었다. 나는 2년 근무 후 부당하게 고생을 하게 된 부하 직원을 옹호하는 과정에서 부대사와 충돌이 생겨 사표를 내게 되었다.

실직을 한 3개월 동안 아내는 매일 출근을 하고 나는 종일 집에 있었다. 나를 아끼던 미국인 선교사들이 영어 신앙 서적을 번역하는 일거리를 얻어주었다. 그때만 해도 우리말 신앙 서적들이 별로 없을 때였다. 나는 많은 영어 신앙 서적들을 빌려서 읽었다. 3개월 동안 얼마나 읽었는지 기억이 나지 않지만 신학적으로 잘 정리된 신앙 서적을 접하면서 수년 동안 읽었던 성경 말씀이 체계적으로 정리되기 시작하였다. 하나님께서는 성격적으로 항상 바쁘게 살아가는 나를 보시고 안타깝게 여기신 나머지 그 3개월 동안 내 삶을 정지시키시고 필요한 훈련을 시키신 것 같다. 왜냐하면 그 기간 동안 하나님께서 나로 하여금 독학으로 신학을 공부할 수 있는 기회를 마련해 주셨기 때문이다. 그때까지만 해도 성경을 많이는 알고 있었지만 남에게 체계적으로 가르칠 수 있는 준비는 되어있지 않았다. 그런데 실직 3개월 동안을 보낸 후 나는 다른 사람들에게 성경을 가르치고 설교할 수 있는 체계를 갖추게 되었던 것이다. 참으로 기묘하신 하나님이다.

3개월의 실직을 끝내고 나는 극동방송국의 견습사원으로 취직했다. 신앙적으로 헌신한 사람을 찾는다는 이야기를 듣고 여러 날 기도하며 생각해 보았다. 기술면허가 없으니 기술자로 갈 수 없고, 음악을 전혀 모르니 방송요원이 될 수도 없었고, 경상도 사투리가 남아 있으니 아나운서가 될 수도 없었다. 내가 가장 잘 할 수 있는 부분이란 행정인데 그 부분은 좋은 그리스도인들이 있어서 필요하지 않다는 것이었다. 은사로 보았을 때 내가 가서 할 일이 없었던 것이다. 그래서 가지 않기로 결정했는데 하나님께서 계속 구체적인 부담감을 내게 주시는 것이었다. 결국 나는 "무엇을 해야 할지 모르지만 당신이 보내시겠다면 가겠습니다" 이렇게 응답하고 극동방송의 견습 프로듀서로 일하게 되었다. 그것이 1967년이었다. 그런데 가장 신임을 받았던 행정 간부들이 큰 음모를 꾸미고 있었고 그것이 조금 노출되면서 외국 선교사들은 그 문제를 파헤치고 수술해 줄 사람이 필요했다. 직원 중 그런 행정경험을 가진 사람이 나밖에 없었던 것이다. 입사한지 몇 개월도 되지 않아서 나는 방송국의 행정문제를 수술하고 체계를 잡는 막대한 책임을 부여받게 되었다. 나는 떨리는 마음으로 선배들의 문제를 파헤쳐 과감하게 수술한 후 체계를 잡기 시작했다. 기도와 하나님이 동행하신다는 말씀의 확신 없이는 해내기 어려운 책임이었다. 나는 대사관에서 2년 동안 행정 책임자로서 쌓은 경험을 있는 대로 다 발휘하여 행정체계와 회계제도를 정립할 수 있게 되었다. 참으로 놀라운 하나님의 준비였다. 이 과정에서 나는 견습사원으로 입사한지 3년 만인 30대 초에 부국장(지금의 부사장)에까지 승진하게 되었다. 15년 이상을 근무한 선배들의 위에 올라가서 일해야 했던 나의 기도는 "누구든지 네 연소함을 업신여기지 못하게 하고 오직 말과 행실과 사랑과 믿음과 정절에 대하여 믿는 자에게 본이 되어"라는 디모데전서 4장 12절의 말씀이었다.

1968년 초 아내는 이화여자대학의 전임 교수가 되었고 나는 바로 그 해에 극동방송에 근무하면서 야간 국제대학 경영학과에 입학하게 되었다. 내가 출장을 가면 아내는 내 대신 강의실에 들어가 필기해 주었다. 이화여자대학의 동료 교수와 강의실에서 맞부딪치는 경우도 있었다. 아내는 남편이 자라는 일을 위해서는 아무 것도 가리지 않고 무엇이든 도움을 주었던 것이다. 졸업식에는 딸과 아들까지 와서 뒤늦은 아빠의 졸업식에 참석해 주었다. 졸업하던 1971년에 하나님께서는 나로 하여금 여비와 학비와 생활비까지 다 포함된 미국 정부가 주는 동서문화센터 장학생으로 합격할 수 있는 기적을 베풀어 주셔서 하와이대학으로 가게 되었다. 그것이 바로 우리 부부가 "우리들의 미국행전"이라고 부르는 유학 생활의 시작이었다. 나로서는 국민학교 졸업 후 처음으로 일하지 않고 공부만 할 수 있는 기회였었다.

그러나 직업고등학교를 나온 후 야간대학을 다닌 내가 바로 미국

대학의 대학원 과정에 입학하였으니 그 충격은 말할 수 없었다. 경제학이나 통계학 같은 과목은 전혀 수강하지도 못하고 대학원에 들어갔으며, 한국에서 몇 과목 듣고 갔던 회계학 과목은 첫 시간 시험에서 전체 꼴찌인 20점을 맞았으니 그때에 내 심경은 말이 아니었다. 강의 내용이 무엇인지 전혀 감을 잡을 수도 없었다. 나는 아침 8시부터 밤 12까지 매일 쉬지 않고 공부했다. 모르는 것이 있으면 주저하지 않고 선배 한국 학생들을 붙들고 물어보았다. 아이들과 아내의 격려와 기도가 큰 도움이 되었다. 열심히 공부한 결과로 첫 학기에 택한 모든 과목에서 최고의 점수를 받게 되었다. 그때에야 겨우 "국제무대에서도 경쟁할 수 있겠다"는 자신감을 갖게 되었다. 그러나 내 심령이 메말라 가기 시작했다. 공부에 지나치게 몰두한 나머지 하나님과의 개인적 교제를 갖는 시간이 적어졌기 때문이다.

나는 그 다음 학기부터 우선순위를 바꾸기로 했다. 어떤 일이 있더라도 성경 말씀과 기도로 하나님과 교제하는 시간을 먼저 갖기로 했다. 아침 8시에 도서관에 가서 먼저 성경을 펴놓고 읽기 시작했다. 어떤 때는 30분, 어떤 때는 말씀이 너무 달아 그만 둘 수 없었다. 1시간 2시간씩 또는 오전 내내 성경만 읽었다. 다시 내 심령이 맑아지기 시작했다. 그런데 놀라운 것은 둘째 학기의 성적이 전혀 떨어지지 않았다는 사실이다. 이 때부터 동료 대학원생들을 모아서 성경 공부를 시작했고 그러한 성경 공부는 유학 기간 동안 어디를 가든지 계속되었다.

석사 학위만을 받고 돌아 올 예정이었던 내게 하나님께서는 학부 3학년 전공 과목을 하나 가르치는 조건의 좋은 장학금을 받아 경영학의 명문인 인디아나 대학교에서 박사 학위 공부를 계속할 수 있도록 길을 열어 주셨다. 한국에서 야간대학을 졸업한 지 2년 만에 미국 대학에서 전공 과목 강의를 하게 된 것이다. 그러나 그 통지를 받았을 때만 해도 내가 가르쳐야 하는 과목인 생산관리가 어떤 것인지 알지 못했기 때문에 도서관에 가서 그 분야 교과서를 펴보고 당황해 하며 진땀을 흘렸던 기억이 난다. 그럼에도 불구하고 2년 7개월 만에 박사 과정을 끝낼 수 있었고 최고의 영예까지 받게 된 것은 참으로 하나님의 도우심이었다.

하와이대학에서 대학원생들과 함께 시작한 성경 공부반은 나중에 교회의 청년부로 발전하였고, 내가 성경 공부를 가르쳤던 중 고등학생들 중에 5명이나 목사로 헌신하게 되는 은혜를 베풀어 주셨다. 여러 해가 지난 후 그 교회의 목사님께서 "저 사람은 다른 사람을 목사로 키우면서 자기는 목사가 되지않은 사람"이라고 했던 기억이 난다. 인디아나에서 시작한 성경 공부반은 나중에 자라서 교회가 되었고 몇 년 전 그 교회가 10주년을 맞아 우리에게 감사패를 보냈던 기억이 난다.

내가 공부를 끝낸 후 MIT공과대학에 직장을 얻어 보스톤에 갔을 때였다. 2월에 박사학위 입학생 심사가 다 끝났음에도 불구하고 8월에 내가 아내의 원서를 가지고 간호학의 명문인 보스톤대학교에 갔을 때에 왜 문제 없이 접수가 되었는지 나는 모르지만 하나님은 아신다. 무슨 이유로 강의가 시작되는 9월1일 오전에 세 교수와 면접한 후 입학이 허가되고 전액 장학금을 받았으며 그날 오후부터 강의를 들을 수 있게 되었는지 생각할수록 설명이 불가능한 기적이 아닐 수 없다. 2년 8개월 후 아내가 한국인으로서는 최초로 간호학 박사학위를 받았을 때 왜 그 장학제도도 때를 같이하여 끝나게 되었는지 나는 이해할 수 없지만 하나님은 아신다.

나와 내 아내가 대단히 가난한 가정에서 태어났음에도 불구하고 귀한 공부를 끝까지 할 수 있도록 하나님께서 기회를 주신 것은, 우리로 하여금 받은 교육을 우리 욕심을 채우는 데 사용하지 않고 다른 사람들을 섬기는 일을 하게 하기 위함이라는 확신을 일찍부터 갖게 되었다. 우리가 1978년에 귀국하여 한국 사회와 교회의 현실을 파악하게 되자 곧 내가 전공했던 경영학의 조직행동론과 아내가 전공했던 간호학의 정신간호학의 공통분야인 심리학과 사회심리학을 바탕으로 우리 문화와 현실에 맞는 가정사역 프로그램을 개발하여 보급하게 되었다. 이것이 바로 하나님께서 우리에게 주신 섬김의 사역이며 이를 위하여 필요한 준비를 시켜 주신 것이다. 결혼생활을 행복하게 복원시켜주는 크리스천 부부생활 워크숍, 자녀들을 하나님과 사회 앞에 부끄러움 없는 모습으로 키우도록 부모를 돕는 크리스천 부모학교가 바로 이러한 결과로 만들어진 사역들이다.

학생으로 공부만 할 때나 사회적 책임이 많지 않았을 때에는 시간을 정해서 성경 공부하는 것이 그렇게 어렵지 않았다. 그러나 사회적으로 책임이 많아짐에 따라 내 시간을 내 마음대로 관리하지 못하는 지경에까지 이르렀다. 요사이는 일 주일에 4번 정도 성경 공부를 인도하면서 하나님의 말씀을 깊이 있게 접하게 된다. 내가 인도하는 모임이니 결석할 수 없어서 매번 빠짐없이 참석하게 되고, 이를 위하여 깊이 묵상하고 떨리는 마음으로 준비하는 과정에서 하나님의 깊은 진리와 사랑을 깨닫게 된다.

달고 오묘한 그 말씀

이렇게 계속된 성경 공부는 내 삶에 큰 유익을 주고 있다. 성경 말씀은 내게 하나님의 약속에 대한 내 믿음을 확증해 준다. 내가 믿는 하나님이 어떤 분이시며, 내가 가진 믿음의 약속이 무엇인지를 알게 하실 뿐만 아니라, 하나님은 살아 계시고 나와 함께 동행하신다는 사실을 구체적으로 체험하게 해 준다. 또한 나를 향한 하나님의 뜻이 무엇이며 그 뜻에 순종하여 살 때 우리가 가장 아름답고 행복함을 느끼게 된다. 즉, 하나님의 뜻대로 살 때, 내 마음이 가장 맑아지는 것을 느끼며 그때에 "인간의 참 행복이 바로 이런 것이구나"하는 생각이 들 때가 있다. 하나님께서 약속하신 천국이 어떤 곳인지 알지 못한다. 가 보아야 알게 될 것이다. 그러나 이 땅에 사는 동안 하나님이 내 안에 들어 오시니 그곳이 곧 천국이라는 말씀을 이해할 것 같다.

내가 원하는 것이 제대로 다 이루어졌기 때문에 이런 생각을 하는 것이 아니다. 내가 푸른 초장에 누워있을 때에나, 잔잔한 물가로 인도를 받을 때는 말할 것도 없고, 사망의 음침한 골짜기를 다닐 때에나 원수의 목전에 있을 때에도 마찬가지이다. 무화과나무가 무성치 않고 포도나무에 열매가 없을지라도, 우리에 양이 없고 외양간에 소가 없을지라도 나는 여호와를 인하여 즐거워하며 나의 구원의 하나님을 인하여 기뻐할 수 있게 된 것을 진심으로 감사한다. "우리 마음의 참 평안은 문제가 없어서가 아니라 하나님이 임재하기 때문에 가능하다"고 말한 허드슨 테일러의 글이 생각난다. 죄와 사망, 불안과 공포, 염려와 욕심으로부터 해방시켜 주시고, 감사와 기쁨, 화평과 찬송을 주신 하나님께 감사한다.

그러나 항상 하나님이 임재하시는 삶을 살았던 것은 아니다. 하나님의 임재하심을 맛보는 순간보다는 내 멋대로 살아 버린 순간들이 몇 백 배 더 많다. 그렇기 때문에 "마음은 원이로되 육신이 약하여"라고 한탄한 바울의 연약함이 곧 나의 연약함이다. 실패하는 내 모습을 보면서 나야말로 죄인의 괴수라는 생각이 들고 그런 나를 용서하시고 거두워 주시는 하나님의 긍휼하심을 더 깊이 느끼게 된다.

성공적인 삶의 비결

박 성 수

박성수 사장은 1953년 3월 1일 생으로 광주일고를 거쳐 서울대학교 건축공학과에서 수학하였다.
1980년에 잉글랜드를 창업하였고, 6년 후에는 (주)이 · 랜드로 법인화하였다.
현재에는 이 · 랜드 그룹의 사장이며 동시에 사랑의교회에서 집사로 봉사하고 있다.

성공적인 삶의 비결

저는 성공에 대해서 다르게 생각하고 있습니다. 저의 남과 다른 기준에 의하면 저는 성공한 인생을 선택한 사람입니다. 그 이유는 제가 이 세상에서 가장 위대한 지식을 발견했고 이 세상에서 꼭 만나야 할 분을 만났기 때문입니다. 제가 그분을 어떻게 만나게 되었고 그분을 만난 뒤 제 인생의 변화가 어떠했는지에 대해 이야기하고 싶습니다.

저는 부모님이 그리스도인인 집안에서 태어났습니다. 그런 부모님 밑에서 자랐기 때문에 저는 기독교에 대해, 교회에 대해, 성경에 대해 비교적 긍정적인 이미지를 갖고 자랐습니다. 그러나 교회 다니는 사람들에 대해서는 좋은 이미지를 갖지 못했었습니다. 부모님을 통해서도 가끔 그런 적이 있었습니다. 부모님은 사회에서 존경받는 분이셨는데도 그분들이 제게 말씀하시고 기도하실 때 하고 살아가시는 데는 조금 차이가 있었습니다. 그래서 기독교와 교회와 예수님과 성경은 바람직하지만 교회 다니는 사람들에 대해서는 좀 부정적으로 생각하고 있었습니다. 저는 그래서 고등학교 때까지는 신앙에 대해 무관심한 상태로 지냈습니다. 어릴 때는 부모님을 만족시켜 드리기 위해서 교회에 다녔는데 몰래 빠지기도 하고 어머님이 주신 헌금이 제 입으로 들어가 버리는 적도 있었습니다.

그런데 대학에 다니게 되면서 갑자기 종교적인 열심이 생기기 시작했습니다. 이제까지는 교회에 발만 담궜다 뺐다 했는데 이제 뭔가 진지하게 내 인생에 대해서 탐구해야 되겠다는 생각이 들어 교회를 제 발로 나가게 되었습니다. 그 과정에서 지금 생각해도 참 좋은 교회를 선택하였습니다. 그 교회의 선택은 친구를 보고 선택하게 되었습니다. 그 친구는 지금 저희 회사의 부사장이 되어 있습니다. 이렇게 될 줄은 저도 몰랐고 그 사람도 몰랐습니다.

그 친구가 저의 주목의 대상이 된 이유는 이러했습니다. 제가 합격한 대학은 요즈음 말로 하향 지원을 한 곳이었는데 그때는 대학마다 시험을 다르게 볼 때여서 그 대학의 경향에 맞추어서 준비를 해야 하고 입시 과목이 다 달랐습니다. 갑자기 지원 대학을 바꾸었는데도 하향 지원이었기에 성적이 비교적 잘 나왔습니다. 그 학교는 성적순대로 합격자를 발표하는 학교였는데 저보다 성적이 앞선 여학생과 남학생이 한 명씩 있었습니다. 저보다 성적이 앞서 있었기 때문에 관심있게 본 그 남학생이 저의 주목의 대상이 되었습니다. 그리고 신입생 환영회에 갔다가 그 친구를 더 눈여겨 보게 된 사건이 생겼습니다. 그 당시는 신입생은 2, 3학년도 어려워 했고 4학년은 쳐다볼 수도 없었던 시절이었습니다. 그런데 4학년 선배가 신입생 환영을 한다고 술잔을 하나씩 건네주는데 그 친구는 자기가 그리스도인이기 때문에 이것을 받을 수 없노라고 술잔을 점잖게 뒤집는 것을 보고 저는 그럴 수 있는 용기가 없었기 때문에 그 친구의 용기가 다시 보였습니다. 그것이 제 인생에 있어서 중요한 교훈이 되었습니다. 자기 확신 속에서의 용기있는 행동은 남에게 분명히 하나의 메시지가 될 수 있다는 교훈을 얻었습니다. 그 친구가 나가는 교회 같으면 뭔가 제대로 가르쳐 줄 것 같았습니다. 그 교회는 나중에 알게 되었지만 좋은 선배들이 있었고 좋은 지도자가 있었습니다. 저는 이

교회를 통해 인생에 있어서 기회가 얼마나 중요한가에 대해서 다시 한 번 생각하게 되었습니다.

그 교회에서 저는 제 인생에서 커다란 변화를 경험하게 되었습니다. 저는 아버님이 장로님이셨기 때문에 어려서 아버님 교회의 영향을 받은 적이 있습니다. 그 교회는 상당히 진보적인 교회였는데 사회 참여에 상당히 관심이 많은 교회였습니다. 제가 그때 열심히 활동했던 것들은 주로 헌혈 운동이었습니다. 그 당시는 헌혈이 보편화되어 있지 않았으므로 피가 모자라서 죽는 사람들이 종종 있었습니다. 사회에 대해서 관심이 있었기 때문에 "자기가 남을 위해 피도 뽑아 주지 않으면서 어떻게 남을 사랑한다고 할 수 있느냐"고 친구들 선배들을 졸라대서 피뽑자고 적십자를 불러 차에다 강제로 밀어 넣는 일을 했습니다.

그리고 또 대학 1학년 때부터 4학년 때까지 야학을 했습니다. 제가 야학을 했었던 곳은 성남시의 달동네 중에서도 맨 안쪽에 있어서 버스 종점에서 30분은 더 걸어가야 했습니다. 그 당시는 성남시가 아니고 광주 대단지라고 불렀는데 폭동이 일어나 큰 사회 문제가 되었을 정도로 어려운 사람들이 살고 있는 지역이었습니다. 제가 맨 첫날 그 곳에 도착했었을 때는 영하 17도쯤 되는 굉장히 추운 1월이었습니다. 인상적이었던 것은 넓은 벌판을 깎아서 수백 개의 텐트가 쳐 있고 사람들은 그 안에 수용되어 있었습니다. 그 추위에 밑에 판쵸를 하나 깔고 라면을 끓여 먹는 상황이었습니다. 가기 쉽지 않았지만 매주 수업이 없는 날 그 곳까지 열심히 갔습니다. 그러나 지금 정리해 보면 제 자신의 문제 보다는 사회와 남의 문제에 관심이 더 컸었습니다. 저는 저의 사회 활동을 보고 저는 남보다 선하고 양심적이고 바람직하고 남보다 좀 나은 사람으로 착각을 하고 있었습니다.

그런데 대학을 1학기 다닌 뒤 가을 무렵이 되어서 이 학교가 아니라는 생각을 하게 되었습니다. 그래서 제가 원래 목표했던 대학에 다시 진학하기로 결심을 해서 10월에 공부를 시작하였습니다. 그런데 결심을 했다고 해도 그때까지 쉬다가 10월에 갑자기 책을 붙드니까 앞이 캄캄했습니다. 저는 아주 혼란 가운데 있었습니다. 1학기 다닌 대학도 마음에 들지 않았고 선택한 전공도 저와 맞지 않다는 것을 이미 확인을 했습니다. 그러나 새롭게 진학 하려니 준비는 잘 되지 않고 또 무슨 학과를 선택해야 할 지도 알 수 없었습니다. 이때 좌절과 혼돈이 심했습니다.

그런데 하나님께서는 이때 제게 어떤 계획을 가지고 계셨습니다. 어느 날 오후 책상에 앉아 있었는데 책상 위에 조그마한 팜플렛이 놓여 있었습니다. 그것은 고등학교 다니는 제 사촌 동생이 놓고 간 소책자인데 평소에는 관심이 없이 지나쳤지만 그날은 마음이 혼돈스러워서 그것을 무심코 집어들게 되었습니다. 우연이라고 보여지는 것 뒤에 하나님의 손길이 있는 경우를 나중에야 알게 됩니다. 그때 하나님의 손길이 저에게 역사를 하고 계셨습니다.

그것은 대학생 선교회(C.C.C)에서 나온 조그만 소책자였습니다. 소책자가 둘 있었는데 하나는 전혀 교회를 나가보지 않은 분을 위해서 만든 「사영리」라는 책과 또 하나는 교회에 나가 본 사람들 그러나 올바른 그리스도인의 삶을 살지 못하는 분을 위해서 만든 「성령 충만의 비결을 아십니까?」라는 책입니다. 저는 이 「성령 충만의 비결을 아십니까?」라는 책을 보게 되었습니다. 그 책의 첫 장에 그림이 그려져 있었는데 그림 위에 "당신은 이 두 가지 그림 중 어디에 속하십니까?"라고 쓰여 있었습니다. 그림에는 원이 두 개가 그려져 있었고 그 원 속에는 가운데에 의자가 그려져 있었습니다. 한쪽 원 그림에는 원 안의 사물이 흩어져 있었고 한쪽 그림에는 원 안에 사물이 정돈되어 있었습니다. 흩어진 그림 밑에는 "좌절, 혼돈, 무목적, 죄책감"이라고 쓰여 있었습니다.

이 말이 현재의 저를 잘 표현하고 있다고 생각했습니다. 그 때까지 스스로를 양심적이라고 생각했기에 죄책감도 더 많이 느끼고 있었습니다. 그리고 열심히 살아야 한다고 남보다 낫게 살아야 한다고 알고 있었지만 확실한 인생의 목표를 가지고 살아야 한다는 것은 알지 못했었습니다. 그림에는 의자에 "내"가 앉아 있었습니다. 그리고 십자가는 원의 밖에 있었습니다. 저는 "그렇다 이것이 나다"라고 생각했습니다. 그 밑에는 "당신은 어떤 사람이 되기를 원하십니까?"라고 쓰여 있었습니다. 저는 그 사람에게서 벗어나고 싶었습니다. 내가 어떻게 해야 할지, 앞으로 어떤 길을 선택해야 할지를 알지 못하고 있었습니다. 제가 모르고 있는 어떤 문제가 있다는 것만 알고 있을 뿐이었습니다. 그런데 또 다른 원에는 사물이 정돈되어 있었는데 의자 위에 십자가가 있고 "내"가 의자 밑에 내려와 있는 그림이었습니다. 그 밑에는 "평안, 목적있는 삶, 기쁨, 소망, 정돈"이라고 쓰여 있었습니다.

저는 그렇게 되고 싶었습니다. 거기에는 "이렇게 되고 싶은 사람은 지금 이렇게 기도하십시오"라고 쓰여 있었습니다. "주 예수님 저는 제가 주님 앞에서 온전하지 않은 죄인인 것을 고백합니다. 저는 인생을 목적있게 살지 못했고 죄책감 속에서 살았던 것을 고백합니다. 저는 주님이 필요합니다. 지금 제가 주님을 초청하오니 내 안에 들어오셔서 저의 주인이 되어 주셔서 성령 충만하고 목적있는 바람직한 삶을 살도록 해 주시옵소서." 저는 그 기도에 동의했고 그 자리에서 기도를 드렸습니다. 그러나 당장 어떤 느낌이나 감정의 변화가 있었던 것은 아니었습니다. 그때가 1971년 10월이었습니다. 제가 원해서 기도 드렸던, 그 그림에서 약속했던 예수님의 약속은 제게 이루어졌다고 생각합니다. 그래서 저는 제 인생이 성공했다고 생각합니다. 제게 이루어진 약속은 누구도 빼앗아 갈 수 없습니다. 그리고 저는 이것을 어떤 것과도 바꾸지 않을 것입니다.

저희 회사는 알려진 것보다 큰 편입니다. 한국에 의류업체가 약 2만 개 정도 있습니다. 이 중 저희 회사가 가장 큽니다. 재벌 회사보다도 큽니다. 그러나 이 회사와 제가 얻은 것과 바꾸지 않겠습니다. 왜냐하면 회사는 언제든지 없어질 수 있는 것이기 때문입니다. 그리고 내 밖에 있는 것입니다. 내가 죽으면 가지고 갈 수 없는 것입니다. 그러나 내 속에 있는 영원한 생명은, 내 인생의 목적은 아무도 빼앗아 갈 수 없는 것입니다. 내게 있는 이 평안함은 어떠한 괴로운 것도 저를 슬픔으로 몰아갈 수 없게 합니다.

저는 어려움도 때로는 "기회"라고 생각합니다. 하나님은 어려움을 통해서 사람들을 부르시곤 하시기 때문입니다. 우리가 병들었을 때, 혹은 실패 했을 때, 좌절 했을 때 혹시 하나님께서 나를 부르시는 음성은 아닌가 한번 생각해 볼 필요가 있습니다. 누구나 어려울 때 물에 빠지면 기도하게 됩니다. 대학 시험 볼 때, 큰 어려움에 빠졌을 때 누구나 기도하게 됩니다. 그러나 결과가 이루어졌을 때 우리는 하나님을 종종 잊곤 합니다.

제가 좋아하는 성경 말씀에 이런 말씀이 있습니다. "형통할 때에는 기뻐하고 곤고할 때는 생각하라. 하나님이 이 두 가지를 병행하게 하사 사람으로 그 장래 일을 헤아려 알지 못하게 하였느니라." "형통할 때는 기뻐하고" 이것은 누구나 할 수 있는 일입니다. 그러나 그 다음 "곤고할 때에는 생각하라"는 이 말씀대로는 누구나 하지 못합니다. 사람들은 곤고할 때, 어려울 때 생각하지 못하고 슬퍼합니다. 그리고 염려합니다. 그러나 그것이 문제를 해결해 주지는 못합니다. 다음 말씀에 하나님이 이렇게 말씀하시는 이유를 설명합니다. "하나님이 이 두 가지를 병행하게 하사." 이 성경 말씀이 있는 한 어떤 사람도 형통하는 일만 있을 수는 없습니다. 형통함과 곤고함이 번갈아 가면서 나타나게 되어 있습니다. 그 이유는 "하나님이 이 두 가지를 병행하게 하사 사람으로 장래 일을 머리가 좋은 사람이라 할지라도 생각하고 계산해서 알 수 없게 하셨다"고 성경에서 말씀합니다.

어려움은 하나님께서 우리를 부르시는 수단입니다. 하나님은 어려움을 주어서라도 우리들을 부르시기 원하십니다. 바빠서 하나님의 음성을 들을 수 없는 사람들에게 기회를 주시는 것입니다. 쉴 수 있도록 생각할 수 있도록 하나님의 존재에 대해서 알 수 있도록 기회를 주시는 것입니다. 그래서 저는 장애물은 기회라고 생각합니다. 제게 찾아 왔던 어려움들은 제게는 "기회"였습니다.

저는 예수 그리스도를 저의 구세주로 영접한 이후로 감정상의 어떤 변화는 없었습니다. 그러나 이제까지의 "교회를 다니는 사람"에서 "그리스도인"으로 바뀌었습니다. 예수님이 내 안에 들어 오셨습니다. 그리고 내 인생에 대해서 개입을 시작하셨습니다. 저는 그것을 민감하게 느낄 수는 없었지만 삶의 중도에서 발견할 수 있었습니다. 그리스도인이 된다는 것은 이제까지 살아왔던 삶의 방향을 완전히 180도 전환해서 목표를 달리하는 것입니다. 있는 위치는 동일합니다. 있는 위치가 바뀌는 것은 내가 새 목표를 향해서 걸어가기 시작할 때입니다. 1년 달라지고, 2년 달라지고, 20년 걸려 달라집니다. 믿어서 시간이 경과한 만큼 바뀌는 것이 아니라 걸어간 만큼 바뀌게 되어 있습니다. 이 20여 년의 신앙생활을 표현한다면 "저는 하나님께로부터 사랑을 받았습니다." 그리고 그분은 저를 인도하셨고 지키셨습니다. 그리고 저와 동행해 주셨습니다. 그러나 이 기간이 평탄하지는 않았습니다. 혹시 제가 가지고 있는 어떤 것을 부러워하는 사람이라 할지라도 제 인생에 있어서 겪은 일들을 부러워 하지는 않을 것입니다.

저는 대학을 졸업하고 약 5년간 병석에 누워 있었습니다. 불치의 병이었는데 병명이 "근육 무력증"이라는 병이었습니다. 이 병은 희귀해서 제가 아프던 시절에는 병명을 아는 의사가 없었습니다. 근육이 힘을 잃었기 때문에 볼펜이 무거워 들 수가 없어서 손바닥으로 볼펜을 잡아야 했습니다. 그 당시 저는 남이 가볍게 볼펜으로 글 쓰는 것이 신기하게 보였습니다. 겨울에 추운데도 무거워서 점퍼를 입을 수가 없었습니다. 그리고 추워서 이불을 덮으면 숨이 막혀서 이불을 덮을 수가 없었습니다. 걸을 때도 많이 걸을 수가 없었고 심지어 의자에 앉아 있어도 피곤하였습니다. 하나님이 우리에게 때로 병을 주시는 이유가 있습니다. 어려움을 통해서 기회를 만드시기도 하고, 교훈을 주시기도 하고, 그 어려움을 통해서 남을 이해하게도 하십니다. 저는 그래서 병자들에 대한 이해가 깊어졌습니다. 또 제가 어려운 시절을 겪었기 때문에 병원에 있는 어떠한 사람도 위로할 수가 있습니다. 불치의 병에 걸린 사람들도 위로할 자격을 갖게 되었습니다. 저는 저의 병 때문에 금식을 여러 번 했었는데 하나님께서 기적적인 방법을 통해서 저를 치료해 주셨습니다.

인생은 마치 퍼즐을 맞추는 것과 같아서 퍼즐을 맞출 당시에는 어떤 그림이 나타날지 알지 못하지만 맞추어 가면서 상당 기간이 경과하면 그림이 나타나기 시작합니다. 저도 이제는 제 인생의 그림이 무엇을 의미하는지 해석할 수 있는 나이가 되었습니다. 저도 그 당시에는 제게, 아내에게, 자녀에게 주시는 그 어려움의 뜻들을 잘 알지 못했습니다. 그래서 고통에 대해 감사하는 마음이 없었습니다.

제게 지금 아이가 둘 있는데 이 아이들을 낳기 전에 제 아내가 유산의 경험이 세 번이나 있었습니다. 지금의 아이들을 출산할 때에도 유산의 위험이 있어서 어렵게 출산을 하게 되었습니다. 첫째 아이를 가졌을 때에 유산기가 있어서 병원에 8개월 입원을 했었습니다. 아내는 유산을 하지 않기 위해서 머리도 누운 채로 감았습니다. 몸을 움직이지 않기 위해서 국도 빨대로 먹고 대소변은 받아 내었습니다. 저도 직장이 끝나면 병원에 갔다가 밤 늦게야 집에 돌아왔고 8개월간 외식을 하였습니다. 둘째 때도 10달을 비슷하게 보내야 했습니다.

저는 한 생명이 얼마나 귀한가를 뼈저리게 느꼈습니다. 제가 값을 크게 지불해 보고서야 알았습니다. "하나님이 세상을 이처럼 사랑하사." 그것이 무엇을 의미하는지를 조금은 이해하게 되었습니다. 한 사람을 얼마나 사랑하시는지, 한 영혼을 얼마나 안타깝게 기다리시는지를 제가 값을 치러보고 나니까 알게 되었습니다. 그 고통을 통해서 제게 교훈해 주시는 하나님의 음성을 들었고, 그것을 통해서 저는 성장했으며, 거기서 저는 다른 사람을 향해서 제가 무엇을 해야 할지를 발견했고, 그 어려운 상황에서 하나님께서 저를 업고 걸으셨다는 것을 알게 되었습니다. 하나님이 왜 어려움을 주시는지 아이를 키우면서 배웠습니다. 제가 조카를 아무리 사랑한다고 해도 조카를 때리는 적은 없습니다. 그러나 저희집 애는 제가 정해놓은 기준을 벗어나게 되면 정확하게 맞습니다. 이것은 제가 그의 아버지이고 그는 내 아들이고 내가 그에 대해서 기대를 가지고 있고 그는 내 사랑하는 자식이기 때문입니다. 하나님께서 우리에게 주시는 어려움도 이와 마찬가지입니다. 기대하지 않는 아이, 곧 내 아들이 아닌 아이에게는 우리는 일반적으로 잘해줄 뿐입니다. 그러나 자기 아이는 바르게 기르기 위해서 노력을 합니다.

다윗이 시편에서 그렇게 말했습니다. "내가 사망의 음침한 골짜기로 다닐지라도… 주의 지팡이가 나를 안위하시나이다." 저는 이 말씀의 뜻을 내 인생의 골짜기를 통과한 후에야 비로소 알게 되었습니다. 저는 사망의 골짜기를 지나왔습니다. 그리고 저의 아내와 아이들을 통해서도 사망의 골짜기를 지나게 하셨습니다. 그러나 제가 확실히 아는 것은 그 순간 주님의 지팡이가 저를 지키셨다는 것입니다. 저는 어려움 속에서 때로는 장애물이 기회로 나타나는 것을 보았고, 어려움 속에서 하나님으로부터 위로를 받았으며 어려움 속에서 평안해지는 법에 대해서 배웠습니다. 20여 년이 지난 지금 저는 고백합니다. "하나님은 내게 살아 계셨다." 그래서 저는 이 살아계신 하나님에 대해서 증거해야겠다고 생각했습니다. 먼저 예수님을 만난 사람으로서 저는 타인에게 빚을 졌다고 생각합니다. 제가 만난 분에 대해서 얘기하지 않는다면 그것은 올바른 태도가 아니라고 생각합니다.

저희 회사에서는 무언가 답답한 일이 있을 때는 함께 기도합니다. 한 번은 저희 회사 직원이 일을 하다가 손가락을 잘렸습니다. 손가락을 가지고 병원에 가야 하는데 손가락을 두고 가서 오랜 시간이 지난 뒤에 손가락을 가지고 가니 잘 붙지 않았습니다. 2번이나 수술을 했는데 잘 되지 않았습니다. 거의 한 달이 지나서 손가락이 썩어 가고 있었습니다. 하나님이 살아계시다는 것을 믿지만 손가락을 붙여 주실 분이라는 것은 잘 믿어지지 않았습니다. 그래서 매주 토요일에 전 직원이 모여서 강의를 듣는 시간이 있는데 제가 함께 기도하자고 했습니다. 그 주간에 절단 수술을 하자고 했던 의사가 마지막으로 한 번 더 수술을 하자고 제안했고 수술 결과 썩어 들어가던 손가락이 붙었습니다. 저희 회사에는 이런 기적적인 일들이 많습니다.

전에는 은행에서 정상적인 방법으로 자금을 대출한다는 것이 어려웠습니다. 저희가 이 은행 저 은행 돌아다니면서 돈을 빌려 달라고 부탁했었는데 커미션 없이는 실제로 불가능하다고 아는 지점장 한 분이 알려 주셨습니다. 그래서 저희는 기도하기로 했습니다. 열심히 전 사원이 기도했습니다. 2년쯤 뒤에 어떤 은행 지점하고 연결이 되었는데 지점장이 회사를 한 번 둘러 본 뒤 저희 담보가 부족했는데도 처음에 7억 원을 선뜻 빌려 주기로 했습니다.

또 우리 나라에서는 현금을 가지고도 세무 노출을 다하고는 건물을 사기 어렵습니다. 저희가 건물이 필요해서 전 직원이 합심해서 또 기도했습니다. 2년쯤 뒤에 신촌에 있는 전문대학 하나가 폐교되면서 저희에게 정직한 거래로 팔게 되었습니다. 준비한 돈과도 일치했고 전망도 좋고 위치도 좋은 곳이었으며 가능성이 큰 곳이어서 저희에게는 최적의 것이었습니다.

예수님을 인격적으로 만난 이후 저의 가장 큰 변화는 첫째, 제 자신을 알게 된 것입니다. "나는 누구인가?"에 대한 답입니다. 저는 예수님을 인격적으로 만나기 이전에는 자신이 좌표의 원점인 절대적 존재라고 착각을 하고 있었습니다. 그러나 예수님을 인격적으로 만나고 난 이후로 제 자신이 상대적 존재라는 것을 알게 되었습니다. 피조물임을 깨닫게 되었습니다. 하나님을 만나보지 않은 사람은 자기를 절대적 존재로 생각합니다. 자기를 절대적 존재로 생각하는 사람은 자기를 설명할 수가 없습니다. 사람은 하나님이라는 절대 원점에 의해서만 자기 좌표가 설명이 되는 존재입니다.

예수님을 만나면 평안이 있습니다. 그러나 처음부터 평안이 주어지지는 않습니다. 처음에는 오히려 죄의식과 갈등이 증가하게 됩니다. 전에는 죄가 아니었던 것이 이제는 죄로 보이기 때문입니다. 전에는 양심에 갈등을 느끼지 않았던 것이 이제는 갈등이 됩니다. 성경에서는 우리의 좌표를 죄인이라고 설명하고 있습니다. 하나님을 떠난 사람을 죄인이라고 설명합니다.

두 번째로 제게 있었던 변화는 가치관의 변화였습니다. 전에는 큰 것이 좋고 작은 것은 나쁘고, 높은 것은 좋고 낮은 것은 나쁘다고 생각했고 부는 좋고 가난은 나쁘다고 생각했습니다. 그래서 저는 높아지고, 이기고, 크게 되고, 존경받는 사람이 되고 부자가 되는 것이 바람직한 인생의 목표라고 생각했습니다. 그러나 예수님을 만나고 나서는 이 가치관이 변하게 되었습니다. 지금은 부정직한 대통령보다 정직한 청소부가 더 위대하다고 생각합니다. 전에는 제게 현재가 중요했습니다. 현재도 중요하지만 지금은 미래가 더 중요합니다. 전에는 물질이 중요하다고 생각했습니다. 물론 물질도 중요하지만 지금은 영적인 것이 제게 더 중요합니다. 전에는 외적인 것이 중요했습니다. 그러나 지금은 내적인 것이 더 중요합니다. 물질이나 권력이나 명예는 없어지거나 빼앗길 수 있는 것이기 때문입니다. 그러나 내 안에 쌓여진 내적인 것들, 영적인 것들, 미래적인 것들은 결코 빼앗을 수 없는 것들이기 때문입니다.

또 한 가지 제가 바뀐 것은 하나님의 계획을 알게 된 것입니다. 전에는 무목적, 무방향의 삶을 단지 열심히 살아왔습니다. 마치 저의 삶은 택시를 타고서 택시 기사가 "어디로 갈까요?"라고 물으면 "열심히 달리세요, 가다가 생각해 볼테니까." 이런 삶과 비슷했습니다. 그러나 이제는 제가 어디로 가야할지, 몇 시까지 가야할지, 어떻게 가야할지를 알고 살아가는 사람이 되었습니다. 열심 이전에 목표, 방향, 의미에 대해서 미리 점검해야 합니다.

지금에 와서 맞추어진 제 인생의 퍼즐을 보니 제가 5년간 아팠던 기간은 제 인생에 있어서 아주 중요한 기간이었습니다. 하나님의 아들이 된 사람에게는 모든 것이 합력하여 선을 이루게 되어 있습니다. 저는 대학을 졸업하고 약 5년간 투병을 하다가 치유가 되어 80년 9월에 사업을 시작하게 되었습니다. 그때 사업을 시작해서 쉬지 않고 10여 년을 뛰었습니다. 구정, 추석에도 고향에 가지 못했습니다. 새벽 5시에 나와서 일을 시작해서 평균 오후 8시에 퇴근을 했습니다. 점심 시간에도 쉬지 않고 하루 14시간 이상을 일했습니다. 그렇게 정신없이 뛰었습니다. 그래서 회사가 갑자기 매우 빠른 성장을 하게 되었습니다. 그런데 경영에 대해서, 여러 가지 지식과 상식에 대해서, 경제 전반에 대해서 또 사람의 심리에 대해서 많은 지식을 갖고 있지 않고는 이렇게 갑자기 성장하는 회사를 잘 감당할 수 없는 법입니다. 그래서 그때 제가 5년간 아파서 누워 있었던 이유를 알게 되었습니다. 그 기간 동안에 저는 책을 보는 일 밖에 할 수가 없었습니다. 그리고 신문을 8개 보면서 하루 종일 스크랩을 했습니다. 그것을 통해 저는 미래의 급속하게 성장할 회사의 경영에 필요한 여러 가지 것들을 미리 배우고 대처할 수 있게 되었습니다. 하나님 앞에서는 장애물도 기회입니다. 하나님을 모르는 사람들에게는 단지 장애물일 뿐입니다.

저는 사업을 시작할 무렵 제 나름대로의 계획을 가지고 있었습니다. 유명한 학원 강사가 되어 한 밑천 장만하려고 했었습니다. 그래서 한창 교재를 만들고 있었는데 80년 8월에 과외 금지령이 내려졌습니다. 그래서 9월에 지금의 회사를 시작하게 되었습니다. 하나님께서 문을 닫으실 때 하나님을 아는 사람들에게는 새로운 문이 준비되는 것입니다.

80년에 사업을 시작하면서 처음부터 완벽하게 정직하지는 못했습니다. 이것이 늘 양심에 걸렸습니다. 86년 1월부터 모험을 하기로 결심했습니다. 실패하고 빚더미에 올라서더라도 본이 되는 것이 그리스도인답고 하나님께서 요구하시는 것이라고 생각했습니다. 그래서 모든 것을 정리하고 모든 것을 법대로 해 보기로 했습니다. 생각보다 어려운 상황이 많이 발생했습니다. 우리와 거래를 하면 세금을 정직하게 내야 하기 때문에 거래를 하던 사람도 거래를 포기했습니다. 그래서 공장들을 설득하고 거래선들을 설득해야 했습니다.

그러나 이상한 것은 85년까지는 저희가 중소기업이었고 매출액이 40억~50억 수준 정도였는데 86년부터 갑자기 커지기 시작했습니다. 87년에는 저희가 세운 목표의 2배를 넘게 달성했습니다. 저희가 법인화를 한 지 6년 만에 업계에서 1위가 되었습니다. 이것은 우연히 될 수 있는 것이 아닙니다. 저는 옷에 대해서 몰랐습니다. 창업을 도와준 사람들 중에서도 옷에 대해 경험을 가진 사람은 하나도 없었습니다. 이렇게 경험도 없는 사람들이 주일날 가게문을 닫으면서도 노련한 경험을 가지고 우수한 인력과 막대한 자금력을 갖고 지명도를 갖고 있는 재벌 기업들을 누를 수 있었다는 것은 저희 힘이나 우연한 일이 아니라고 생각합니다.

저희 직업에 대해서 하나님께서 가르치신 바가 있습니다. 직업은 어떠해야 하는가? 직장은 어떠해야 하는가? 제가 예수님을 알기 전에는 직업은 나를 위한 것이고 우리 가족을 위한 것이며 내 자아실현을 위한 것이고 내 가족의 생계유지를 위한 것이라고 생각했습니다. 그러나 지금은 바뀌었습니다. 직업은 다른 사람을 위한 것입니다. 그래서 저희 회사의 목표는 국민을 섬기고 세계인을 섬기는 것입니다. 하나님께서 우리에게 직업을 부여하셨을 때는 그 직업을 통해 다른 사람들을 섬기고, 입히고, 따뜻하게 하고, 멋있게 하는 것이 우리의 책무라고 생각하고 있습니다.

또한 저희 직장에서 강조되는 것은 우리 사회가 너무나 어지럽기 때문에 우리 직장이 책임져야 할 것 중에 우리가 선두에 설 필요가 있다는 것입니다. 이기기 위해서가 아니라 본이 되기 위해서, 메시지가 되기 위해서 그렇습니다. 또 한 가지, 본이 될 하나님의 사람이 적다는 것이 우리 나라에서 가장 결핍된 것 중의 하나입니다. 직장을 통해서, 학교를 통해서, 교회를 통해서 하나님이 사용하실 수 있는 바른 지도자들이 양성되어야 하는 일이 이 사회를 위해서 중요한 일입니다. 그래서 그리스도인은 선한 야망을 가지고 많은 준비를 해야 합니다. 자기를 위해서가 아니라 남을 위해서 입니다. 그것이 하나님께서 그리스도인들을 직업 속에서 부르시는 소명이라고 생각합니다.

선을 이루시는 하나님

양승훈

양승훈 박사는 경북 문경 출생으로 경북대 사대를 졸업하고 한국과학기술원 물리학과에서 반도체 물리학(M.S., Ph.D.)을 공부했다. 박사 과정 재학 중에는 이태리 국제이론물리학센터에서 공부한 적이 있고, 1986년에는 한국과학재단 Post-Doc으로 시카고대학교에서 연구하였다.
또한 인문학에 관심이 있어서 미국 위스칸신대학교(Madison)에서 과학사(M.A.)를, 미국 휘튼대학교에서 신학(M.A.)을 공부하였다. 그리고 경북대학교 사범대학 물리교육과 교수를 역임하였으며, 현재는 캐나다에 있는 기독교세계관대학원(VIEW)의 교수로 재직하고 있다.
「진화는 과학적 사실인가?」(공저), 「자연과학」(공저), 「새로운 대학」, 「기독교 세계관의 이해와 적용」, *An Annotated Bibliography of Creationism*, 「환경문제」, 「고등학교 물리」(공저, 교육부 검정) 등의 저서와 수필집 「낮은 자의 평강」, 「나그네는 짐이 가볍습니다」 등이 있으며 다수의 반도체 물리학 논문과 인문학 분야의 논문을 발표하였다.

선을 이루시는 하나님

구원의 확신

어릴 때부터 저에게 교회는 학교와 가정과 더불어 생활의 가장 중요한 부분이었습니다. 저의 삶의 행로를 바꾼 사건은 대학 1학년 때 일어났습니다. 사실 컨닝을 제외한다면 고등학교 때까지의 저의 삶에서는 별로 하자가 없었습니다. 여전히 교회는 열심히 다니고 있었으며 부모님께도 잘 순종하였습니다. 당시에 많은 친구들이 마시던 술과 담배도 입에 대지 않았으며 당구장에도 가지 않았습니다. 그래서 저는 다른 학생들에 비해서는 그래도 상당히 착한 편에 속한다고 자위하였습니다.

그러나 이런 착각은 대학에 들어오면서부터 부서지기 시작했습니다. 도회지에서의 다양한 경험과 대학의 반기독적인 지적 분위기 속에서 저의 종교적인 행위들이 과연 믿음의 행위인지에 대한 고민에 빠지게 되었습니다. 그때까지 종교적인 습관과 의문에 속한 행위 그 자체가 믿음이라고 착각하며 살아 온 저는 생생한 예수 그리스도의 실체를 경험하지 못한 채 방황하기 시작한 것입니다.

제가 "공식적으로" 예수님을 구주로 시인하도록 도전받은 것은 대학 일 학년 때 일이었습니다. 1973년 10월 7일, 저는 학교 도서관 휴게실에서 점심을 먹으려고 도시락을 펴놓고 기도를 했습니다. 그리고 밥을 먹으려고 하는데 군화를 신고 군복에 검은 물감을 들인 옷을 입은 어떤 사람이 뚜벅뚜벅 다가왔습니다. 그리고 자신은 불어교육과 2학년 장재영이라고 소개하면서 저에게 예수님을 개인의 구주로 영접하고 또 지금 죽어도 구원받는다는 확신을 가지고 있느냐고 물었습니다. 그는 성경을 뒤져 요한복음 1장 12절, "영접하는 자 곧 그 이름을 믿는 자들에게는 하나님의 자녀가 되는 권세를 주셨으니"란 말씀과 요한복음 5장 24절을 인용하였습니다.

이 말을 듣고 저는 무척이나 불쾌했습니다. 아무리 선배지만 예수 믿은 지 이제 겨우 일 년밖에 안되었다는 사람이 조상 대대로 예수님을 믿으며 유아 세례를 받은 데다 교회에서 성가대, 학생회 교사를 위시한 온갖 일에 열심인 제게 기독교의 초보인 구원의 확신 운운하는 것이 너무나 건방진 일이라 생각되었기 때문입니다. 그래서 저는 먹으려던 도시락을 도로 싸들고 자리를 피했습니다. 그런 사람들 중에 여호와의 증인이나 전도관과 같은 이단이 많다는 얘기를 들은 적이 있기 때문입니다.

그러나 그 후에도 유쾌하지 않았던 그 경험은 저의 뇌리에서 사라지지 않으면서 저를 괴롭혔습니다. 과연 "나는 예수님을 영접하고 구원의 확신을 갖고 있는가?", "내가 교회 다니는 것은 어릴 때부터의 습관이 아닌가?" 혹은 "내가 교회에서 일하는 것은 다른 사람들이 칭찬하기 때문이 아닌가?" 등등의 질문이 끊임없이 떠올랐습니다. 며칠 동안 자취방에서 곰곰이 생각하며 갈등하다가 마침내 교회에서의 나의 열심이 순수하게 예수님께로부터만 유래한 것이 아니라고 결론지었습니다. 그리고 자취방에서 혼자 꿇어앉아 기도했습니다. 제가 예수님을 영접하고 있는지 아닌지 분명하지 않으나 혹 아직까지 예수님을 영접하지 않았으면 지금부터 예수님을 구주로 영접하겠다는, 소위 영접 기도를 했습니다. 신학을 좀 공부한 지금 되돌아보면 그때 저는 이미 예수님을 영접하고 있으면서 단지 그것을 선언할 수 있는 기회가 없었을 뿐이었습니다.

그런데 다음 날 점심 때쯤 학생회관 근처에서 며칠 전 도서관에서 저를 매우 당황하게 했던 그 선배를 다시 만나게 되었습니다. 솔직히 저는 별로 반갑지 않았지만 그는 매우 반갑게 인사를 하면서 이런 저런 얘기를 했습니다. 그러다가 저는 며칠 전 제게 던졌던 그 질문을 두고 곰곰이 생각하다가 어제 저녁 예수님을 영접하는 기도를 했노라고 실토를 하였습니다. 그는 매우 기뻐하면서 자기를 좀 따라 오라고 했습니다. 이단 같은 사람을 따라간다는 것이 좀 찜찜했지만 따라가는 것 외엔 별 도리가 없었습니다. 그가 도착한 곳은 정구장 옆 잔디밭이었는데 거기에는 이미 대여섯 명의 형제들이 둥글게 앉아 도시락을 앞에 놓고 복음성가를 부르면서 점심을 먹으려고 하고 있었습니다. 사람들에게 반갑게 인사를 한 선배는 대뜸 양승훈 형제가 어제 예수님 영접 기도를 했노라면서 소개를 하고 간증을 해 보라고 했습니다. 저는 별로 내키지 않았으나 자존심을 꺾고 며칠 전 선배의 도전으로부터 시작하여 어제 저녁의 기도까지의 과정을 얘기했습니다.

그러나 예수님을 "공식적으로" 영접하겠다는 당시 저의 선언은 다분히 의지적인 결단이었고 감정이 동반한 내적인 회개는 그보다 훨씬 뒤의 일이었습니다. 후에 어느 학생 집회에서 하나님께서는 제가 과거에 지은 온갖 죄악과 마음의 더러운 생각들을 낱낱이 보여 주셨습니다. 네비게이토를 만난 이후에도 말로는 제가 죄인이라고 고백했지만 은밀한 저의 마음 한 구석에는 늘 그래도 제가 다른 사람들에 비하면 상당히 착한 편에 속한다는 자부심이 있었습니다. 그러나 그 집회를 통해 성령께서 제 마음을 비추시자 제 마음 속이 마치 구정물통과 같음을 알게 되었습니다. 가만히 있을 땐 깨끗하게 보이지만 막대를 넣어 휘저으면 온갖 더러운 것이 떠오르는 구정물통 말입니다. 그래서 저는 주위에 친구들이 있는 것도 잊어버리고 엉엉 울었습니다.

오랫동안 멀찌감치 떨어져서 예수님을 구경하며 지나온 저에게는 예수님을 전혀 모르고 있다가 영접한 사람처럼 밤잠을 설치는 짜릿한 기쁨은 없었습니다. 방언이 터진 것도, 금방 겸손해진 것도 아니었습니다. 해는 역시 동쪽에서 떠올라 서쪽으로 졌습니다. 갑자기 화를 덜 내게 된 것도, 더럽고 추악한 생각들이 갑자기 사라진 것도, 금방 수음을 그칠 수 있었던 것도 아니었습니다. 단지 하나 달라진 점이라면 전에 보다 눈물이 흔해졌고 나쁜 행동이나 생각을 한 후엔 더 괴롭다는 사실뿐이었습니다. 그래서 얼마간의 시간이 지난 후엔 예수를 믿는다는 것이 자기 최면, 내지 자기 기만이 아닌가 하는 의심도 했습니다. 그러나 그 후 네비게이토 성경 공부에 참여하고 형제들과 교제를 하는 동안 제 안에 거하시는 성령께서 한없이 교만하고 이기적이며 편협하던 저의 마음을 조금씩 변화시키시고 계심을 알 수 있었습니다. 그러나 제 마음 깊숙한 곳에는 다른 어떤 욕망보다 더 강한 출세욕이 도사리고 있었습니다.

이러한 저에게 하나님께서는 마태복음 6장 33절을 통해 정면으로 도전하셨습니다. "너희는 먼저 그의 나라와 그의 의를 구하라 그리하면 이 모든 것을 너희에게 더하시리라." 사실 이 말씀은 제가 주일학교 학생 때부터 수없이 들어오던 말씀이었으나 하나님께서는 세상에 있는 어떤 귀중한 것들보다 먼저 하나님의 나라와 의를 구해야 함을 새롭게 도전하신 것입니다. 이 말씀을 통해 저는 저의 일생의 시간과 학문, 건강, 가족 등의 모든 것들이 왜 존재하는지의 의미를 분명하게 깨닫게 되었습니다. 그 후 이 말씀은 저로 하여금 기독교 세계관과 성경적 관점에서의 학문 연구에 진지한 관심을 갖게 하였습니다. 이 세상에 있는 모든 것들은 성경적 관점으로 조망될 때 비로소 본래적 가치가 드러남을 알게 된 것입니다.

다음으로 저는 성경을 믿을 수 있게 되었습니다. 고등학교 때까지 저는 성경의 진위를 의심해 본 적이 없었습니다. 아니 성경의 진위 따위를 심각하게 생각해 본 적이 없다고 말하는 것이 정확할 것입니다. 그러나 대학에 들어와 이런 저런 책들을 읽고 불신 친구들, 똑똑한(?) 사람들의 얘기를 들으면서 성경의 권위는 허물어지기 시작했습니다. 창세기는 신화요, 욥기는 우화요, 아가서는 연애 편지요, 구약의 여러 예언서들은 예언이 성취된 후에 "뒷북 친" 책들이었습니다. 교회의 중등부 교사로서 학생들에게 성경은 하나님의 정확무오한 말씀이라고 가르치면서도 저 자신은 믿지 못하는 이중적인 사람이 된 것입니다. 이때의 경험을 통해 저는 믿어지지 않는 성경을 부여잡고 믿는 척하는 종교적 위선이 얼마나 피곤한 일임을 배웠습니다.

이러한 저에게 하나님께서는 성경이 신화와 소설이 아닌 과학적, 역사적 사실이며 정확한 하나님의 말씀임을 믿게 해 주신 것입니다. 믿기로 결단한 후부터 하나님께서는 저의 눈을 열어 말씀의 보화를 조금씩 깨닫게 해주셨습니다. 이렇게 된 데는 1978년 한국과학기술원에서 공부할 때 학생회 초청 연사로 오신 건국대 주영흠 박사님의 "창세기의 우주과학적 해석"이라는 강연이 큰 역할을 했습니다. 후에 제가 한국창조과학회의 발기와 활동에 적극적으로 참여하게 된 직접적인 동기도 상당 부분 주 박사님의 강연 때문이었습니다. 창조과학 운동은 당시 많은 사람들에게서와 같이 제게도 성경의 정확성과 권위를 일깨워 주었습니다. 저는 성경을 알기 위해 믿기로 "결심"하였고, 성경을 믿고 나니 비로소 뜻을 알게 되었습니다. 물론 지금도 성경의 많은 내용들을 깨닫지 못하고 있지만 이제는 성경에 대한 신적인 영감과 권위를 믿을 수 있게 되었습니다.

셋째, 저는 마음의 평안이 어떤 것인지 조금씩 깨닫기 시작했습니다. 예수를 믿는다고 했지만 시험이 다가오거나 중요한 일을 앞에 두고는 마음의 평안이 없었습니다. 때로는 예수를 믿지 않는 친구들보다 더 불안해하는 저 자신을 보면서 도대체 예수를 믿는다고 하는 내가 저들보다 나은 것이 무엇인가라는 자책감에 빠진 적도 많았습니다. 원래 나의 성격이 불안해하는 성격이기 때문일까, 신앙이 성격의 한계를 넘어서지 못한다면 도대체 신앙의 유익이 무엇인가 등등의 생각이 저를 괴롭혔습니다. 이렇던 제가 평안의 가닥을 잡았던 것은 바로 요한복음 14장에 나타난, 예수님의 약속을 붙들고부터였습니다. "평안을 너희에게 끼치노니 곧 나의 평안을 너희에게 주노라. 내가 너희에게 주는 것은 세상이 주는 것 같지 아니하니라. 너희는 마음에 근심도 말고 두려워하지도 말라"(요한복음 14:27). 일이 잘 될 때는 감사헌금도 하고 기뻐하지만 일이 잘 안될 때는 하나님을 원망하는 조건부 평안과는 달리 예수께서 주신 평안은 세상의 실패, 좌절, 위협이 도무지 빼앗을 수 없는 전천후 평안이었습니다. 무슨 일을 하든지 저는 기도하며 최선을 다하는 것뿐이고 결과는 하나님께서 선하게 인도하실 것이라는 커다란 확신이 시험과 숙제, 논문으로 이어지는 20대의 긴장된 삶 가운데서 제게 큰 안식을 주었습니다.

넷째, 제게 정직함이 계발되기 시작했습니다. 그 이전에도 정직하다는 말을 들은 적이 있지만 그것은 사람들 앞에서 보이기 위한 정직이었습니다. 저는 하나님 앞에서의 정직이 무엇인지를 곰곰이 생각하면서 사랑하지도 않으면서 사랑한다는 거짓된 말보다 "제게는 도무지 사랑이 없으니 도와주세요"라고 하나님께 도움을 구하는 것이 남을 사랑할 수 있는 첩경임을 배웠습니다. 그때까지 저는 다른 사람들과 대화할 때 제가 습관적으로 과장하고 살짝살짝 거짓말을 섞는 것을 별로 대수롭지 않게 생각해 왔습니다. 그렇지만 이러한 작은 거짓말도 큰 거짓말과 다를 바 없는 거짓말이요 그런 거짓말은 바로 저의 교만 때문이었음을 알게 되었습니다. 기도할 때 저의 믿음의 분량 이상의 형용사와 부사를 사용하는 것도 일종의 거짓임을 깨달았습니다.

믿겨지지 않는 것, 사랑하는 마음이 생기지 않는 것, 내키지 않는 마음을 위선하기 보다는 차라리 솔직하게 털어놓는 것이 얼마나 홀가분한 일인지! 겉으로는 거룩한 척, 정직한 척하면서도 속으로는 추악한 마음을 숨기고 있는 것은 참으로 힘든 일이었습니다. 이런 위선들을 솔직하게 인정하고 형제들 앞에 털어놓으니 애써 숨길 만한 것들이 없어져 버렸습니다. 정직이 저의 삶의 평온과 마음의 평강을 유지할 수 있게 하는 최선의 방책임을 깨달았습니다.

다섯째, 남이 잘되는 것을 시기하지 않는 마음이 조금씩 계발되기 시작했습니다. 저는 원수를 사랑하라는 성경 말씀에서 원수는커녕 가까운 친구가 잘되는 것조차도 속으로 배아파하는 마음이 좁은 사람이었습니다. 슬픔과 불행은 함께 나눌 수 있었지만, 저보다 한참 못한 사람의 경사를 자선하는 마음으로 축하해 주는 것은 어렵지 않았지만 저와 비슷한 위치에 있는 사람의 경사는 함께 기뻐해 줄 수가 없었습니다. 그가 잘되는 것은 생존경쟁의 사회에서 곧 저의 낙오와 패배를 의미하기 때문이었습니다. 그러나 저의 좁은 마음에 하나님께서는 그리스도 안에서 교회의 본질과 의미를 통해 도전하셨습니다. 다른 사람들을 저와 무관한 개체라고 생각할 땐 도무지 그의 경사에 함께 기뻐해 줄 수가 없었습니다. 그러나 예수님이 머리가 되시고 우리는 모두 그 몸에 속한 지체라는 단순한 사실로 인해 저는 형제가 잘되는 것을 함께 기뻐해 줄 수 있는 합리적인(?) 이유를 알게 되었습니다.

저의 경우처럼 교회에 다니는 것이 습관화되어 경건의 모양은 있으나 경건의 능력을 부인하는 사람(디모데후서 3:5)은 경건의 모양이 오히려 장벽이 되어 생생한 영적인 생명의 접촉과 성령의 능력을 체험하기가 어려울 수도 있다는 사실을 간과할 수 없습니다. 반복된 행동이 습관을 낳고 그 습관이 오래 지나면 인격을 형성하게 되는 것은 당연한 일이거니와 문제는 우리의 인격이 어떤 과정을 통해 형성되었는가 입니다. 사단은 습관이라는 굴레를 통해 교묘하게 구원의 내적 확신과 그리스도 안에서의 솔직한 자기 모습을 보지 못하게 만들려고 합니다.

사단은 교회 행사에 대한 열심과 헌금 액수, 직분의 고하(?)가 마치 신앙의 기준인 양 속이려고 안간힘을 쓰고 있고 실제로 여기에 속는 사람들이 많습니다. 저는 교회 생활을 돌이켜 보면서 하나님께 뿌리박지 않은 교회 일이 얼마나 위험하며, 성령의 인도를 앞질러가는 행사가 얼마나 성령을 근심시키며, 그리스도 안에서 거듭나지 않고 가진 교회의 직분이 얼마나 불행한 일인지를 배웠습니다. 길지 않은 인생을 살면서 사람들에게 인정받고 세상에서 유명해지고 권세를 갖는 것이 얼마나 허망한지, 그리스도를 모르는 학문이 얼마나 위험한지 생각해 봅니다.

기독교 대학

예수님 안에서 구원의 기쁨과 부활의 소망, 영생의 확신을 갖게 된 후 저의 삶에 가장 큰 비중을 차지한 것은 역시 어떻게 주를 위해 살 것인가였습니다. 그리고 제가 KAIST 박사과정 1년차였을 때 바로 여기에 대한 답을 얻게 되었습니다.

지금부터 14년 전이었던 1981년 3월 마지막 토요일 저녁, 경기도 일산에 있는 「아멘 기도원」에서 한국과학원교회 신입생 환영 주말 수련회를 가진 적이 있었습니다. 참석한 10여 명 모두가 한창 학업에 쫓기고 특히 새로 입학한 신입생들은 모두가 새로운 환경에 적응하느라 잔뜩 주눅이 들어있던 때라 개인적인 기도 제목들이 많았습니다. 이런 중에 공동 기도 제목으로 등장한 것이 바로 기독교 대학 설립에 관한 기도 제목이었습니다. 하나님께서 예수를 믿는 우리들에게 등록금은 물론, 숙식 제공에다 생활비까지 지급하는 전액 장학금을 받게 하시고 병역 면제, 취업 보장까지 해주는 특혜를 주시면서까지 공부하게 하시는 데는 우리 나라의 과학 입국과 산업 발전 이상의 특별한 뜻이 있지 않겠는가라는 생각에서 시작하여 나중에는 정말 학문과 교육의 주인이 예수님임을 고백하는 기독교 대학을 설립하자는 비전에까지 이른 것입니다. 그날 이후 입에서 입으로 기독교 대학 설립에 관한 꿈은 KAIST 교회의 공동 기도 제목으로 정착하게 되었고 선배들로부터 기도 제목을 물려받은 후배들도 이 기도 대열에 참여하게 되었습니다.

당시 박사 과정 2년차였던 저는 교회 내에 두 분의 선배님이 계시긴 했지만 두 분 다 졸업 논문에 바빴던 때라 이 비전에 총대를 메게 되었습니다. 물론 나름대로 이러저러한 청사진을 그려보지 않은 것은 아니지만 그 당시로서는 총대를 멘다는 것은 후배들이나 주변 사람들에게 이 비전을 말로서 전해주는 것 이상이 아니었습니다. 그러나 1983년 8월, 학위가 끝나고 경북대에 취직하면서부터 이 비전은 단순한 비전으로서만 남아있을 수가 없었습니다. 아무리 작은 일이지만 무언가 일을 시작해야 한다는 생각이 저 뿐 아니라 몇몇 형제들 사이에 퍼지기 시작했습니다.

이런 중에 먼저 이런 비전을 나눌 만한 정기적인 문서 매체가 필요하다는 생각이 든 것은 자연스러운 일이었습니다. 그래서 1984년 중반, 현재 106호에 이른 월보 「기독교 대학」이 창간된 것입니다. 당시 「한국전기통신연구소」 연구원으로 근무하던 김성락 형제와 당시 「동력자원연구소」 연구원으로 근무하던 송기상 형제가 편집 자원봉사를, 편집기획 「크리」를 운영하고 있는 유진희 자매가 무료 도안을 했습니다. 월보 「기독교 대학」의 창간에 이어 KAIST 교회와 10여 명의 개인 헌금으로 기독교 대학 설립의 꿈을 나눌 수 있는 팜플렛 2000부가 제작되었습니다. 이와 비슷한 시기에 「기독교대학설립동역회」란 이름도 등장하게 되었습니다.

기독교 대학 설립의 꿈은 1986년 당시 경북대 경영학과 대학원을 졸업한 문계완 형제가 10만 원의 사례로 이 일에 자원하였고 문 형제를 지원하기 위해 10여 명의 동역 회원들이 사역 헌금을 작정하면서부터 좀 더 조직적으로 확산되기 시작했습니다. 문 형제가 사역을 시작한 그 이듬해에는 전북대 사대를 졸업하고 당시 강원도에서 중학교 국어 교사를 하던 김미남 자매가 학교를 사직하고 월 15만 원의 사례를 받는 간사로 헌신하게 되었고, 이어 5년여 동안 동역회 대표 간사를 했던 조신영 형제가 경북대 건축공학과를 졸업하고 이 일에 헌신하게 되었습니다.

인원이 보강되자 출판의 필요를 절감하던 때라 1988년 기독교대학출판사(Christian University Press)를 등록하고 곧 바로 기독교 세계관에 관한 소책자 출판을 시작하였습니다. 수익성이 별로 없는 책들만을 골라 출판한 출판사가 망하지 않고 지금까지 유지되는 데는 간사들의 헌신적인 봉사와 더불어 「대덕기독교문화재단」이 아무런 조건없이 3년에 걸쳐 총 2700만 원이라는 거금을 지원해 준 것과 수많은 책 표지 디자인을 자원봉사했던 시각 디자이너 강미란 자매의 공이 컸습니다. 예쁜 소책자 표지 디자인으로 인해 한때 강미란 자매는 큰 출판사에서 스카웃 제의를 받기도 했습니다. 소책자 출판으로 시작된 출판 사역은 다음 해 중책자 시리즈와 단행본 출판도 시작했으며 지금까지 95종에 이르는 책들을 출판하기에 이르렀습니다.

출판이 어느 정도 궤도에 오르자 1989년 후반, 기독교적 학문 연구를 위한 「통합연구학회」가 창립되고 학회지 「통합연구」를 창간하였습니다. 1992년에 「통합연구」는 학문적 수준을 인정받아 교육부 산하 「학술진흥재단」으로부터 학술지 발간 지원을 받기도 하였습니다. 1993년에는 서울 지부장 이건창 교수와 기획 조성표 교수, 서울지역 간사 한재호 형제의 "발바닥 봉사"로 「기독교대학설립동역회」가 「기독교학술교육동역회」란 명칭으로 교육부에 사단법인 등록을 하기에 이르렀습니다. 이어 1994년에는 10여 년 전부터 기독교 대학의 직전 단계로 꿈꾸어 오던 「기독학술교육연구소」가 시작되어 매학기마다 서너 개씩의 강좌를 개최하고 있습니다.

아직까지 가시적인 기독교 대학이 설립된 것은 아니지만 이를 위해 앞에서 소개한 준비 사역도 대단히 중요하다고 생각됩니다. 지금까지의 사역을 통해 진정한 기독교 대학의 설립을 위한 소프트웨어의 준비가 착실하게 이루어져 왔다는 것과 더불어 동역회 사역이 기존의 국내 여러 기독교 대학들에게 많은 격려와 자극을 주었음을 부인할 수 없습니다. 또한 동역회가 출판과 연구회 사역을 통해 한국교회 내에 기독교 세계관 운동을 일으키는 데 일조를 한 것도 간과할 수 없는 사실입니다.

선을 이루시는 하나님

구원의 확신에 대한 도전으로 인해 예수를 믿는 것이 무엇인가를 깨닫게 되었으며, 그리고 기독교 대학 운동의 구체적인 사역을 하면서 제가 배운 또 하나의 중요한 교훈이 있다면 하나님께서 저를 사랑하시고 따라서 제게 일어난 모든 일들을 통해 선을 이루신다는 사실이었습니다.

대학 입시의 경험은 이의 좋은 예였습니다. 앞에서 이미 언급한 바와 같이 저는 20명을 모집하는 1973년 경북대 입시에서 21등을 하는 통에 후보 1번이 되었습니다. 최종 발표를 기다리고 있는 동안 저는 하나님께 합격하게 해 달라고 간절히 기도를 했습니다. 그리고 하나님께서 이 기도를 들어 주셔서 특차에 합격한 세 명의 학생들이 등록을 하지 않는 통에 후보 3번까지 합격하는, 개교 이래 초유의 사건을 통해 저는 대학 입시에 합격하였습니다. 그러나 처음에는 하나님이 저를 합격시켜 주신 게 감사하더니만 시간이 지나면서 이 사건은 두고두고 저의 자존심에 가시가 되었습니다. 하나님께서 기왕 합격시켜 주시려면 기분 좋게 합격시켜 줄 일이지 왜 후보 1번의 불쾌한 경험을 갖게 하셨는지 당시로는 도무지 이해할 수 없었습니다.

그러나 오랜 시간이 지난 후 저는 하나님의 깊은 뜻을 이해할 수 있게 되었습니다. 그런 자존심 상하는 경험이 없었다면 공부하는 것으로 인해 제가 얼마나 더 교만해졌을까 하는 생각이 듭니다. 후보 1번의 수치스런 경험은 분명 저로 공부하는 일로 자고하지 못하게 하기 위한 하나님의 예방주사였습니다. 입시에서의 수모를 통해서 장래 학문을 업으로 삼게 될 제게 하나님은 가장 필요한 훈련을 하게 하셨습니다.

이런 일은 최근에도 있었습니다. 제가 미국에서 공부하고 있던 지난 1991년 10월은 그때까지 제가 살아온 어떤 기간보다 힘들었던 시기였습니다. 어려움은 몰려온다는 속담과 같이 여러 가지 힘든 일들이 한꺼번에 몰아닥친 것입니다. 미국에서 둘째 아이가 학교에 가다가 차에 치여 피투성이가 된 채 중환자실에 실려갔습니다. 설상가상으로 사고 운전자는 보험회사 직원이었는데 보험회사는 병원비를 지불해 주려고 하지 않았습니다. 게다가 위튼 대학에서의 공부로 인해 본국 학과에서는 빨리 귀국을 하던지 학교를 그만 두라고 편지를 보내왔습니다. 이뿐이 아니었습니다. 위튼 대학에서의 공부만 해도 가뜩이나 힘겨운데 위스칸신 대학의 졸업 논문은 쉽게 끝나지 않고 피를 말리고 있었습니다. 여기에 더하여 석 달 전 어떤 장로님으로부터 대구 근교 집터를 사둔 것이 사기를 당하였는데 미국에 있으면서는 어쩔 도리가 없었습니다. 날마다 온 가족이 하나님께 매어 달렸지만 저는 사방으로 우겨 싸임을 당한 느낌이었습니다.

그러나 도무지 해결될 것 같지 않던 문제들도 때가 되자 하나님의 선하신 계획을 드러내면서 해결되기 시작하였습니다. 지라 파열로 대수술을 해야 할지 모른다는 당초의 예상과는 달리 아이는 두 차례의 턱 수술만으로 건강을 회복하였고 또한 보험 문제도 원만하게 해결되었습니다. 이 사건을 통해 저는 자식이 저의 소유가 아니라 하나님 나라를 위해 잘 키우라고 잠시 맡겨진 존재이며 언제라도 하나님께서 데려가실 수 있음을 깊이 깨닫게 되었습니다. 저의 사기 당한 땅은 아직까지 그대로 있지만 지난 8월 하나님은 그곳보다 훨씬 더 좋은 시골에 집을 주셔서 이사할 수 있게 되었습니다. 학과 교수들과는 다시 관계가 회복되었으며 이들의 재촉으로 위스칸신 대학과 위튼 대학에서의 공부는 힘들었지만 일 년이나 빨리 끝낼 수 있었습니다. 앞에서 언급한 바와 같이 위스칸신 대학에서 작성한 창조론 관련 과학사 졸업 논문은 1년여의 산고 끝에 미국 잡지에 게재되었습니다.

요즘은 어떤 어려움이 닥치면 이번에는 또 하나님께서 어떤 선을 이루실까 내심 기대가 되기도 합니다. “하나님을 사랑하는 자 곧 그 뜻대로 부르심을 입은 자들에게는 모든 것이 합력하여 선을 이루”기 때문입니다(로마서 8:28). 이 말씀은 어려울 때마다 저를 일으켜 세우는 지팡이가 되었고 나아가 환난 가운데서도 상당한 낙천가가 되게 하였습니다. 이 말씀의 안경을 통해 보면 인생의 모든 불행과 환난은 선을 이루기 위한 하나님의 도구에 불과하기 때문입니다.

언제나 미세한 음성으로

윤 주 홍

윤주홍 장로는 1934년 충청남도 서산에서 출생했다. 유년 시절은 일제말기의 어려운 시기인 국민학교 5학년 때 8•15 해방을 맞았다. 중학교와 고등학교를 서산에서 마친 후 1953년 충남대학교 문과대학에 입학하고 봄에 친구의 인도로 대전중앙성결교회에 출석하게 되었고 그 해 12월에 세례를 받았다.

대학 4학년에 재학 중 목회자가 되어야겠다는 기도를 했으나 1957년 대학 졸업 후 서울신학대학에서 편입을 위한 신체검사에서 건강상의 이유로 뜻을 이루지 못하자 방황과 독념으로 입술이 부정하도록 원망을 했다.

회개할 줄 모르고 오히려 하나님께 그 책임을 전가하던 윤장로는 건설단에 입대하여 태백산에 이끌려 가게 된 해가 1962년 4월이었다. 그 곳에서 진정 하나님의 음성이 임하사 회개케 하시고 그의 장중에 붙드시어 그의 삶을 주장해 온 삶 속에서 역사하시는 하나님을 체험한다.

그 후 성령의 인도함을 받아 1964년에 고려대학교 의과대학에 편입하고 신유와 지혜를 받아 졸업과 동시 1968년에 국립경찰병원에서 수련을 받고 1973년에 마친 후 1974년에 성령의 도우심으로 가난한 자들이 모여사는 봉천동에 개원을 하였다.

1971년부터 무의도서지방을 순회하며 오늘에 이르기까지 무료진료를 쉬지않고 있다. 이러므로 주민들로부터 "봉천동 슈바이처"라는 별명을 얻기까지 존경을 받고 있다.

1979년에 장로 장립을 받고 1980년에 고려대학교에서 의학박사 학위를 취득하고 동년에 화곡성결교회 대지 일부를 헌납하고 교회건축에도 크게 힘썼다.

1984년과 1989년에 대통령 표창을 받고 1989년에는 서울시민의 최고 영예인 서울시민대상을 받는 등 봉사 활동을 끊이지 아니 하였으며, 1992년부터 재단법인 관악장학회를 설립, 영세민 학생들에게 장학금을 지급하는 등 그리스도인의 생활을 실천해 보이고 있다. 지금도 고려대학교 의과대학 외래교수, 서울신대 강사로 봉사하고 있으며 한국 문인협회 회원이기도 하다.

언제나 미세한 음성으로

내가 처음 교회에 나가게 된 것은 1953년 4월 중순, 어느 수요일이었다. 대학에 입학한 지 겨우 두 달도 채 되지 않은 화창한 봄날 오후에 "우리 좋은 데 가자"라는 전화 약속을 기다렸다가 친구를 따라간 곳이 교회요 내 생애를 변화시킨 은혜의 사건이요, 나를 오늘에 이르게 한 곳이기도 하다.

누구나 그러하듯 대학 1학년 시절엔 자유와 낭만을 구가하려는 분망한 시절을 겪는다. 더구나 전형적인 유교적 폐습에 사로잡혀 자라온 나는, 비록 전쟁의 포성과 그 섬광은 아직도 북녘 하늘에 그치지 않고 있지만, 가정이란 틀에서 해방되고 싶은 갈망이 이루어지는 것 같은 자유를 만끽하고, 가슴을 활짝 펴 보리라 생각했다.

허례허식, 체면 등의 울타리에서 탈피하여 술도 마시고 담배도 피우고 연애도 하여야겠다며, 무엇이 된듯한 부푼 가슴으로 새로 만난 급우들과 휩쓸리어 날마다 서투른 술꾼으로 어설픈 담배 연기를 품어대며 고성준론을 폈다.

이러할 즈음, 봄날 하오에 "좋은 데 가자"라는 말의 뉘앙스는 나의 마음을 끌 수 있는 충분한 매력있는 약속이었다. 이렇게 그 약속을 좇아 출석한 곳이 교회요, 그날의 모임은 청년 학생을 위한 특별집회로 기억된다.

생소한 분위기, 생전 처음 참석해 보는 예배가 어떻게나 어색했던지 좌불안석이었다. 더구나 찬송가를 부를 때 옆에 있는 청년이 같이 보자고 눈 앞에 대어 주면서 "처음 오셨나 보지요?" 할 때의 모멸감은 참기 어려웠고 특히 통성기도는 곤혹스런 지루한 시간이었다.

그러지 않아도 내성적인 나로서는 더욱 어쩔줄 몰라 뛰어나가려는데 강사가 등단하고 설교가 시작되었다. 지금도 기억에 남는 요지는 전쟁 중인 우리 나라 청년 학생이 너무 퇴폐적이요, 타락된 생활을 개탄하면서 각성을 촉구하는 것이었다. 말하자면, 시골집에서는 학생들을 성공시키겠다는 일념으로 학자금을 마련하느라 부모 형제는 손발이 부르트고 먹을 것 못 먹고, 입을 것 못 입고, 가족들이 희생해가며 곡식 팔고, 소를 팔고 때로는 논밭까지 파는 등, 등골이 휘도록 일하는데, 부모 형제는 아랑곳없이 머리에 기름이나 조르르 바르고 와이셔츠 칼라를 세우고 그런 피눈물나는 학자금으로 술에 취하여 다방이나 출입하고 양담배를 태우며 연기로 품어대는 여러분을 볼 때, 한심스럽기 이를 데 없으며 우리 나라의 앞날이 걱정스럽기 한이 없다고 외친다.

대학에 들어온 것을 공부보다 군복무를 연기하기 위한 수단으로만 생각하고 있는 불성실한 여러분에게 어떻게 이 폐허가 된 이 나라를 안심하고 맡길 수 있단 말인가! 아직 포성이 멈추지 않고 화약냄새가 허무러진 시가지 더미에서 사라지지 않고 있지 않느냐. 보라저 그치지 않는 포연 속에 지금도 여러분의 형제 친구들의 얼굴과 이름이 우리의 목숨을 대신하여 사라지고 있지 않느냐! 그들이 지킨 우리 강산을 재건할 역군들은 청년 학생인데 마지막 희망인 너희들마저 이렇게 하면 되겠느냐! 기독 학생 여러분만이라도 정신을 차려 세속에 물들지 말고 학업에 전념하여야 한다고 외칠 때, 아! 꼭 나를 지칭하는 것 같아 수치스럽기 이를 데 없어 붉힌 얼굴을 떨구고

요지부동하였다.

고등학교 시절, 수업료를 기일 내에 납부하지 못했다고 복도에 세워 놓고 많은 학생들이 오가는 앞에서 벌을 받던 때 보다 더 큰 부끄러움을 느꼈다. 더구나 부모님들의 피땀 흘려 보내준 돈으로 술, 담배니 사랑이니 무엇이니 정신을 잃는 청년 학생 여러분! 외칠 땐 비록 술, 담배의 경력은 겨우 2개월이 못되지만 가슴에 와닿는 반성의 기미와 그것이 잘못된 생활임을 느끼게 하였다.

그러나 이런 곳에 나를 참석시킨 친구를 은근히 원망하기도 했지만, 그날 저녁 하숙에 돌아와 잠을 이루지 못했다. 그렇다, 타관 객지에 나와서 내가 무슨 짓을 한들 저렇게 올바르게 타일러 줄 사람이 어디에 있겠는가, 교회라는 곳이 도덕적인 면에서 인격을 닦고 교양을 얻을 수 있는 곳이라는 긍정적인 생각을 하게 되었다. 은근히 교회에 동행하여 줄 친구가 기다려졌고, 이제는 예배일이 기다려지기 시작했다.

교회와 하숙이 상거함에도 열심히 출석했고, 그 해 겨울에 전도사님들이 가르치는 교리문답을 통하여 세례를 받았다. 그때에 나는 나의 죄와 심판을 위하여 십자가에서 죽으신 예수님을 나의 구세주로 영접하는 큰 역사가 있었다. 무척 감동이 임하였고 이 험한 세상에 이제는 나 혼자가 아니요, 이 교회 전 교인이 내 이웃이요 나와 같은 회원이라는 소속감이 확실하여지고 외로움이 없어졌다. 그래서 그런지 하루하루 생활이 그저 즐거워졌다. 혹 급우들과 어느 회식자리에 술과 담배를 권하여도 "나 이제 교회에 나간다"라고 당당히 물리칠 수 있었고, 그로 인해 소외시켜도 하나도 섭섭하지 않았다.

방학은 어쨌든 학생에겐 즐겁다. 더구나 하숙생들은 공연히 서둔다. 나는 대학 입학 후 일 년간에 무척 큰 변화를 얻었다. 그 변화된 모습을 가족들이 어떻게 받아 줄지 자못 궁금한 심사로 버스에 올랐다. 그래 당당히 우리 가족들에게 "난 예수 믿고 세례받았다"라고 말씀드려야겠다고 다짐했지만 막상 가족들 앞에 서니 말문이 막혔다.

다음 날 새벽이다. 혼자서 대청에 무릎을 꿇었다. 새벽기도의 습관에서 보다는 무엇인지 가정을 위하여 할 일이 있을 것만 같았다. 머리를 숙이고 이 설레이는 가슴을 진정시켜 정리를 하는데 "네 가정에 그리스도를…." 미세하나 강력한 음성이 들리자 용기를 내었다.

그 아침에 여동생을 불렀다. 여고생이다. 막상 그녀 앞에 서니 무슨 말부터 시작하여야 할지 몰랐다. 겨우 터져 나온 말이 "나 예수 믿고 세례 받았다" 말할 때, 내 동생은 "나도 다녀야지" 그 자리에서 예산학교 옆에 있는 교회 출석을 결심했다. 다시 형수님을 조용히 부엌에 가서 만났다. 천당이 무엇인지 아느냐고 물었다. 친정 근처에 천주교회당이 있는데, 그곳에 다니면 천당에 간다 하더라며, 그것은 왜 묻느냐고 반문한다. 내일 새벽에 대청에 나오면 알게 될 것이라고 말하면서 가장 친한 이웃도 함께 오라고 일렀다.

새벽이다. 내 친구도 한 명 더하여 6명이 모였다. 가슴이 두근거린다. 이들을 무슨 말로 그리스도를 믿도록 설득하느냐 생각하니 더욱 초조스럽다. 먼저 기도를 드렸다. 그리고 성경을 펴고 "하나님이 세상을 이처럼 사랑하사 독생자를 주셨으니 이는 저를 믿는 자마다 멸망치 않고 영생을 얻게 하려 하심이니라"(요한복음 3:16). 이어 "주 예수를 믿으라 그리하면 너와 네 집이 구원을 얻으리라"(사도행전 16:31)를 외우듯이 읽었다.

그리고 나는 말했다. "내가 믿는 기독교는 쉽게 말하여 영생의 종교입니다. 우리 사람은 창조주 되시는 하나님께서 이 세상을 창조하시고 사람의 조상을 만드사 에덴 동산에 두셨는데 이 아담과 이브가

선악과를 따먹어 하나님의 규율을 어기는 불법을 저질렀습니다. 그 후 우리 인생은 하나님 보시기에 옳지 않은 죄악을 너무 많이 저질러서 하나님께서 진노하셨습니다. 그러나 하나님은 여전히 우리를 사랑하고 불쌍히 여기사 우리 인간들에게 천국에 들어 갈 수 있는 길을 마련해 주셨는데 우리는 그것을 모르고 이 때까지 살아 왔습니다. 그 구원의 길은 곧 예수 그리스도를 믿는 것 이외는 이 세상에 아무 것도 없습니다. 이 예수 그리스도는 하나님의 독생자이신데, 사랑하는 아들 예수를 이 세상에 사람의 형상으로 동정녀 마리아에게 성령으로 잉태케하여 이 세상에 태어나게 하시고, 우리들의 죄를 대신하여 십자가에 못박혀 피흘려 돌아가시고, 장사한 지 사흘만에 죽은 자 가운데서 부활하시어 죽음을 이기셨습니다. 이런 사실을 믿는 사람에게는 구원을 받아 영생을 얻을 수 있습니다. 여러분들이 이런 사실을 믿고 영원한 나라인 천국에 갈 수 있도록 구원 받으시기 바랍니다" 할 때 모두 받아들이는 것이 아닌가.

"지금 내가 말한 것을 믿고 받아 들이는 여러분의 마음도 또 내가 여러분에게 이런 사실을 말씀드리는 모든 행사가 모두 다 이 성령이 도우시고 인도하심에 의한 것입니다. 이미 여러분은 예수 그리스도를 믿으신다고 결심하고 약속했으니 분명히 천국에 들어갈 수 있는 구원을 얻은 것을 믿으시기 바랍니다. 믿음을 가진 자들은 그 믿음의 표현으로 회개가 있어야 합니다. 이 회개는 죄없는 깨끗한 천국 백성이 되었다는 증거가 되기도 합니다. 그것은 우리가 세상에 살면서 도덕적이거나 윤리적이거나 또는 종교적이든 간에 하나님의 말씀(성경)에 비추어 보아 잘못된 것을 하나님 앞에 고백하고 예수 그리스도의 이름으로 용서를 받는 것입니다. 오늘 여러분들의 마음 속 양심에 거리끼는 것이 있습니까? 가깝게 부모 형제에게나 이웃 간에 또 친구 간에 잘못됐다고 생각나는 것이 있다면 한 가지라도 좋으니 우리 지금 다 같이 하나님께 고백하고 예수님께 용서를 빕시다." 말할 때 눈물을 흘리면서 손뼉을 치면서 뉘우치고 깨닫는 역사가 일어났으니 이 성령의 감화 감동의 역사가 이 새벽에 나타났다.

아니 이 새벽의 역사는 나에게 놀라움을 주었다. 나는 세례를 받았다. 하지만 이렇게 신앙을 고백할 만큼 믿음이 있다고 생각도 해본 적도 없다. 그리고 나의 구원에 대한 정확한 인식도 있었는지도 모르고 그저 지내온 나를, 주님은 자기 나라 확장의 사역 현장에 미확인된 믿음을 고백으로 공포 확인케 하시면서 사용하시어 나를 재발견케 하심에 감복할 따름이었다. 이제서야 성도가 된 것 같은 구원의 확신과 기쁨과 영생이 마음에 기쁨으로 드리워지며, 이 순간의 감동을 무엇으로 말할 수 있으랴. 날마다 불어나는 성도들에게 "사도신경", "주기도문", "십계명"을 외우게 하였고 설명도 했다. 모두 아멘으로 받아들였고, 찬송을 가르칠 때 이로 인하여 우리 가정은 물론 황무지 같았던 우리 마을에 구원의 역사가 일어나 오늘의 인지성결교회가 개척되는 시발이 되었다.

교회 출석한 지도 2년이 넘었다. 이제는 교회 생활에 얼마간 익숙하여졌고, 제법 자신의 신앙에 자부심을 가지고 안이한 믿음의 자만에 빠져 있었다. 더구나 어떤 분의 권유도 있고 하여 학교를 마친 후 신학을 계속하여야 하겠다는 뜻을 가지고 있었던 무렵이다. 학기말 고사를 치르기 위하여 밤, 낮을 가릴 것 없이 분주하던 어느 날 새벽도 습관처럼 엎드렸다. 하숙집 방은 윗풍이 너무 심하고 썰렁하여 이불을 머리까지 둘러쓰고 눈을 감았는데 난데없이 "꼬꼬댁" 한밤중에 위기를 당한 긴박한 닭의 울음소리가 들리는 듯하다. 당황한 나는 그 뜻밖의 기도 방해자를 추적해 보았다. 그동안 그렇게 많은 잘못을 아뢰었는 데도 무엇이 남아 있단 말인가. 회개치 못한 죄가 저변에 잔존하고 있다가 발로되는 병적증상을 괴로워했다.

이 닭울음 소리는, 중학교 3학년 때 겨울 방학에 어머니께서 부르시더니, 여름에 작은댁에 가셨다가 낚시길에 낙상하시어 허리로 인하여 미령하시고 누워계신 할아버지의 병후 문안도 드리고 옆에 있으면서 잔심부름도 해 드리고 말동무도 해 드리라며 묵직한 짐을 메어 주신다. 해가 짧으니 일찍 떠나라 하신다. 50리가 넘는 좁은 길, 산길, 징검다리를 몰아치는 눈발을 헤치며, 작은 댁엔 해질 무렵에야 도착했다.

이미 땅거미가 내리고 흰눈으로 덮인 한적한 산골 마을의 겨울 밤이 짙어가고 사랑방에서는 타동네 낯선 친구를 만나러 온 동네 또래들이 왁자지껄하다. 찐고구마와 동치미로 초저녁 요기를 끝내고 "얘들아 친구도 왔으니 우리 한바탕 하러가자!" 나보다 두어 살 더 먹어 보이는 한쪽 다리를 약간 절름거리는 녀석이 앞장 서 나선다. 우르르 네댓 명이 뒤를 따라 좇는다. 미끄러지는 눈길을 따라 걷기 한참 만에 어느 산자락 끝에 한적히 놓여 있는 토담집에 이르렀다. 넓은 마당은 엉성한 겨울나무 몇 그루가 밤을 지키듯 서 있고, 그 나무에 걸쳐 놓은 닭집이 흰눈에 을비쳐 무겁게 보인다. 녀석들은 불문곡직 덤벼들더니 이 닭집을 통채로 메고 잔솔밭으로 들어간다. 어느새 다리를 저는 대장 녀석이 나를 손짓으로 부르더니 섬뜻하고 묵직한 물체를 내 손에 들려 주면서 오던 길을 따라 빨리 가면은 자기가 뒤쫓아 따라 가겠노라 한다. 힘을 다하여 달렸다. 50여 리나 걸어온 아픈 다리를 다그치며 "걸음아 나 살려라" 얼마 만큼 왔을 때 멀리서 "꼬꼬댁" 겨울 밤 어둠을 깨듯 긴박한 닭의 울음소리가 들렸다.

겁이 덜컥났다. 그저 이를 악물고 있는 힘을 다하여 땀에 젖은 얼굴로 사랑방에 다다랐을 때 다른 녀석들은 벌써 돌아와 있었고 아직도 지친 숨을 몰아 쉬면서 "어찌된 일이지, 닭 울음 소리가?" 물었더니 그것 아무 것도 아니라고 한다. 닭서리를 해오면 으레 마을 머슴아이들이 사랑방에서 긴 밤을 놀다가 출출하여 댁의집 닭을 가져다 먹습니다라고 인사와 신고를 하는 것이란다. 만일 닭소리를 풍기지 않고 그대로 오면 그것은 도적이라고 하지 않는가. 네 마리씩이나 가져왔으면서….

이래서 가져다 먹은 네 마리 닭, 그것이 아직도 해결되지 않고 있기 때문에 기도 중에 닭 울음소리로 나를 깨우쳐 주시는 주님께 감사하면서 방학을 기다렸다. 아직도 남아있는 잘못된 과거가 철저하게 청산되지 않고 있는 것이다. 그동안 외쳐댔던 용서의 기도가 무엇이었단 말인가. 내려가 아버지께 큰절을 올렸다. "방학 동안 보건소 일을 시켜주셨으면 감사하겠습니다." 그 이유를 말씀드리고 닭 네 마리 값만 주십사 할 때, "착하게 사는 것은 좋은 일이지, 언제는 책값을 더 받아 갔었으니 대신 일을 해주겠다 하더니 참 예수 믿는 것 못 말리겠다"하시며 빌려 주셨다.

그 길로 5년 전의 밤 기억을 더듬어 산골 토담집을 가까스로 찾았다. 따스한 햇빛에 추녀끝 고드름이 녹아 흘러서 마당이 질퍽하다. 눈이 온 어스름 밤의 기억 속의 집은 옛날 그대로 싸리문 울타리에 닭집도 그 옛 그 자리 나무에 얹혀져 있었다.

주인을 찾았더니 노부부가 누구시냐며 토방에 나와서 뜻밖의 방문객인 낯선 청년을 의아하게 맞는다. 나는 질퍽한 토방 아래에 무릎을 꿇고 큰절을 올렸다. 그리고 자초지종을 말씀드리며 용서를 빌었다. 이 노부부는 깜짝 놀라 버선발로 뛰어나와 나를 부추겨 일으키면서 "당신이 누구인데 우리를 이렇게 당황하게 하느냐!"하는 노부부께 "전에는 몰랐더니 예수를 믿고나니 지난 날에 아무 거리낌없이 저지른 짓들이 이렇게 천당가는 길에 방해가 될 줄은 몰랐었습니다. 그래서 사죄를 드립니다" 하며 용서를 빌었을 때, 이 노부부는 그런 일은 전혀 없었다면서 어느새 그 당시로는 너무 귀한 쌀밥을 지어 점심까지 대접하는 선한 노부부에게 더욱 몸둘 바를 몰라했다. 감사하기는 지진아 같은 나를 이렇게 해서 구원의 곁으로 더 가까이 다가오게 하심이다.

신학을 계속하여야겠다는 마음이 굳어가면서 나에게는 교만이 싹트기 시작했다. 그래서 기왕이면 설교를 잘하는, 존경을 받는, 또 심방을 잘하는, 글을 잘 쓰는 교역자가 되기를 작정하면서도 마음 속 한 구석에는 내 또래 중 그 누구보다 더 존경을 받는 사람이 되어 그들 앞에 가슴을 펴 보이겠다는 욕망같은 것도 잠재하고 있었다.

이 욕망은 교회 생활에 익숙해질수록 더욱 깊어져 갔고 그것만이 나의 생애 최고의 소망이 되고 말았다. 또 나같은 사람이 교역자가 되지 않으면 어떤 사람이 되느냐고 자문자답하면서 으시대는 자세로 "그렇다, 세례받은 후 고향에 교회를 개척했고 철저한 회개가 이루어진 신도가 아니냐" 그리고 최고학부 출신이니 나야말로 목회자로서 최고의 자격을 구비한 적격자로 자부 교만하였다.

1957년 봄 대학을 졸업하고 드디어 부푼 가슴을 안고 그렇게 열망했던 아현동에 있는 서울신학대학의 문을 두드렸고 3학년 편입을 위한 시험과 면접을 마치고 기숙사에 입사를 위한 신체검사를 세브란스 병원에서 치렀다. 그것도 단순한 흉부 촬영이었다. 이 또한 자신하기는 고등학교 졸업할 때 징병검사시 갑종합격이었으니 문제 될 것이 없었다. 이제는 바라던 그대로 신학의 꿈이 성취되는 환희만이 기다리고 있을 뿐이었다.

교무과에 들어섰다. 낯이 익은 교무과장이 바삐 움직인다. 나는 언제 기숙사에 들어가느냐고 물었다. 아무 말 없이 이것 저것을 챙기고 난 후, 책상 서랍에서 흉부 엑스선 필름을 꺼내들고 나에게 설명하기를 이쪽이 좌측인데 이 위에 동전만한 크기의 하얀 부분이 결핵이라 했다. 그래서 남에게 전염이 되므로 기숙사에 입사할 수 없다고 말한다. 자신을 위하여서도 좋은 일이니 완전 치료 후 다시오면 기필코 입학을 허락하겠다면서 동정과 위로를 주었다.

순간 나는 아찔한 현기증을 느꼈다. 주저 앉을 것만 같았다. 가까스로 진정하여 교무실을 나왔다. 언덕길을 내려오는 계단 한 걸음 한 걸음이 마치 천길 만길 낭떠러지로 추락하는 것 같았다. 절망의 수렁으로….

그 후 나는 삼각산 기도원 언덕에 엎드려 울고 있었다. 믿고 구하는 것은 다 얻을 수 있다 했으면서 전 생애를 걸고 얻고자 한 신학의 꿈이 사라진 것이다. 내 잘못은 하나도 없고 하나님이 신학을 좌절시켰으니 그것은 배신당한 것이며, 그러므로 책임도 보상도 반드시 있어야 한다는 원망과 한과 푸념을 기도로 착각한 채 엎드려 울고 있는 것이다.

어느덧 5·16의 변혁기를 맞는다. 새로운 기강이 서고 사회질서가 바로 세워져 가는 듯 했다. 특히 군미필자(기피자)들에 대한 조처는 대단히 엄격했다. 직장을 새로 얻기는 고사하고 현직장에서도 모두 쫓겨나야 했다. 그 당시의 사회 생활의 첫째 요건이 바로 제대증이었다.

이들 군미필자를 위한 특별한 조치가 내려졌다. 국토건설단이 창설되고 이에 입단하여 1년만 근무하면 제대증을 받을 수 있는 특전의 기회가 주어진다는 것이다. 이에 너도 나도 호응 합류하였다. 나의 병은 아직도 치유되지 않고 이를 핑계로 가지 않을 수도 있었지만, 1962년 4월 12일 청량리역에서 열차에 실리어 한밤에 또 어느 곳에서 덜커덩 거리는 군트럭에 꼬불꼬불 밤새 넘어 온 곳이 해발 800m도 넘는 태백산 중턱, 정선읍을 30여 리 지척에 둔 유천면이라는 작은 마을이 내려다 보이는 산골이었다. 4월 중순이라고는 하지만 아직도 아침 서리발이 하얗게 내리고 황토는 얼어있어 발자국마다 어석거리는 그 위에 막사를 치는 것으로부터 건설단의 노력 동원의 생활은 시작되었다.

그런 중에서도 아직 기도의 형식은 남아 있었는지 막사 생활의 첫 새벽을 비탈진 산에 비스듬이 놓여 있는 넓은 바위 위에 꿇어 엎드려 하나님께 원망섞인 푸념을 되풀이 하는 기도. 이제는 태백산까지 끌고 와서 그것도 감당할 수 없을 중노동판에 붙여 놓으심은 또 어찌할 셈이십니까? 졸라대기만 했지 자신을 성찰할 줄 모르는 한심한 나를 깨닫지 못한다.

태백산의 새벽은 너무 까맣다. 산골짜기마다에서 품어 나오는 듯한 새벽은 바람이 뿌리는 바위를 에워싸듯 짙어온다. 별은 시골 교회 종탑에 걸려있는 백 촉짜리 전구보다 더 밝은 빛을 내면서 이쪽 산봉우리에 걸쳐 있어 새벽의 어둔 색깔이 더 짙게 여거지는지도 모르는 새벽. 이름 모를 새가 가까운 듯 멀리서 이 새벽을 토해 내듯 적막을 울어대고, 여명은 어둠을 거두어 들이듯 천천히 밝아오는데 바위 위에 머리를 깊게 무릎에 묻은 채 하나님을 불러 본다.

추석도 지난지 오래다. 아침 저녁으로 고산 지대의 특유한 쌀쌀한 기운이 몸을 더 움츠리게 하고 쫓기는 사람처럼 초조한 심사가 더 큰 목소리로 하나님을 불러 보았지만 적막강산일 뿐 요동하는 마음 속에 주님의 음성은 전혀 없다.

"아버지 하나님 새벽 바위에 엎드린지도 5개월이 넘었습니다. 이제는 아침 햇살이 바위에 늦게 비치고, 산그늘은 바위에 일찍 내립니다. 정말로 나를 이곳에 내던져 버려두시렵니까!" 간절함이 어느 날 보다 더욱 애절하다. "주여 불쌍히 여기소서" 기도 드릴 때, 나는 점점 조약돌 보다 더 작아지더니 사라지고 솟아나는 뜨거운 기운이 벅차 오르며, 가슴은 떨리고 미어져 터질 것만 같다. 중학교 시험을 치르고 합격자 발표장에서 자기 이름을 찾아 명단을 더듬던 그런 초조함 보다 더한 심정으로 긴장되는데, 어디서 울려오는 미세한 음성 "내가 목마르다…." 마음을 가다듬을 사이도 없이 다시 들리는 "내가 목마르다…." 메아리 같지만 그것은 가슴을 가르고, 시원함이 쾌청한 하늘 같고, 우뢰 같으나 그 소리는 고요와 화평이 가슴에 가라앉는 기쁨으로 내린다. 나는 어느새 일어서 있고 "내가 목마르다" 하심이 강렬한 바람같이, 이미 잃어버린 묵은 체증으로 허공에 솟아오른 나는 생전 느껴보지 못한 안심이 가슴에 환한 빛으로 내리어 온몸에 충만했다.

그제서야 그 부정했던 내 입술로 주님께 불경했음을 알게 되고, 주님의 뜻을 헤아리지 못한 기도 때문에 그렇게 나를 안타까워 하셨던 주님. 너무나 인본적인 정욕과 이기적 안목만을 충족시키기 위한 욕망이었지 진정 구령적 참된 사랑이 결여 되었을 뿐만 아니라, 사명적 진실이 없었던 나를 밝혀 주신다. 자신의 교만과 우월감이 우상이 되어 오만불손 했던 나를 성찰케 하시려고 성령은 나의 지나온 죄된 과정을 그대로 밟아오게 하시면서 깨닫기를 바랐으나, 그런 지혜까지도 없으므로 태백산의 바위에 이끌려 오르게 하셨다. 주님 보시기에 얼마만큼 안타까웠으면 가장 괴로웠던 십자가상의 음성을 들려 주시며 깨우치게 하심은 이보다 더 빌어도 빌어도 빌길 없을 불충이 어디 있단 말인가!

손을 펴고 바위에 뛰노는 나에게 향하신 주님의 뜻을 이루시려는 성령의 임하심과 역사하심이 확신되는 이 새벽 태백산에 내리신 은총이여! 내 영혼이 곤란 중에 있음을 감찰하사 내 몸과 마음이 근심으로 쇠약하여 탄식으로 절망에 빠져 있음을 안타까이 보시다 못해 태백산 바위에 내리신 기적! 이는 나를 살리시려고 십자가에 목말라 돌아가신 용서와 사랑의 계획하신 바 주님의 뜻이 여기에 함께 계심이로다.

그렇다, 나에게는 사랑이 없다. 맡겨진 양을 이리의 습격으로부터 목숨을 다 해 보호하여 줄 수 있는 구령적 의지나 사명이 투철치 못한 것이다. 이미 상한 양의 팔, 다리, 눈, 귀의 대역을 이행할 수 있는 봉사 정신 또한 없는 사실을 알게 되었다. 이러한 기본적 자질이 전혀 없으면서, 또 그들을 먹일 수 있는 풍부한 지식도 지혜도 다스릴 능력도 없는 것을 깨닫지 못하고 졸라만대던 나를 성찰케 하신 은총에 오직 감복할 뿐이다.

당신의 마음에 합당한 철저한 회개가 이루어졌을 때, 자기의 장중에 붙드사 그를 당신의 계획 속에서 의도대로 주장하시는 구체적인 사역에 동참케 하심을 체험으로 확신케 한다. 상상도 못할 의학을 공부케 하사 가난한 사람들이 많은 봉천동에 의원을 개설케 성령이 인도하시어서, 나보다 작은 이웃들과 더불어 살아가게 하시되 치료비를 안 받는 것이 아니라, 내고 싶어도 없어서 못내는 그들과 상종케 하사 "예수 믿으세요", "교회 나가세요"라는 그의 이름을 높이는 한마디 말로 진료비를 대신하게 하신 주님.

나를 부르신 뜻을 이루시기 위함이 다른 곳에 있었음을 헤아리지 못했던 지난 날보다, 오늘에 나에게 원하시고 또 바라시는 뜻이 무엇인지 헤아릴 수 있는 지혜를 구하여 다시는 주님을 목마르게 하지 말아야 할 것을….

모태로부터 택해주신 하나님

이 영 덕

이영덕 박사는 1926년 평안남도에서 출생하여 정확실 박사 사이에 1남 2녀를 두었다.
서울대학교 사범대학을 졸업한 후 미국 오하이오 주립대학에서 교육학을 전공하여 철학박사 학위를 받았다. 한국 교육계의 원로로서 서울대학교 사범대학 교수, 초대 교육개발원장, 명지대학교 총장, 한국 교육단체 총연합회 회장, 정신문화연구원 원장을 역임하였다.
현재 청소년 대화의 광장 이사장, 명지대학교 명예 총장 및 한동대학교 이사장으로 섬기고 있다.
사모님 되시는 정확실 박사는 이화여자대학교 사범대학 교수직을 성공적으로 끝마치고 1995년에 정년퇴임하였다.

모태로부터 택해주신 하나님

저는 어머니 태내에서부터 교회다니기 시작해서 의식이 있는 동안 교회 안 다니면 안되는 것으로 알고 자랐습니다. 예수 믿으면 살고 안 믿으면 죽는다고 배워왔습니다. 교회를 자동적으로 나가야하는 신앙의 단계에서 어린 시절을 보냈습니다.

초등학교 때 교회에서 우리 집까지 10리길이 되는데 길이 두 갈래로 나 있었습니다. 갈림길이 시작되는 곳에 엿장수 할아버지가 있었습니다. 날씨가 추워서 할아버지가 엿판을 밖에 놓고 문 안에 들어가서 유리창을 통해 밖을 내다보며 파는 가게였습니다. 2학년 어느 겨울 날 교회에 갔다 오는 길에 그 길 앞에서 요란한 소리가 나고 있었습니다. 보니까 아이들이 앞을 다투어 엿을 주머니에 집어넣고 있었습니다.

"야, 그러면 안돼"

"안되긴 왜 안돼? 너도 먹어라!"

저는 그 유혹을 이길 수 없었습니다. 어떤 애가 주는 엿을 주머니에 받아 넣었습니다. 그런데 할아버지가 뛰어나와 "이놈들!"하고 소리를 지르는 것이었습니다. 줄행랑을 쳐서 도망을 갔습니다. 잡히지 않아서 좋았지만 그 다음이 문제였습니다. 할아버지가 10명 가까이 되는 아이들 중에 나만을 기억하는 것이었습니다. 저희 집안이 좀 넉넉해서 그런지 동네 사람들이 저희 집을 잘 알았습니다. 어머니가 예배를 끝나고 오는 길에 할아버지가 어머니에게 저의 소행을 이른 것이었습니다. 어머니가 돌아오시더니 "들어오너라!"고 부르셨습니다. 그 음성이 대단히 엄숙하게 들렸습니다. 들어갔더니 "너, 오늘 교회 갔다 오다가 무슨 일 했니?"라고 물으셨습니다. 저는 그 정도면 마음이 약해서 고백을 안하고는 못견딥니다. 저는 "애들이 엿을 훔쳐 먹는데 나에게 주어서 받아가지고 왔지요."라고 답했습니다.

"도적질한 것 받아온 것도 도적질 한 것 아니냐?"

"예, 도적질 한 것이지요."

저는 어머니가 그렇게 섭섭한 얼굴을 하는 것을 처음 보았습니다. 어머니가 저녁에 교회에 가자고 했습니다. 저는 왜 가자고 하시는지 알았기 때문에 순순히 따라갔습니다. 그날 저녁에 가서 회개 기도를 했습니다. 그것은 저의 첫번째 회개 기도였습니다. 다시는 남의 것을 탐내는 일을 하지 않았습니다.

그러다가 중학교, 고등학교를 졸업하고 대학에 들어가게 되었습니다. 해방 전에 입학한 대학이 일본에 있었는데 폭격이 심해서 일본에 가지 못하고 교사 일을 하게 되었습니다. 김일성 대학에 들어갈 수는 없어서 3·8선이 열리기만 기다리고 있었습니다. 47년초 이남의 방송을 듣던 중 서울대학교에서 보결생을 뽑는다는 방송을 들었습니다. 저는 이제가 갈 때라는 결단을 내리게 되었습니다. 저는 누님들의 도움을 받아서 서울로 떠나게 되었습니다. 그 당시 북한에서 여행하려면 증명서가 있어야 하는데 저는 여행 증명서도 없고 출장 증명서도 없이 평양역으로 갔습니다. 누님 셋이 저를 배웅하며 기도를 했습니다. 3·8선을 넘어 서울까지 가는 위험한 길을 주께서 지켜달라는 기도였습니다.

매표구 앞에는 사람들이 장사진을 이루고 있었습니다. 매표구에서 10m 정도 떨어진 곳에 갔을 때 김일성 대학 학생이 "야, 어데가니?"라고 물어왔습니다. 같이 중학교를 다닌 친구였습니다. "해주 가지!" "뭐하러 가니?" "야, 가면 가지, 왜 꼬치꼬치 묻냐?" "너 이남에 가지?" 김일성 대학모를 쓴 공산당 청년에게 서울 간다고 말할 수 있습니까? 그러나 그는 "네 얼굴에 다 써 있다."라고 말했습니다. "알면 왜 물어보니?"라고 대답한 나의 말에 그는 "너 재수가 좋다. 혼자서 못 가는 것 알지! 내가 해주 가는 길인데 나랑 가면 증명서가 필요 없어"라고 했습니다.

차를 타자마자 보안서원이 와서 증명서를 내놓으라고 했습니다. 내 친구가 "이 동무 우리 집에 같이 가요"라고 말했습니다. 민청 간부 배지를 달은 김일성 대학 학생이 그렇게 말하니 보안서원은 아무 말도 하지 않고 경례를 하고 지나가는 것이었습니다. 7번이나 검사를 할 때마다 통과되었습니다. 저는 누님들의 기도가 이루어지는 것을 깨달았습니다. 하나님께서 완전히 저를 지키시는 것을 체험했습니다. 하나님은 당신이 지으신 세계에서 자유 자재로 일하시는 것입니다.

해주에서 친구 집에 가서 대접을 잘 받고 그 곳에 있는 교회를 찾아가서 길 안내를 받으려 했습니다. 교회에 찾아가니 어떤 아주머니가 나오길래 이남 가는 길을 물었습니다. 그 아주머니의 대답은 "우리 교회에는 이남 가는 길을 아는 사람이 없다"고 말하는 것이었습니다.

"저는 교회를 찾아오면 해결될 줄 믿고 왔습니다."

"교회 다니우?"

"교회 안 다니면 왜 여기를 오겠습니까?"

"어느 교회 다니우?" 제가 다니는 평안남도 강서군에 있는 교회의 이름을 댔더니 아주머니가 깜짝 놀라며 그 교회에 장로님이 몇 분

있냐고 물으셨습니다.

"두 분 계신데 한 분은 김 장로님이고 또 한 분은 한 장로님입니다"라고 말했습니다. 그 아주머니는 아무 말도 않고 제 손을 잡고 막 집 안으로 들어가는 것이었습니다. 알고 보니 그 분은 제가 다니던 교회의 한 장로님의 자부이시며 내가 찾아간 해주감리교회의 목사 사모님이었습니다. 남편 되시는 한목사님이 이남에 내려가신 상태였고 그날 두 아이들과 이남으로 떠나려고 짐을 꾸려 놓은 상태였습니다. 그런데 짐이 무거워서 걱정을 하고 있던 중이었습니다. 넘어갈 때까지 누구에게 도움을 받을가를 걱정하고 있었는데 제가 나타난 것입니다. 그날 저는 짐을 두 개 짊어지고 아이까지 안고 3·8선을 넘었습니다.

그렇게 남하하여 공부를 하던 중 대학 3학년 때 전쟁이 일어났습니다. 저는 이북에서 오고 기독학생 회장이었으므로 대학 내의 공산당원들에게는 확실한 반동분자였습니다. 인민군이 서울 강북에 진주한 상태에서 피난을 가는 길에 영등포에서 군수공장을 하는 아는 사람 집에 찾아가 하룻밤을 지냈습니다. 아직 인민군이 그곳까지는 넘어오지 않았을 때인데 노동자들이 강북의 소식을 물었습니다. 그래서 우리는 자랑삼아 인민군의 강북의 상태에 대해 이야기하고 대접도 받았습니다. 그날 밤 총성이 밤새 울렸습니다. 밤새 인민군이 강을 건너온 것입니다. 아침에 누가 문을 두드려서 열어주니 어제 만났던 노동자들이 인민군을 앞세우고 왔습니다. 우리는 잡혀가서 인민재판을 받고 사형선고를 받게 되었습니다. 대동청년당 간부들과 우리가 함께 사형선고를 받았습니다. 저는 힘들 때마다 나에게 함께 하시는 주님이 내게 어떻게 하시는지 기대하며 기도를 했습니다. 한 반시간 후 옆에 있던 후배가 "형, 왜 그래?"하고 물어보는 것이었습니다. 사형선고를 받은 이후 줄곧 흑색이었던 제 얼굴이 환하게 빛

나는 색이 되었다는 것입니다. 기도의 결과 하나님께서 세상이 주지 못하는 평안을 저에게 주신 것입니다. 그래서 이제는 죽기 전에 그들에게 무슨 말을 해야할지를 생각할 여유까지 생겼습니다.

마침 그때 마포 형무소에 잡혀있던 영등포 지역 담당 공산당 간부 한 사람이 풀려나서 그곳까지 온 것이었습니다. 그는 "이 전쟁이 동포 청년들 죽이자는 전쟁인 줄 아오?"라고 소리치며 당장 풀어 주라고 했습니다. 그래서 살아난 것입니다. 그 후 9 28 수복과 함께 저는 군에 입대하여 일선 근무를 1년반 하는 동안 두 번이나 중공군에게 포위되어 죽을 뻔 했으나 기도로 살아나곤 했습니다.

저는 언제 구원을 얻었는지 모릅니다. 그러나 분명한 것은 어렸을 때부터 기도의 응답을 경험하며 자라고 살아왔다는 것입니다. 그리고 또 분명한 것은 나도 어느 날 자신이 죄인이라는 사실을 깨닫고 예수님을 나의 삶의 주인으로 받아들였다는 것입니다. 제가 건강이 갑자기 악화되어 절망 상태에 빠졌을 때 저의 아내의 권고로 신앙으로 문제 해결하는 길을 택했던 것입니다. 지금 돌이켜 보면 제가 구원받은 때가 엿장사의 엿을 훔쳐 먹고 어린아이로서 회개했을 때였는지 아니면 가정이 기독교 집안이므로 많은 말씀을 듣는 중에 언젠가 나도 모르게 믿게 되었는지 확실한 때를 말할 수는 없습니다. 제가 나중에 주님을 영접한 것은 제 안에 계신 주님을 확인하는 절차였을지도 모릅니다. 제가 설명할 수 있는 단 한 가지는 주님은 나를 모태에서부터 아셨고 구원의 확신을 가질 때까지도 눈동자처럼 지키시고 그 후에 더욱 더 적극적으로 간섭하셨다는 점입니다.

84년도에 우리 나라에 수해가 났을 때 북한에서 구호 물자를 주겠다고 해서 남북 대화를 하게 되었고, 제가 우리측 수석대표가 되었습니다. 그들의 속셈을 알고 있으므로 회담을 한다는 사실이 대단히 두려웠습니다. 그 두려움을 극복하기 위해 많은 기도를 했습니다. 회담하는 날 아침에 일어나 보니 몸이 가뿐하고 마음이 대단히 평안했습니다. 주님이 역사하시는 징조가 보이는 것 같았습니다. 또 아내가 성경 말씀을 가득 적어 주었습니다. "두려워 말라. 내가 너와 함께 함이니라. 놀라지 말라. 나는 네 하나님이 됨이니라"(이사야 41:10)는 등의 격려의 말씀이었습니다. 북한측은 구호 물자를 줄 의향이 없이 회담을 열자고 한 것이며 우리 남한측은 그들의 속셈을 알지만 받자는 상황이었으니 매우 어려운 회담이었습니다. 북한측은 6시간 동안 땀을 닦아내며 떨리는 손으로 담배를 피며 긴장 속에서 회담을 했지만 저는 그 8월의 더위 속에서 물수건도 쓰지도 않고 몇십 분만에 그 회담을 끝낸 느낌이었습니다. 때로는 제가 대답하기 힘든 대목도 있었습니다. 그때마다 저는 "너는 가만히 있어 내가 싸우는 것을 보라 하셨으니 하나님 답변을 하십시요"라고 기도하며 여유를 가질 수 있었습니다. 하나님께 붙어 있는 상태가 무엇인지 알 수 있었습니다. 제가 30년 전에 읽은 소설 내용이 생각나서 인용할 정도로 머리가 맑았습니다. 세상의 잡념에서 완전히 떠난 상태에서 하나님의 도움만으로 회의를 진행시킬 때 우리의 두뇌 작용은 인간의 통상적 상태를 넘어선다는 것을 체험했습니다. 그러한 경험을 통해서 저는 하나님께서 남북 문제에 대해 직접 관여하신다는 것을 느꼈습니다.

남북 통일의 문제에 대해 한 말씀 드린다면 남북 분단의 원인이 냉전 체제에 있었는데, 그것이 해소된 이상 통일이 되어야 합니다. 독일에서는 통일이 되었지만 한반도는 아직 분단 상태가 지속되고 있습니다. 그 주된 원인은 남한에서 연일 이어지는 과격 데모를 보고 부패된 남한 체제는 깨어지고 공산 정권이 들어설 수 있을 것이며 그때 합작 통일을 할 수 있으리라고 보는 북한 지도부의 계산 착오에 있다고 생각합니다. 남한에서 그렇게도 오랫동안 많은 데모가 계속되는 것은 민주주의를 한다는 남한의 삶이 온갖 부정과 부패로 피해를 입은 많은 사람들의 불만이 해소되지 않고 있기 때문입니다. 만일 남한에서도 서독에서처럼 제대로 민주주의를 하고 사회정의를 실현시키는 데 성공했다면, 그리고 현재 부를 누리고 있는 모습을 북한에 보여 줄 수 있었다면 사정은 달라졌으리라고 믿습니다. 이렇게 통일이 지연되는 것은 하나님께서 우리에게 회개의 기회를 주어 우리 사회가 거듭나기를 기다리고 계시기 때문이라고 믿습니다. 우리가 먼저 회개하여야 할 때입니다. 거듭나고 하나님의 법대로 살아가는 하나님의 백성이 될 때 하나님께서는 통일을 허락하실 줄 믿습니다.

제가 교육을 공부했고, 32년간의 서울대학 교수 생활과 그 이전의 교사 생활이나, 연구 생활을 다하면 40년간 교육에 종사했습니다만, 세속적인 교육으로는 인격의 변화를 가져오기는 거의 불가능하다는 것을 절실하게 깨달았습니다. 그래서 정년 퇴직 때 저는 세상 학문과 교육으로는 인격을 변화시킬 수 없음을 선포하고 다른 성격의 교육을 시도하겠다는 각오를 밝혔습니다. 예수 그리스도를 알고 믿게 됨으로 갖게 되는 인격변화를 위한 교육을 연구해야 하겠다고 했습니다. 우리 집사람을 포함하여 많은 사람을 눈여겨 본 결과 예수님을 하나님의 아들로 받아들이고 자기가 죄인임을 인식하고 회개하고 말씀에 붙잡힌 바 된 생활을 하는 사람들은 여러 날 걸리지 않고 한 번에 돌연히 변하는 것을 보았습니다. 우리 집사람은 삼대째 그리스도인이지만 외딸로 고생을 하며 자라서 그런지 인간 관계가 자유롭지 못했었습니다.

그런데 23년 전 어느 날 율법대로 거의 완벽하게 살아간다고 자처하던 아내가 어떤 분에게 "당신은 진정 그리스도인인가?"라는 도전을 받고 와서 성경을 읽기 시작했습니다. 겨울 방학 동안 신약을

20번 정도 읽더니 어느 날 너무 기뻐하는 것이었습니다. 스스로를 죄 없다고 생각하던 그가 자신이 죄인임을 발견하고, 예수 그리스도의 십자가의 대속이 그의 죄를 용서해주셨음을 깨닫고 말할 수 없는 해방감과 평안함과 감사에 어쩔 줄을 몰라 하는 것이었습니다. 아내의 기쁨은 구원의 확신을 얻은 기쁨이었습니다. 예수님이 자기의 죄를 인내해 주셨다는 것을 알고 관대해져가는 모습을 보이기 시작했습니다. 저는 이 변화가 얼마나 갈지 모르겠다는 생각을 했습니다. 그러나 23년 동안 살며 보니 그 변화가 지속되며 점점 더 깊어져가는 것을 보았습니다. 그런 사람이 한두 사람이 아닙니다. 예수 그리스도를 나의 구주로 받아 들이고 성령안에서 주시는 정결케 하는 주의 능력을 받지 않고는 죄를 극복할 수 없음을 알았습니다 신앙에서는 우리 집사람이 나의 선배가 되었습니다.

이렇듯 세상 교육과는 다른 기독교 신앙 교육만으로 인격의 참된 변화가 있을 수 있다는 생각에서 32년간의 교수 생활을 마치고 서울대학을 은퇴한 후 저는 기독교 교육을 통한 인격 변화를 연구하고자 연구원을 만들었습니다. 마침 아세아연합신학대학원 학장님의 제안으로 교육 연구원을 그 대학 내에 설립하였습니다. 그런데 하나님께서 제가 연구만 하고 앉아 있을 사람이 아니라고 판단하셨는지 명지대에서 제게 총장직을 맡아달라고 의뢰해 왔습니다. 제가 벌여 놓은 일이 많아서 극구 사양했지만 학교가 기독교 학교이므로 신앙이 깊은 분을 총장으로 모시기 원한다는 말에 그만 수락하고 말았습니다. 그러다가 2년 후에 공직자 윤리위원회 위원장을 강권에 의해 맡게 되었습니다. 다시 몇 달 후에 역시 강권에 의해 대학 총장직을 사임하고 정부에 들어가게 되었습니다. 처음 4개월은 부총리겸 통일원 장관을, 그리고 8개월은 국무총리로 일하게 되었습니다. 제가 원해서 맡은 직책이 아니므로 모든 것을 하나님의 부르심으로 믿고 순종하는 마음으로 열심히 기도하며 직책 수행을 해왔습니다. 10년 전 적십자 회담 수석 대표 때에도 국민적 회개의 필요를 강하게 느꼈던 것과 마찬가지로 1년간의 정부 생활에서 깨달은 것은 우리 민족을 사랑하시는 하나님께서 이 민족이 회개하고 새롭게 하나님의 의로운 백성으로 태어나기를 안타깝게 기다리고 계시다는 그의 메시지를 강하게 받았습니다. 그리고 그것을 국민들에게 알리는 데 힘써 왔습니다.

총리를 그만두고 나서 정신문화 연구원 원장직을 권고 받았으나 처음에는 거절했습니다. 거절한 이유는 제가 계획하던 다른 일이 있었기 때문입니다. 우리 나라 청소년들이 부패된 문화 때문에 정신이 병들어 가고 있는 사실에 대해 저는 마음 아프게 생각하고 있었습니다. 이 상태를 도와주기 위해 저는 "청소년 대화의 광장"이라는 카운셀링 센터의 이사장직을 맡은 때였습니다. 그러나 정부의 계속된 권유로 이를 수락했습니다. 지금까지 저의 인생에서 제가 원해서 운동하여 직장을 가진 일은 한 번도 없습니다. 모두가 강한 권고에 의해 수락하는 형태였습니다. 저는 그럴 때마다 하나님의 부르심으로 믿고 그 부르심의 뜻이 무엇인지 주님께 물어가며 맡기신 일에 최선을 다 하곤 했습니다. 지난 5월부터는 정신문화 연구원 원장을 하고 있습니다. 저는 새 자리에 가게 되면 "하나님, 무엇을 원하십니까? 제가 무엇을 하기를 원하십니까?"라고 묻곤 합니다. 총리가 되었을 때에도 기자회견을 할 때에 뭘 어떻게 할지 알 수 없으므로 "지금은 말할 수 없으나 내가 믿는 하나님이 인도하는 대로 할거요"라고 말했습니다. 저에게는 정답이었습니다. 그 말을 한 후 보좌관들이 오더니 하나님 얘기는 공식석상에서 다시는 하지 말라는 충고를 했습니다. 그러나 저는 제게 있는 것이 그것 밖에 없으니 어디에서나 누구에게나 하나님을 언급해야 할 때는 해야 한다는 결심이 변해 본

적이 없습니다.

총리가 되었을 때 그 당시 부처 간에 갈등이 많다는 보고를 들었습니다. 저는 불화를 못 참는 성격이므로 화합을 위해 많은 노력을 했습니다. 화합이 어느 정도 이루어졌고 또 가뭄이 올 때 필요한 비도 오고 하니까 어느 장관은 예수 믿는 총리가 와서 비가 제 때 온다고 말하기도 했습니다. 또 태풍이 오면 비만 내리고 가곤 했습니다. 그런데 94년 11월에 성수대교가 무너져서 십여 년 전의 책임자들의 과실이지만 관리를 철저히 하지 못한 책임을 통감하고 있었습니다. 내각 총사퇴하라는 국민의 여론이 있었습니다. 그래서 미련없이 사퇴하기로 결심을 했습니다. 그러나 대통령께서는 사태를 수습하고 떠나야 하지 않겠느냐며 사표를 반려하면서 같이 기도하자고 청했습니다. 그때 저의 기도는 국민적 회개와 국정 운영에 주님께서 함께 해주십사는 것이었습니다. 그분의 기도 내용도 회개와 주님의 지혜를 구하는 것이었습니다. 저는 그때 우리 주님께서 국정에도 간섭하고 계심을 굳게 믿게 되었습니다. 10년 전 적십자 회담 때에도 주님께서 통일의 열쇠를 쥐고 계심을 믿게 되었습니다.

제가 총리로 있는 동안 경험한 재난은 성수대교 붕괴만이 아니었습니다. 유람선 화재로 서로 앞을 다투다가 무더기 죽음을 당한 사건, 패륜아의 부모 살해 사건, 지존파의 살인 행각, 공무원들의 세금 도둑, 그 밖에 크고 작은 많은 사건들이 있었습니다. 저는 대통령과 만날 때마다 그가 취임 때 내어 놓았던 국정 목표 중 깨끗한 정부, 건강한 사회 건설의 당위성을 강조하곤 하였습니다. 정부로서는 법과 제도를 과감하게 개정하여 어떠한 부정도 틈을 탈 수 없게 하고, 법을 엄격히 집행하여 법질서를 확립하는 한편 광범한 민간운동을 통한 도덕성 회복을 꾀할 때라고 믿고 그 일에 힘썼습니다. 저의 남은 재임 기간 동안에 법 개정을 서두르는 한편, "건강한 가정 – 건강한 사회 만들기" 운동을 추진하는 일에 전력 투구하였습니다.

저는 하나님께서 우리 민족의 거듭남을 기다리시는 뜻을 깨닫고 그 뜻대로 정부와 국민이 일치단결해서 일하도록 힘쓰게 하시려고 저에게 총리직을 맡게 하셨음을 생각하게 되었습니다. 총리직을 떠난 후에도 저의 주된 활동은 회개를 외치는 일과 국민의 도덕성 회복을 위한 사업들을 추진하는 일입니다. 작금에 우리 나라에서 벌어지고 있는 부정 불법 진상 규명 과정을 보면서 로마서 1장 28절 이하의 말씀을 생각하게 됩니다. "또한 저희가 마음에 하나님 두기를 싫어하매 하나님께서 저희를 그 상실한 마음대로 내어 버려두사 합당치 못한 일을 하게 하셨으니 곧 모든 불의, 추악, 탐욕, 악의가 가득한 자요 시기, 살인, 분쟁, 사기, 악독이 가득한 자요, 수군수군하는 자요, 비방하는 자요, 하나님의 미워하시는 자요, 능욕하는 자요, 교만한 자요, 자랑하는 자요, 악을 도모하는 자요, 부모를 거역하는 자요, 우매한 자요, 배약하는 자요, 무정한 자요, 무자비한 자라."

이러한 우리를 피흘려 구원하신 주님께 돌아와 그의 백성으로 복귀하는 일 외에 이 민족이 살 길은 없다는 결론을 내렸습니다. 그래서 정신문화연구원에 몸을 두고 있는 동안에도 전국민의 도덕성 회복 운동에 앞장서기로 했습니다. 이 일을 위하여 정신문화원에서는 전국민의 도덕적인 각성과 회복 운동을 목적으로 우리가 앞장서기 위해 정신문화 Forum을 12월 초부터 시작하여 매달 열기로 했습니다. 주제는 도덕성 회복입니다. 우리가 왜 도덕적으로 타락했는가를 철학자들과 종교인들과 정신과 의사들과 그 밖의 모든 분야의 전문가들 뿐만 아니라 지각있는 시민 대표들과 지도자들이 함께 모여 그 원인을 분석, 진단하고 그 해결 방안을 모색해 나갈 것입니다. 하나님께서 역사하실 줄 믿습니다.

그러나 더 중요한 것은 교회입니다. 우리 교회가 정말 어느 때보다도 슬픈 마음으로 회개하는 일에 앞장서야 합니다. 회개는 말과 감정으로만이 아니라 행동과 인격 전체가 변해야 합니다. 또 회개에서 제외될 사람은 없습니다.

누가복음에 몇 사람들이 예수님께 와서 빌라도가 갈릴리 사람을 죽이고 그 피를 제사 제물에 섞었다는 것을 보고합니다. 그때 예수님은 "죽은 갈릴리 사람들이 이 같이 해받음으로써 모든 갈릴리 사람보다 죄가 더 있는 줄 아느냐?"라는 반문을 하시며 너희도 회개하지 않으면 이와 같이 멸망 당하리라고 했습니다. 이와 같이 우리 모두는 회개할 것이 있는 사람들입니다. 요새 뉴스를 보면 돌로 치고자 하는 사람들로 꽉 차 있습니다. 그들 모두도 회개할 일들이 있습니다. 철저히 회개하고 예수 그리스도에게 붙어서 사는 민족으로 변화되어야 합니다. 그것이 이 민족을 사랑하시는 하나님의 뜻이라고 생각합니다.

70 평생을 되돌아 보면서 제가 아직 모태 속에 있을 때부터 저를 택하시고 눈동자처럼 지키시되, 실수할 때에 회개하게 하시고, 죽게 되었을 때 살려내어 주시고, 실패하고 낙망할 때에 위로하시고 용기를 불어넣어 주시고, 불가능하게 보이는 일을 가능하게 해주시고, 믿음이 떨어질 때에 경성하게 하시되 때로는 엄한 채찍으로 하시고, 하나님의 말씀을 전할 때에는 놀라운 지혜를 주시고, 세 자녀를 포함한 온 가족 중 한 사람의 예외도 없이 모두 주 예수 그리스도에게 꼭 붙어 살게 해주시는 하나님의 손길이 단 한순간도 떠난 일이 없었음을 새삼 발견하며 "주님, 감사합니다"를 끝없이 되풀이하게 됩니다. 주 없이 살 수 없는 존재가 되어 버린 나 자신을 발견하는 순간 그 이상으로 행복한 때는 없었습니다. 이제 여생을 주님 모시고

열매맺는 그리스도인의 삶을 충성스럽게 살아갈 각오로 나날을 보내고 있습니다. 그리고 이 길도 주님께서 함께 하시며 일일이 자상하게 인도해 주실 줄 믿습니다.

역경의 열매

정 근 모

과학기술처 장관을 두 번이나 역임하고 아주대 석좌교수로 봉직하고 현재는 명지대학교 총장인 정근모 박사는 세계적으로 명성이 알려진 응용물리학자이며 과학기술 정책 전문가이다. 1990년에 이어 과학기술처 장관으로 재임명되었던 정근모 박사는 현재 INEA(세계원자력한림원) 회장, 미원자력학회 및 한국원자력학회 평의원, 한국 물리학회 이사, 스웨덴 왕립공학원 회원, 세계에너지협의회 명예부회장으로 활동 중이며, 1994년에는 미국 미시간주립대학교에서, 1995년에는 Polytechnic대학교에서 명예공학박사 학위를 수여받았다.

1963년 23세의 나이에 미시간주립대에서 "분자의 구조를 양자역학으로 풀어내는 것에 관한 연구"라는 논문으로 박사학위를 받은 후 프린스턴대학교의 핵융합연구소를 거쳐 MIT에서 핵융합연구의 선구자인 David Rose 교수와 플라즈마 특성연구에 전념하였다. 1967년에는 뉴욕공과대학의 전기물리학과 부교수로 핵융합연구소를 창설하고 운영 책임을 맡았다. 1970년에는 한국정부와 미국무성 국제개발처(USAID)의 요청에 따라 한국으로 귀국하여 응용과학 및 공학 대학원 설립사업의 추진을 주도하였다. 이 사업에 의해서 지금의 KAIST(한국과학기술원)인 KAIS(한국과학원)가 탄생하였으며, 정박사는 32세의 젊은 나이로 한국과학원의 부원장으로 임명되었다.

학자로서의 활동과는 별도로 시민봉사의 헌신적 지도자로서도 많은 사회 활동을 하고 있다. 도덕성 회복 운동, 사랑의 쌀 나누기 운동, 사랑의 집 짓기 운동(Habitat for Humanity)이사장, 한국청소년적십자 총동문회 회장, 민족화합기도회 모임의 창시, 한국기독교총연합회산하 환경보존위원회 위원장, 신사회공동선연합 공동대표, 한국기독실업인회 지도위원, 전국직장인선교연합회 명예회장 등 다양한 사회 봉사의 지도자 역할을 하고 있으며,기독교대한성결교회의 장로로 수많은 신앙간증 활동을 하고 있다. 그의 간증집 "역경의 열매"는 기독교인들 사이에 널리 읽혀지고 있다. 그리고 학자, 행정가로서 쌓은 업적들과 철학을 엮어 만든 수필집 "21세기로 가는 길"은 대학생들의 교양 추천도서가 되고 있다. 최근에는 MIT 석좌교수인 샤무엘스의 글을 번역, 「일본이 힘있는 나라가 된 이유(군사기술 대국의 내막)」를 출간하여 일본이 기술강대국이 된 내막을 분석함으로써 과학기술계에 큰 도움을 주고 있다.

역경의 열매

은혜를 받기 전의 나의 생활

나는 교육가의 집안에서 태어났다. 부친은 매우 근면하고 정직한 국민학교 교장 선생님이셨으며 어머니도 국민학교 교사이시었다. 6·25 사변 중 돌아가신 어머니는 문학과 음악을 좋아하는 낭만적인 분이었다.

내가 국민학교 6학년이던 1951년에는 처음으로 국민학생들을 대상으로 한 국가고시라는 것이 있었다. 주위에서는 나의 좋은 성적을 예견했다. 그리고 그 기대에 부응이라도 하듯 나는 전국 수석을 차지했고 그 해 다음 달에는 경기중학교에 수석으로 진학했다. 그러나 공부밖에 모르는 공부벌레에 그치지는 않았다. 적십자단의 일원이 되어 봉사 활동에 참가했으며 내가 직접 쓴 희곡으로 공연을 갖기도 했다.

경기고등학교 입학 시험도 당연히 수석 합격이었다. 그러나 이번의 수석은 차석과 엄청난 격차를 보이는 월등한 성적이었다. 선생님들은 깜짝 놀라면서 검정고시를 준비하라고 했다. 경기고등학교 1학년 1학기 중 실시된 대입검정고시에서도 나는 수석을 차지했다. 3년의 고등학교 과정을 4개월 만에 마친 셈이었다.

이듬해 2월에는 부친의 친구분이셨던 한국 물리학계의 태두 권영대 교수의 권유에 따라 서울대학교 물리학과에 진학했다. 이때의 입시 성적은 문리대 차석이었다. 대학 생활은 나의 지적 호기심을 충족시켜 주지는 못했다. 많은 교수들이 해외 유학 중이어서 전공 학문에 별다른 감명을 느낄 수 없었다. 대학 3학년 때에는 아버님께서 돌아가시고 형님이 입대하는 바람에 두 여동생을 돌보기 위해서 가정교사 생활을 해야했다.

대학을 졸업한 뒤 서울대학교에 새로 창설된 행정대학원에 수석으로 진학했다. 그런데 어느 일간지의 사회면에 나에 대한 기사가 큼지막하게 실리게 되었다. 「과학 신동, 기술자에 대한 천시 항의로 행정대학원에 진학」

경무대의 이승만 대통령이 이 기사를 읽고 공보비서 최치환씨를 통해 미국 유학을 제의해 왔다. 미시간 주립대학교의 존 한나 총장이 마침 「실력있는 한국 학생 한 사람을 추천해 달라」고 부탁을 해 왔던 것이다. 학업 성적을 면밀히 검토한 총장은 즉각 입학을 허락했다.

미시간주립대학교에서도 월등한 성적을 보여 석사 과정을 거치지 않고 곧장 박사 과정에 들어섰다. 박사 과정은 2년 만에 마치게 되었는데 「분자의 구조를 양자역학으로 풀어내는 것에 관한 연구」라는 박사 학위 논문은 10년 뒤인 1970년대 우주탐사 시대에 「외계에 물이 존재할 수 있는가」에 대한 이론적 베이스를 제공했다.

내 나이가 스물넷이던 63년에는 플로리다대학교의 조교수로 임명되었고 이듬해 부터는 프린스턴대학교의 핵융합연구소에서 연구원으로 일했다. 66년에는 MIT공과대학의 핵공학과 연구원으로 자리를 옮기게 되었는데 이곳에서 핵융합연구의 선구자인 데이비드 로즈 박사를 만났다. 67년에는 뉴욕공과대학의 전기물리학과의 부교수로 부임하게 되었는데 나는 이곳에서 「핵융합연구소」를 창설, 책임을 맡게 되었는데 이 연구소는 후에 「스타워즈」로 불리는 우주전략방어(SDI)의 주연구소로 부상했다.

'69년초 공화당 정부가 들어서면서 나를 미국으로 초청해 준 한나 총장으로부터 연락이 왔다. 그는 미시간주립대학을 그만두고 닉슨 대통령의 요청으로 국무성의 국제개발처 책임자로 취임하고 있었는데 나에게 이렇게 말했다. 「개발도상국들에 대한 미국의 원조 정책을 바꾸었다. 무상 원조를 지양하고 교육기관 투자로 일신하겠으니 아이디어가 있으면 제공해 달라」.

나는 즉석에서 한국에 과학원을 창설해서 한국과학의 미래를 열어 주었으면 좋겠다고 제의하고 얼마 후에 자세한 계획서를 제출했다. 모든 일이 일사천리로 진행되어 '70년 7월17일에는 「한국과학원 설립법」이 정식으로 공포되었다. 한국 정부는 부지 마련과 건설 책임을 맡고 미국 국제개발처(USAID)에서는 6백만 달러를 지원, 시설 및 교수진 확보에 쓰도록 했다. 나는 뉴욕공대 내에 연락 사무실을 운영하면서 교수 유치 및 실험기자재 확보에 주력했다.

'71년 2월16일은 과학 한국의 새로운 지평을 연 한국과학원(KAIST)이 출범한 날이었다. 내겐 참으로 벅찬 감격의 순간이었다. 조국의 제자들에게 그 동안 쌓은 지식과 경험을 나누어 줄 수 있다는 것은 커다란 기쁨이었다. 서른 둘 나이의 젊은 과학자로 한국과학원 부원장으로서 정신없이 일에 몰두했다.

그러나 내겐 서서히 먹구름이 찾아들고 있었다. 하나님께서는 일을 신앙처럼 생각하는 나를 방관하지 않으셨던 것이다. 유신 정부로부터의 부당한 간섭과 압력, 부원장 자리를 내놓은 나는 간염까지 앓아 건강이 최악의 상태에 이르고 말았다.

결국 74년 1월 아내와 아이들을 데리고 잠시 동안 미국으로 되돌아가 병을 치료받았다. 그러나 미국에서 내가 알게된 것은 아들 진후도 「만성신장염」을 앓고 있다는 것이었다. 잠자리에서 일어난 진후는 온몸이 퉁퉁 부어 있었으며 거동마저 자유롭지 못한 지경이었다.

"오, 하나님. 이럴 수가… 우리가 아이들에게 이토록 무관심했던가" 우리 부부는 자책감과 절망감에 몸을 떨었다. 병원에서 종합검사를 받으면서도 우리 부부는 「만성신장염」이 제발 오진이었기를 간절히 염원했다. 그러나 의사의 진찰 결과는 냉혹했다.

"신장이 견딜 수 있는 기간은 길어야 5년입니다." 나는 다시 뉴욕공대 핵공학과 및 전기공학과 교수로 취임했지만 도무지 일이 손에 잡히지 않았다. 머리 속에는 온통 진후에 대한 생각으로 가득차 있었다. 점점 병세가 나빠지기 시작한 진후는 기계의 힘을 빌려 피를 세척해 내지 않으면 안되었다. 한 번에 4시간이 소요되는 투석치료는 여간 번거로운 일이 아니었다. 인간의 능력으로는 더 이상 손 쓸 수 없는 한계상황에서 우리 부부는 조용히 신을 찾았다.

"하나님, 도와주십시요. 제 아들을 좀 살려주십시요."

1980년 7월, 진후는 급격히 상태가 악화되었다. 신장이식 수술을 받지 않으면 위독한 상태였다. 아내와 나 그리고 진후, 세 사람이 정밀검사를 받았다. 우리 부부 중 진후에게 가장 잘 맞는 사람의 신장을 나누어 갖기로 결심한 것이다. 두려움은 없었다. 우리는 서로 손을 잡고 기도하는 것을 잊지 않았기 때문이다.

정밀검사 결과 나의 신장을 제공하기로 결정됐다. 나는 하나님께 감사의 기도를 올렸다. 1년 전 교통 사고를 당한 아내에게 다시 고통을 줄 수 없다는 생각에서 마음 속으로 "하나님, 제 신장을 진후에게 주겠습니다"하고 기도해 왔던 것이다.

우리 부자는 버지니아 대학병원에 나란히 입원해 신장을 나눠 가졌다. 가장 사랑하는 두 사람, 즉 남편과 아들이 큰 수술을 받고 누워있는 어려운 상황을 아내는 침착하게 잘 참아 주었다. 찬송을 부르면서 지극히 평화로운 모습으로 우리 두 사람을 간호했다. 아내에게 신앙이 없었다면, 하나님의 사랑의 힘이 아니었다면 어찌 되었을까.

그러나 수술 결과는 썩 좋지 않았다. 이물질에 대한 거부반응을 제어하기 위해 투여한 약이 간을 해친 것이다. 아들은 처음에는 황달증세를 보이더니 나중에는 흑달로 변해 버렸다. 이식받은 신장의 원할한 작용을 위해서는 약을 쓰지 않을 수도 없었다. 약을 쓰지 않으면 신장이 거부반응을 일으킬 것이고, 약을 쓰면 간에 치명적인 손상을 입게 된다는 것이다.

의사도 어찌할 수 없는 데 난들 어떻게 한단 말인가. 정말 괴로웠다. 어차피 인간이란 불완전한 존재이지만 이처럼 괴로운 벽 앞에서 보기는 처음이었다. 우리에게 생명을 주고 그것을 거둬가시는 분은 누구인가. "하나님, 당신만이 해결자이십니다. 지켜주소서"

나는 갈급하고 괴로운 심정으로 하나님께 부르짖었다. 누군가에게 매달리지 않으면 견딜 수 없는 상태였다. 이런 최악의 상태에 빠져 있을 때 전에 우리 부부가 출석하던 뉴욕 한인교회로부터 "함께 기도해 달라"는 제의를 받고 아내는 주저없이 뉴욕에 갈 것을 결정했다.

"아들이 이 지경인데 어디를 간단 말이오. 지금이 바로 최악의 상태인데…."

아내의 결정에 대하여 망연자실한 표정을 지을 수밖에 없었다. "권사님들이 진후를 돌보아 주시기로 했으니 모든 것을 맡기고 뉴욕으로 갑시다." 흑달증세를 보이는 진후를 남겨 놓고 우리 부부는 뉴욕으로 갔다. 모든 것을 하나님께 맡기자는 아내의 말이 결정적으로 내 마음을 움직인 것이다. 우린 뜨겁게 철야기도를 드렸다. 교회에

닥친 문제의 해결을 위해서, 그리고 사랑하는 아들 진후의 완쾌를 위해서.

철야기도를 마치고 집에 돌아오자 하나님의 기적이 우리 부부를 기다리고 있었다. 진후에게서 흑달이 서서히 벗겨지기 시작하더니 사흘 후에는 정상적인 상태로 되돌아왔다. 간이 정상적으로 활동을 시작한 것이다. 믿어지지 않는 기적 앞에서 나는 하나님께 감사의 기도를 드렸다. 내 곁에서 살아 역사하시는 하나님임을 고백했다.

그런데 더 큰 문제는 그때부터 시작되었다. 건강을 되찾아 복학한 진후는 동년배들보다 뒤떨어진 학업 문제 등으로 심한 좌절감에 빠진 것이다. 현실에 적응하지 못하고 여러 가지 문제를 일으켰다. 나이가 들면서 직접 운전을 하기 시작했는데 한 번은 열흘 동안에 서너 번이나 사고를 냈다. 신장 치료를 위해 복용하던 약이 바로 우울증의 원인이었다. 거기에 오랜 투병 생활로 인하여 너무나 변해버린 현실에 적응을 못한 것이 문제였다. 진후는 두 번이나 자살을 기도했다. 차를 몰고가다가 가로수를 들이받았다. 또 한 번은 10여 미터의 낭떠러지로 뛰어들었는데 작은 소나무에 차가 걸려서 다행히 밑으로 추락하지는 않았다. 아내가 전화 연락을 받고 현장에 달려갔을 때 미국 경찰이 진후를 조사하고 있었다. 자살을 기도하는 사람은 정신병원에 보내는 것이 미국의 법이라고 했다. 아내는 경찰에게 부탁했다. 우리는 그리스도인이라고. 그리고 하나님께 의지하여 문제를 해결할 것이라고.

자살에 실패한 진후는 슬피 울었다. 도무지 세상 살 맛이 나지 않는다는 것이었다. 사춘기에 처한 진후는 정말 위태로운 시기를 맞고 있었다. "아버지, 정말 하나님께서 나를 지켜 주시나 보죠?" "왜 그런 생각을 하게 되었지?" "낭떠러지로 추락한 승용차가 그렇게 조그마한 소나무에 걸릴 수도 있나요? 믿어지지 않는 일이에요."

작은 소나무, 그것이 바로 진후의 생명을 보호해 주었다. 그리고 「작은 소나무」는 곧 하나님의 손길이었다. 진후도 그것을 인정했다.

은혜를 받는 과정

우리 부부의 기도는 계속 간절할 수 밖에 없었다. 아들의 완쾌뿐 아니라 생활 적응을 위해서도 기도했다. 그러나 무엇보다 중요한 것은 나 자신의 중생을 위한 기도였다. 나도 남들처럼 뜨거운 성령 체험을 하고 싶었지만 마음대로 되는 것이 아니었다. 성도들이 찾아와 불과 같은 성령을 달라고 요란스럽게 기도하는 모습을 보면서 나는 비둘기 같은 성령을 간구했었다.

1982년 3월, 워싱턴 중앙장로교회에서는 3일간의 부흥회가 열였다. 뉴욕 퀸스교회의 한진관 목사를 강사로 초빙, 새벽 낮 저녁에 걸쳐 하루에 세 차례씩 예배를 드리게 되었다. 당시에 나는 미국의 에너지 정책을 연구하여 대통령에게 보고하는 미국과학재단에 근무하고 있었는데 공교롭게도 내가 백악관에서 에너지 정책 회의를 주재해야 하는 날짜와 집회 일정이 겹쳤다. 이번 집회를 앞두고 나는 굳은 결심을 하며 준비 기도를 하고 있었다.

"하나님, 이번 부흥회에서는 성령 체험을 하게 해주소서. 뜨겁게 회개하며 깨지는 역사가 일어나길 원합니다." 거듭난 그리스도인이 되고 싶었다. 진후의 완치뿐 아니라 나 스스로 뜨거운 믿음을 지닌 신자로 거듭나고 싶었던 것이다.

착잡하고 아쉬운 마음이었지만 중요한 회의에 불참할 수는 없었다. 그러나 낮예배를 제외하고 새벽과 밤예배는 꼬박꼬박 참석했다. 회의를 진행하면서도 나의 마음은 온통 교회 생각뿐이었다. 그런데 그토록 사모하던 부흥회가 다 끝났는 데도 내게는 아무런 변화도 일어나지 않았다. 옆 사람들은 성령을 받고 방언을 받아 기뻐하는데 내겐 특별한 체험이 없었다. 기쁨에 충만한 사람들을 묵묵히 바라보고 있노라니 한없이 처연한 생각이 들었다. 야속한 마음까지 드는 것이었다.

“왜 내겐 아무런 변화가 없는 것일까. 나도 남들처럼 은혜가 충만한 신자가 되고 싶은데….”

주일 새벽 집회를 마치고 한진관 목사는 뉴욕으로 떠났다. 나는 실망에 가득찬 상태에서 주일 낮예배 안내위원으로 봉사했다. 워싱턴 중앙장로교회의 이원상 목사는 에베소서 2장 1~7절 말씀을 봉독한 뒤 설교를 시작했다.

“너희의 허물과 죄로 죽었던 너희를 살리셨도다… 긍휼에 풍성하신 하나님이 우리를 사랑하신 그 큰 사랑을 인하여 허물로 죽은 우리를 그리스도와 함께 살리셨고 또 함께 일으키사 그리스도 예수 안에서 함께 하늘에 앉히시니 이는 그리스도 예수 안에서 우리에게 자비하심으로써 그 은혜의 지극히 풍성함을 오는 여러 세대에 나타내려 하심이니라.”

말씀을 듣는 중에 갑자기 눈물이 흘러 내리기 시작했다. 안내위원을 맡고 있었기 때문에 남에게 눈물을 보일 수가 없어서 꾹 참았지만 인내에도 한계가 있었다. 성경 말씀 한 구절 한 구절을 떠올릴 때마다 하나님의 크신 사랑이 절절이 느껴지는 것이었다. 그럴 때마다 눈물이 솟구쳤다. 그 동안 신앙생활을 해오면서도 이런 일은 정말 처음이었다.

그러나 사건은 밤예배에서 터지고 말았다. 설교를 듣는 중에 다시 눈물샘이 터진 것이었다. 그때에 나는 너무나도 크고 분명한 음성을 들었다.

"아들아 너는 네 아들에 대해 감사해 본 적이 있느냐?"

그건 분명한 주님의 목소리였다. "네 아들이 너를 위해 십자가를 졌는데 너는 한 번이라도 아들에 대해 감사해 본 적이 있느냐?" 다시 주님의 음성이 이어졌다. 나는 너무 놀라 울음을 그쳤다.

"내가 어떻게 아들에 대해 감사할 수 있단 말인가요. 그건 전혀 생각해 본 적도 없습니다. 제 아들은 나의 도움이 없으면… 제 콩팥까지 나눠가진 것을 주님께서도 아시지 않습니까?"

부모가 감사해야 할 자식이란 적어도 옛날의 나와 같은 자식이어야 하는 것이 아닌가. 부모가 자랑할 만한 학업 성적과 순종하는 자세. 나의 효자상은 이렇게 정립되어 있었던 것이다.

"그런데 내 아들은? 주님, 내가 내 아들에게 감사하다니요. 도저히…."

주님께서는 다시 내게 깨달음을 주시는 것이었다. "내가 비록 효자였다고 한들 부모님께 드린 것이 잠시 있다가 사라지는 세속적 기쁨 외에 무엇이 있었던가. 영생의 소망, 구원에 대한 확신을 드린 적이 있었던가"

전혀 아니었다. 잠시 동안의 자랑거리는 드렸는지 몰라도 영혼에 대한 것은 조금도 드린 것이 없었다. "그런데 우리 진후는?" 진후의 고통 당하는 모습을 보면서 우리 부부는 신앙생활을 하지 않았던가. 진후로 인하여 기도하는 법을 배우게 되었고 하나님을 「아버지」로 영접하지 않았던가. 그렇다면….

"네가 여태 짐으로 생각해 왔던 네 아들을 통하여 너와 네 가족이 구원받지 않았느냐" 주님께서는 계속 말씀하셨다. 그제서야 나는 진심으로 통회자복했다.

"오, 주님. 제 아들은 진정한 효자입니다. 저를 구원하기 위해 무거운 짐을 져야했던 아들 진후에게 감사하겠나이다."

걷잡을 수 없을 정도로 눈물이 쏟아지기 시작했다. 지금까지 질병을 죄에 대한 벌로 생각해 온 것을 회개했다. 나의 가슴 밑바닥에서는 "내가 무슨 죄를 지었길래 이 고통을 주시는가"하는 의문이 항상 깔려 있었다. 그리고 진후에 대해서도 하나님께 전폭적으로 맡겨 본 적이 없었다. 언제나 내가 돌봐줘야 한다는 생각뿐이었다.

나는 이런 모든 것들을 낱낱이 고백하며 회개했다. 나의 교만함과 불만스러웠던 마음까지도 고백했다. 나의 죄악을 하나씩 고백할 때마다 끊임없이 눈물이 나오는 것이었다. 저녁 예배가 시작될 때에는 훌쩍거리는 정도였으나 예배가 끝날 무렵에는 거의 대성통곡을 하고 있었다. 체면이나 지위도 아랑곳없이 엉엉 소리내어 울었다.

내 존재 자체를 거듭나게 해주신 하나님의 은혜가 너무나도 고마워서 울고 또 울었다. 옛날의 나를 벗어버리고 예수 그리스도를 내 마음 속에 모시고 살아가는 새로운 삶. 그것은 바로 성령의 체험이었다. 기쁘고 감격스러운 날, 그날이 바로 1982년 3월 14일이었다. 내가 다시 태어난 날, 지금껏 고통의 대상으로 여겼던 내 사랑하는 아들에 대하여 뜨거운 감사를 보냈던 날.

워싱턴 중앙장로교회의 이원상 목사님과 교인들은 예배가 시작될 때부터 끝날 때까지 점점 톤을 높여가며 우는 나를 보고 "진후에게 무슨 일이 생겼구나"하는 생각을 하고 있었다. 예배가 끝나자 목사님께서는 근심스런 표정을 지으며 내게 같이 기도하자고 했다.

교우들까지 우르르 몰려들어 근심스런 표정으로 내게서 나올 답변을 기다리고 있었다. 모두의 얼굴에는 불안의 그림자가 드리워져 있었지만 나의 표정만큼은 밝았다. "하나님의 은혜가 너무 크고 감사해서 울었어요." 목사님과 교우들은 안도의 한숨을 쉬었다.

그날 저녁 예배를 마치고 우리 부부와 1남 2녀가 함께 모여 가정예배를 드렸다. 나는 가족에게 내가 들은 주님의 음성을 전했다. 진후에게도 내가 그동안 마음먹었던 생각들을 솔직하게 고백했다. 나의 간증을 들은 가족도 서로 손을 잡고 통곡하며 기도드렸다. 우리는 모두가 눈물 바다를 이루며 하나님의 자녀가 된 기쁨을 나누었다.

그날의 벅찬 감격은 지금도 잊을 수가 없다. 우리 가족들은 오랜만에 평강과 희락을 누렸다. 자살을 기도하기도 했던 진후의 얼굴에서도 조금씩 밝은 미소가 피어 올랐다. 그리스도 안에서의 삶은 참으로 행복하고 자유로왔다.

"진리를 알지니 진리가 너희를 자유케 하리라." 모든 것을 전폭적으로 예수님께 맡기는 삶이 이렇게 자유로운 줄을 나는 미처 몰랐었다. 모든 짐을 나 혼자서 지고 힘겨워 했던 나였던 것이다.

은혜를 받고 난 후의 나의 생활

1982년 7월, 한국전력기술주식회사 사장직을 위임받아 다시 서울에 정착했다. 예전 같으면 진후에 대한 걱정으로 마음이 편치 않았을텐데 당시에는 "모든 것을 하나님께 맡기자"는 생각 때문에 마음의 평화를 누릴 수 있었다. 나는 찾아 온 친구 동료 선후배에게 간증했다. 마음이 몹시 뜨거운 상태였기에 간증을 하지 않고는 견딜 수 없었다. 그들은 나의 간증을 들으면서 함께 울기도 했고 때로는 "당신을 위해 기도하겠다"는 약속도 했다.

한국전력기술주식회사에 취임해 보니 자본금 30억에 적자가 30억 정도였다. 극도의 경영침체 상태에 빠진 회사를 살려내기 위하여 새벽부터 밤늦게까지 동분서주 뛰어 다녔다. 워낙 일에 쫓기다보니 수요예배에 참석 못하는 경우도 있었다. 「하나님 일이 최우선」이라는 미국에서의 약속을 제대로 이행할 수가 없었다.

8월에 있었던 일본 출장은 모처럼 한국을 찾은 진후와 동행했다. 일본에서 공부하기를 원했던 진후였기에 학교 문제도 알아 볼 생각이었다. 식사를 마치고 호텔 방에 누워 있는데 심한 위경련이 일어났다. 뭔가 비릿한 것을 쏟아내기 시작했는데 불을 켜보니 그것은 피였다. 걷잡을 수 없을 정도로 토혈이 계속되었다. 병원으로 후송되어 중환자실에 입원했다.

중환자실에 누워있는 혼수상태에서 나는 어렴풋이 예수님의 십자가를 보았다. 그리고 내가 왜 여기에 누워있는지 그 해답을 알 수 있었다. 고난이 닥칠 때마다 늘 "이 고난의 의미는 무엇인가"를 생각해 왔기에 이번 사고도 분명히 하나님의 뜻이 있었다.

"세상의 일에 파묻혀 신앙생활을 게을리 하지 않았느냐. 힘들고 어려운 일을 너 혼자 해결하겠노라고 발버둥치더니 결국은 이렇게 되었구나." 하나님의 미세한 음성에 나는 무릎을 꿇고 "주여, 그렇습니다"하고 울부짖었다.

중환자실에 누워서 두 가지의 회개 기도를 드렸다. 복음전하는 일을 게을리한 것과 하나님을 전폭적으로 의지하지 않은 것. 회개의 눈물은 질병을 치료하는 묘약이었다. 3일 만에 호전되어 퇴원하는 기적을 체험한 것이다.

한국전력기술주식회사는 점점 흑자로 돌아서기 시작했다. 직원들이 합심하여 노력한 결과였다. 임원들도 그리스도인이 많았기 때문에 중요한 회의를 앞두고는 반드시 기도하는 일을 잊지 않았다.

1985년 9월 나는 출석하고 있는 종로성결교회에서 장로장립을 받았다. 10월에는 건강을 회복한 진후가 결혼식을 올리는 기쁨이 겹쳤다. 그때가 진후의 나이 스물이었다. 뛰어난 두뇌에도 불구하고 육신의 질병 때문에 꿈을 펼치지 못하던 그가 하나님의 크신 사랑으로 은총의 결혼식을 올리게 된 것이다. 며느리는 원래 기독교인은 아니었지만 지금은 독실한 신앙인이 되었다.

1985년 12월 나는 두 번째 2년 임기의 사장직을 마치고 미국에서 연구 생활을 시작했다. 사랑하는 아들 진후를 곁에서 볼 수 있다는 것만으로도 기쁜 일이었다. 이듬해 나는 유럽에서 개최된 소련의 체르노빌 원전사고 안전성에 대한 국제회의에 참석하고 돌아오는 길에 워싱턴 공항에서 이원상 목사로부터 진후가 뇌출혈로 리치먼드 병원 중환자실에 입원해 있다는 소식을 접하게 되었다. 뇌출혈이라는 말에 가슴이 덜컥 내려 앉았다. 쏜살같이 병원으로 달려갔다.

진후는 성격이 지나칠 정도로 깔끔해서 좀처럼 남의 집에서는 잠을 자는 일이 없었다. 그런데 그날은 폭우 때문에 진후의 수술을 담당했던 의학박사 이형모 선생 댁에서 잠을 잤다는 것이었다. 그날 저녁 갑자기 머리가 아프다고 호소하는 진후를 보고서 이박사는 즉시 긴급 조치를 취했던 것이다. 만약에 의사의 가정에서 잠을 자지 않았더라면 영영 회생할 수 없었을 것이다. "하나님, 감사합니다. 저희와 함께 살아 역사하심을 믿습니다." 나는 감사의 기도를 드렸다. 이 얼마나 감사할 일인가. 성탄절 전날 진후는 극적으로 건강을 회복, 퇴원했다. 믿기지 않을 정도의 빠른 속도로 정상을 되찾은 것이다.

1987년의 한국은 격동기였다. 민주화의 요구가 높아져가고 있었으며 개헌과 호헌이 팽팽하게 맞서고 있었다. 나는 경기고등학교 1년 선배인 대우그룹 김우중 회장으로부터 아주대학교 석좌교수로 부임해 달라는 권유를 받고 귀국할 결심을 굳히고 있었다. 오후에 있을 환송연을 앞두고 정밀검사를 받기 위해 진후와 함께 병원을 찾았다. 검사를 마친 의사는 내게 너무나도 충격적인 말을 들려 주었다.

"아무래도 신장을 포기해야 될 것 같습니다. 이식한 신장을 지키려면 그에 따른 부작용의 부담이 너무 큽니다." 의사의 말은 참으로 큰 실망과 좌절감을 안겨 주었다. 아들에게 이식된 나의 신장이 아무런 기능도 못한다는 것이었다. 우리는 그동안 신장을 지키기 위해 얼마나 노력해 왔던가. 그런데 이제 와서 다시 포기해야 한다니….

조국으로 돌아가야 할 것인가, 아니면 누란지세(累卵之勢)에 처한 진후를 곁에서 좀 더 보살펴야 할 것인가? 이 문제로 인해 머리가 복잡해진 내게 하나님께서는 세밀하고도 분명한 목소리로 말씀하셨다. "지금껏 네가 할 수 있는 일은 다 하지 않았느냐. 네가 네 아들에게 절대적인 보호자라는 생각을 버려라." 나는 순순히 굴복했다. "주님의 뜻에 따르겠습니다."

우리 부부는 모든 것을 주님께 맡기고 한국으로 돌아왔다. 도착해 짐을 풀자마자 미국에 있는 진후에게 전화를 걸었다. 그러나 진후는 이미 병원에 입원해 있었다.

전화기를 통해 들려오는 것은 진후의 고통스런 신음 소리였다. 신장이 기능을 상실하면서 몸에 요산이 축적되어 관절 마디마디에 통증이 시작됐다는 것이 담당의사의 설명이었다. 너무나 아파 전화도 받지 못하겠다는 것이었다.

"여보, 기도합시다. 고통 중에 있는 우리 진후를 위해서." 아내와 나는 간절한 마음으로 기도했다. 찬송하며 성경을 읽어나갔다. 기도와 성경 말씀을 묵상함으로써 나는 비둘기 같은 평화가 마음 속에 깃들이는 것을 느낄 수 있었다. 이와 비례해서 진후의 병세도 호전되어 가기 시작했다. 투석을 했더니 혈압도 정상으로 돌아왔으며 온몸에 퍼져있던 요산도 말끔히 제거된 것이었다. 며칠 후에는 전화를 통해 진후의 밝고 또렷한 목소리를 확인할 수 있는 기쁨을 누렸다.

하나님께서는 항상 내가 새로운 일을 시작하기 전에 기도로 연단을 시켰다. 당시에는 이런 과정이 고통스럽게 여겨졌지만 지내놓고 보면, 그 고통 가운데 큰 사랑과 은혜가 깃들여 있음을 느끼게 된다.

진후의 회복에 감사드리며 나는 아주대학교 석좌교수로 부임했다. 그때가 1987년 4월이었다. 한국에서는 처음 실시하는 「석좌교수제도」는 교수에게 있어서는 매우 파격적인 대우였다.

아주대학교에서 학생들을 가르치는 한편 여러 교회와 기관 단체들로부터 간증과 강연 요청을 받아 분주한 생활을 계속했다. 그리고 민족화합을 위한 기도도 활발하게 전개해 나갔다. 민족화합을 위한 기도에는 세 가지의 원칙이 있었다. 첫째, 매일 1분씩 민족화합을 위해 기도한다. 둘째, 매년 3월 1일에는 소속 교회에서 민족화합의 기도회를 갖는다. 셋째, 매년 10명 이상에게 민족화합의 기도를 권유한다.

이 세 가지 원칙을 준수하면서 나라에 위기가 닥칠 때마다 모여서 함께 기도했다. 우리의 기도는 모든 것을 하나님께 위탁하고 하나님의 섭리를 조용히 기다리는 것이었다.

1989년에는 한국과학재단 이사장에 부임했다. 나는 만나는 많은 사람들에게 복음을 전할 수 있었다. 매주 월요일 아침에는 한국전력공사 및 한국전력기술주식회사 신우회 회원들과의 기도 모임에 참석하는 것도 큰 즐거움이었다. 신우회 모임이나 개인적인 만남들을 통해 나는 항상 다음과 같은 말을 강조해 왔다.

"그리스도인들은 세상에 나가서는 정직, 역행, 화합을 해야 하며 하나님과의 관계에 있어서는 소명, 순종, 감사의 생활을 해야 합니다."

1990년 과학기술처 장관에 임명되기 직전 나는 국제회의에 참석하기 위해 출국한 적이 있다. 장관에 임명될 것이라고는 전혀 상상도 하지 못한 채 여행길에 나섰다. 이때 아내는 「예수라면 어떻게 할 것인가」라는 책을 건네주면서 여행길에 꼭 읽어보라고 하였다. 여행 중 나는 이 책을 읽어야 할 필요성은 까마득히 모르면서 이 책을 읽고 또 읽었다.

여행을 마치고 돌아온지 일 주일 만에 나는 과학기술처 장관이라는 중책을 맡게 되었다. 전혀 뜻밖의 일이었다. 그때에야 비로소 아내를 통해 이 책을 읽게하신 하나님의 섭리를 깨달을 수 있었다. 하나님께서는 과학기술처 장관이라는 중책을 맡게될 나를 준비시키기 위해 그 책을 읽게 하신 것이었다. 그러므로 모든 선택과 갈등의 순간마다 너무도 쉽고 분명한 대답을 얻게 되었다. 어려움에 직면하면 항상 "예수께서는 과연 어떻게 하셨을까"를 생각하면서 문제를 해결받곤 했다.

건강을 되찾은 진후는 미국에서 자신감 넘치는 생활을 하고 있다. 컴퓨터 네트워크를 혼자서 개발하더니 지금은 의료기기 기술업에 종사하느라 분주하다. 16년 동안이나 「만성신장염」이라는 거대한 역경과 싸워온 그에게 한 가지 소원이 있다. 그는 그 소원을 내게 말해주었다.

"제겐 평생 동안 하고 싶은 일이 있어요. 첨단의 현대 과학을 의학에 접목시켜 병으로 고통당하는 사람들에게 희망과 도움을 주고 싶어요."

질병으로 번번이 좌절감을 맛보아야 했던 진후에게서 이런 놀라운 고백이 나온 것이다. 무엇이 진후로 하여금 이런 아름다운 생각을 하게 했을까. 그것은 바로 예수 그리스도의 사랑이었다. 그의 마음에 떨어진 그리스도의 사랑이라는 씨앗이 발아하여 잎이 푸른 나무로 성장한 것이다. 나는 진후의 이야기를 들으면서 얼마나 감사했는지 모른다. 그리고 나는 마음 속으로 진후에게 이렇게 말했다.

"내 아들아, 말을 재미있게 잘하는 네가 강단에 서서 너의 살아있는 간증을 젊은이들에게 들려주는 모습을 그려본단다. 이것이 바로 나의 소원이다. 간증을 들으면서 신앙인들은 새롭게 결단하고 불신자들은 신앙생활을 다짐하는 계기가 되었으면 한다."

이를 위해 나는 기도하고 있다. 하나님께서 진후를 필요로 하신다면 이런 일이 전혀 불가능한 꿈에 지나지는 않을 것이다.

역경, 이는 축복으로 통하는 암시의 과정이다. 고난을 당할 때마다 우리는 이렇게 기도해야 하리라. "하나님, 이 고통을 주시는 뜻이 무엇입니까, 무엇을 깨우치기 위함입니까?"

성령께서 함께하는 삶, 이런 삶은 어떤 역경이 와도 두려움이 없다. 먹구름에 가리워진 밝은 태양을 우리 그리스도인들은 볼 수 있기에.

3 목사들의 신앙 고백

이동원

이재환

이태웅

홍성철

홍순영

나를 놀라게 하시는 하나님

이동원

이동원 목사는 1945년 수원에서 태어났고 경복중·고등학교를 졸업하였다. 미국 윌리엄 틴데일(William Tyndale) 대학을 졸업한 후 사우스이스턴 침례신학교(Southeastern Baptist Seminary)에서 신학과 기독교 교육학을 전공 목회학 석사(M. Div.) 학위를 취득하였다. 그 후 트리니티 복음주의 신학원(Trinity Evangelical Divinity School)에서 선교학 박사학위(D. Miss.)를 취득하였다.

고려대학교 대학원에서 상담 심리학을 전공, 석사학위를 받기도 한 그는 심리학과 신학의 통합에 특별한 관심을 갖고 "폴 투르니에의 인간이해"를 저술하고 새생활세미나를 시작, 한국교회에 가정사역세미나의 문을 열었다.

40여권 이상의 성경강해집을 출간, 강해 설교하는 특수한 장르의 설교 이해를 한국교회에 소개시키기 위해 힘써왔다. 그의 저서 「청중을 깨우는 강해설교」는 이런 그의 신학적 이론을 대변하는 저서이다.

그는 미국 워싱턴 지구촌교회와 한국 지구촌교회에서 공동목회를 하고 있으며 KOSTA(Korea Students Abroad) 운동을 위시한 젊은이 선교, 제자훈련, 세계선교운동 등에 특별한 관심을 갖고 미래 지향형 비전 목회에 힘쓰고 있다.

아내 우명자와의 사이에 두 아들 황이와 범이가 있다.

나를 놀라게 하시는 하나님

나의 틴에이저의 계절은 잔인한 계절이었다. 인생의 싸움에 실패한 부친이 거의 행방불명된 상태에서 졸지에 정신적 가장이 된 나는 동생 여섯과 어머님 그리고 할머님을 책임져야 하는 무거운 짐을 짊어지게 된 것이다. 시골 도시에서 소위 일류 중·고등학교에 진학했다는 자존심은 한 때뿐이었고 대학입시를 앞둔 나는 불확실한 미래 앞에 불안하기만 한 감상적 소년이었다.

이런 정신적 불안을 극복하기 위해서 였을까. 나이 답지 않게 나는 학교 공부보다는 실존주의 철학자들이었던 카뮈나 사르트르, 키르케고르 혹은 염세주의 철인 쇼펜하우어의 글에 더 매혹되어 있었다. 간헐적으로 불교서적을 기웃거리기도 했고 불교 사원에 드나들기도 했으나 그 난해성의 문턱을 넘어서는 것이 쉽지 않았다. 헤르만 헤세, 괴테, 라이너 마리아 릴케 등의 안개같은 시구들만이 유일한 내 마음의 안식처였다.

경제적 곤란을 극복하기 위해 중학교 시절 이미 가정교사로 나서기 시작한 나에게 대학입시에 몰두하고 싶은 생각조차도 사치스러운 허영이었다. 끝내 대학입시의 실패라는 인생 처음의 구체적인 패배의 장에 서서 나는 자주 자살, 죽음 등의 단어들과 직면하며 조심스럽게 삶 건너편의 영원에 대한 신비를 기웃거리기 사작하였다.

이 무렵 어린 시절부터 친구였던 교회다니는 한 친구의 기독교에 대한 유식한 변론 앞에서 나는 오기로 기독교 사상에 대한 도전을 결심하였다. 그러나 이 오기는 점차 기독교 진리에 대한 강력한 호기심으로 변신하고 있었다. 영어를 배우고 싶어 기웃거리기 시작한 성경클럽에서의 기독교 친구들의 해맑은 소위 간증들은 기독교에 대한 나의 방어 기제를 서서히 허물어 가고 있었다.

그리고 버림받은 내 젊음을 조건없이 수용해 주는 크리스천 이웃들의 사랑의 손길 안에서 나는 복음의 진리를 향해 마음 문을 열고 있었다. 그리고 마침내 난생 처음 교회 젊은이들의 모임 안에 기독교 진리에 대한 나의 긍정적인 소견을 피력할 기회를 얻게 되었다.

이것은 아직 구원의 복음을 깨달은 자로서의 간증에는 미치지 못하였으나 나의 스피치가 사람들에게 수용되고 심지어 어떤이들의 감동을 받았다는 인사는 나로 하여금 인간으로서의 열등감을 극복하고 긍정적 자아상의 가능성을 최초로 확인할 수 있는 기회가 되었다.

이 무렵 나는 두 권의 단순하고 짧은 기독교 책자를 통해 복음의 핵심을 향해 접근하고 있었다. 하나는 캐나다의 오스월드 스미스(Oswald Smith) 목사가 쓴 「나의 가장 사랑하는 나라」라는 전도책자였다. 이 책의 한 장에서 그는 신약성서에서 나인성 과부의 아들이 죽은 이야기를 하며 누가 이 아들을 살릴 수 있겠는가?라는 물음을 제기하고 있었다. 도덕도 철학도 이 아들의 살아남에는 도움이 되지 못한다고 그는 역설하면서 하나님의 아들 예수만이 새 생명을 줄 수 있다고 강조한 대목이 이상하게 마음을 움직이고 있었다.

또 하나는 어느 선교사님이 주신 엠.알.디한(M.R.DeHaan)이 쓴 『갈라디아서』의 간단한 해설서였던 「율법이냐 은혜냐」(Law or Grace?)라는 영서였다. 영어 사전을 찾으며 이 책의 내용을 숙고하던 나는 처음으로 도덕과 복음 혹은 인간이 만든 제도로서의 종교와 복음의 진리의 차별성을 이해하기 시작하였다. 이 책을 통해서 읽게 된 성경말씀 중 갈라디아서 2장 21절의 바울 사도의 말씀은 큰 물음표와 함께 큰 느낌표를 나에게 제공한 나의 새 생명의 모태가 되었다. “내가 하나님의 은혜를 폐하지 아니하노니 만일 의롭게 되는 것이 율법으로 말미암으면 그리스도께서 헛되이 죽으셨느니라.” 율법의 총체는 결국 ‘하라’는 명령을 하려고 애쓰고 ‘하지 말라’는 계명으로 요약될 수 있었다. 이 말씀은 내가 ‘하라’는 명령을 하려고 했고 ‘하지 말라’는 명령을 안하려 애씀으로 어느 날 하나님 앞에서의 나의 행위의 점수가 의롭다고 판정될 수 있다면 나는 하나님의 은혜를 폐기하는 것이라고 말하고 있었다.

도대체 이 말씀의 참 의미는 무엇인가? 계속 이 말씀의 뜻을 추적하던 내 눈에는 어느새 눈물이 흐르고 있었다. “그렇다. 나는 하나님이 ‘하라’는 말씀은 이미 하지 못한 나, 그리고 ‘하지 말라’는 말씀을 역으로 해 버린 죄인이요, 나는 율법을 지켜야 할 자가 아닌 이미 율법을 깨뜨린 죄인이었다. 그래서 심판과 저주를 피할 수 없었던 나를 위해 하나님은 예수 그리스도를 보내시고 그는 나의 죄를 짊어지고 십자가에 죽으셨구나. 그리고 거기서 나를 위해 지시고 다시 사신 그리스도를 믿음으로 나는 값없이 용서를 얻고 의롭다하심을 얻을 수 있게 되었구나. 비로소 나는 구원이 하나님의 은혜임을 깨닫게 된 것이다.”

“주 예수여, 당신을 나의 구주와 주님으로 믿나이다.”

이제 모든 것이 분명해지고 모든 것이 믿어지게 되었다.

한 순간 의심의 안개는 없어지고 죄책의 무거운 짐은 사라지게 되었다.

내 영혼은 춤추는 새가 되어 찬양의 나래를 펴고 하늘의 보좌를 향해 오르고 있었다. 그때가 1965년 9월 경이었다고 생각된다. 이

것이 나의 회심(conversion)의 날이었다. 이제 내가 부르는 찬미들은 더 이상 공허한 종교적 감상의 노래가 아니었다. 그것은 바로 나의 이야기, 나의 노래이었다.

"예수로 나의 구주 삼고 성령과 피로써 거듭나니 이 세상에서 내 영혼이 하늘의 영광 누리도다. 이것이 나의 간증이요 이것이 나의 찬송일세 나 사는 동안 끊임없이 구주를 찬송하리로다."

이 무렵 자주 부르던 찬송이었다. 이제 만나는 모든 사람, 발길이 닿는 모든 곳에서 이 복음을 말하지 않고는 견딜 수 없는 불길이 내 영혼의 심연에서 타오르기 시작하였다. 하루 24시간이 오히려 부족한 삶을 살며 특히 중·고등학생들, 십대의 복음화를 위해 YFC(Youth For Christ)라는 선교단체의 장에서 나는 젊음을 불사르게 되었다.

내가 전도하면서 내가 전도한 사람이 구원받게 된 것을 보고 당사자보다 더 놀란 것은 나 자신이었고, 서투른 설교를 하면서 설교를 청취한 사람들이 은혜를 받는 것을 보고 은혜받는 사람보다 더욱 놀란 것은 나 자신이었다. 이때부터 하나님은 나를 계속 놀라게 하는 일들을 하셨다. 나는 또한 목마른 사슴처럼 내 신앙의 성숙을 돕는 책들 속에 파묻히기 시작했다. 성경은 아무리 퍼내도 마르지 않는 생수의 근원이었다.

그럼에도 불구하고 이 후 나는 나의 소위 신앙 성장의 위기를 겪어야만 했었다. 그것은 결국 자신과의 싸움이었고 나의 내면에서 직면해야 했었던 구원받았음에도 불구하고 여전히 맹위를 떨치는 악의 발견이었고 기대처럼 진행되지 못했던 영적 진보의 느림이었다. 어느 때는 차라리 내 신앙이 후퇴하고 있는 느낌을 받을 때도 있었다. 간헐적으로 신앙의 본질적 회의가 고개를 들기도 했었다. 몇 달 동안 그리스도인의 교제를 기피하고 반기독교적 문서들을 읽기도 했었다. 그러나 그리스도와 그리스도의 교제를 잠시 떠나본 나의 경험은 대안없는 삶의 허무 속에서 어쩔 줄 몰라 하는 방황하는 자신과의 만남이었다. 이미 돌아갈 수 없는 강을 건넌 사람이라는 자각 속에 나는 다시 주께로 돌아왔고 다시 성숙의 여로에 도전하기로 했다.

특별히 과거 기독교 교회사에 거목으로 쓰임을 받았던 사람들의 생애에도 이런 '영적 침체'가 있었다는 것을 알게된 것은 커다란 위로였다. 특히 로이드 존스(Lloyd-Jones)의 글 가운데 "산의 정상을 오르는 사람 중에는 산의 정상 가까운 곳에서도 넘어짐이 있을 수 있다. 그 넘어짐은 등산을 막 출발한 사람과 매우 유사할 수 있으나 일어서면 달라진다. 일어서면 그는 처음부터 다시 출발하는 것이 아니고 일어선 그 지점부터 오르면 된다"는 내용은 특히 격려가 되었다. 이런 일이 있고 나서 나에게 기독교 선교단체에서 전임 사역자로 일할 수 있는 기회가 주어지게 되었다.

그 후 하나님은 나에게 숙원이었던 유학의 기회를 주시었고 첫번째 유학 후 1975년에 학생신앙운동을 통해 만났던 따뜻한 마음과 순결한 신앙을 가진 우명자 자매를 아내로 맞게 하셨다. 아내의 조건없는 사랑과 적극적인 위로는 내 인생의 결정적 시기에 얻었던 삶의 상처들을 치유하기에 넉넉하였다.

특히 첫번째 미국 유학 시절에 빌 가더드(Bill Gothard)가 인도하는 세미나(Basic Youth Conflict Seminar)와 그 밖에 몇몇 가정생활 세미나를 접하면서 나는 성경이 지닌 그리스도인 생활에 제공할 수 있는 '실제적인 진리' 앞에 경탄하였다. 이것은 나로 하여금 아마도 처음 한국교회에서 '새생활세미나'라는 명칭으로 가정생활세미나의 본격적인 장을 여는 프런티어의 역할을 감당하게 하였다.

물론 이 세미나는 나 자신의 치유, 그리고 자신이 '가정 세움'에 가장 큰 도움이 되었음은 말할 나위가 없다. 나의 형제들은 하나씩 주께로 돌아오기 시작했고 지옥을 방불케하던 나의 가정은 작은 천국의 동산처럼 변화되기 시작하였다. 주님은 내 개인의 구주이실 뿐만 아니라, 나의 가정의 주인이 되어 주신것이다.

물론 그 과정은 쉽지 않았다. 내가 장남으로 태어났다는 이유 하나만으로 부친의 부채를 대신 짊어지게 됨에 대한 부친을 향한 마음의 미움은 무엇보다 어려운 나의 내면의 갈등이었다. 그러나 로마서 8장 28~30절의 말씀에서 이 모든 나의 삶의 정황은 나를 하나님의 사람으로 만드시기 위한 하나님의 선한 계획의 한 과정임을 깨닫게 되면서 서서히 부친을 용납하고 용서하는 긍휼의 마음을 가질 수 있게 되었다. 그리고 나의 부모 형제들이 주께 나오는 길만이 우리 가정이 새로워질 수 있는 유일한 희망임을 알고 가정의 복음화를 위해 기도하기 시작하였다.

아내와 나는 가까운 식구일수록 말을 통한 전도가 설득력이 없는 것을 알았기에 지속적인 인내와 희생으로 그리스도인의 삶이 그리스도 없는 삶과 어떻게 다를 수 있는 가를 보이려고 애썼다. 그리고 식구들의 현실적인 필요들을 가능한 한 도우려고 힘썼다. 식구들이 한 사람씩 자진해서 교회에 출석하기 시작했고 복음 안에서 주께 돌아옴을 목격하게 되었다. 자연스럽게 우리 집안에도 기독교 문화가 형성되었고 동생 중에 둘은 나를 따라 복음의 전도자로 헌신하게 되었다. 어느 날 스스로도 믿을 수 없는 정도로 우리 가정 안에 주님의 다스림과 임재를 보게 된 것이다. 개인의 삶 안에서 뿐 아니라, 가정 안에서 일하시는 주님의 은혜를 구체적으로 경험하게 된 것이었다.

이 무렵 나는 성서에 대한 귀납법적 연구(Inductive Bible Study)에 기초한 철저하게 성경본문 중심이면서도 실제적인 삶의 적용을 목표로 한 강해설교(Expository Preaching)에 특별한 관심을 가지고 있었다. 그때 한국교회 강단에는 '강해 설교'라는 단어 자체가 생소한 때였다.

나는 서울에서의 목회의 기회를 통하여 강해 설교를 시도하고 강해 설교집을 출판하기 시작하였고 이것은 당시에 적지 않은 반향을 일으켰다고 생각한다. 그리고 이런 기초는 나의 첫번째 유학한 학교이었던 윌리엄 틴데일(William Tyndale) 대학(당시에는 Detroit Bible College)에서부터 받은 영향이었다. 이 학교에서는 졸업반 학생들이 매주 채플에서 설교하는 기회가 주어졌고 교수와 학생들에 의해서 선출된 한 사람이 졸업식에서 '그 해의 설교자'(Preacher of the Year)상을 수상하게 되는데 그 영예가 부족한 사람에게 주어졌다. 이런 격려는 나의 부족에도 불구하고 하나님의 말씀을 말씀되게 하는 설교의 진정한 회복에 몰두하게 하는 계기가 되었음을 물론이다.

후일 하나님께서는 두 번째 미국 유학과 목회의 길을 열어주시어 나의 마지막 학문 탐구의 기회로 유서 깊은 트리니티 복음주의 신학원(Trinity Evangelical Divinity School)에서 선교학 박사과정을 마치게 하셨다. 이 과정은 나로 하여금 한국교회에 주어진 세계선교의 여러 가능성의 기회를 다시 생각하게 하였다.

만 10년 이상 참으로 아름다운 이민목회를 할 수 있었던 워싱턴 제일 한인 침례교회는 나의 세계선교 비전을 이해하고 미국뿐만 아니라 조국에 새로운 선교지향적 교회를 개척하여 조국과 세계에 하나님의 나라를 확장하기 위한 '지구촌지역교회'(Global Local Church)의 비전을 수용하여 지난 1993년 말 공동목회 · 공동선교의 기치 아래 다시 나를 조국의 땅에 돌아오게 하였다.

지나간 2-3년여 짤막한 교회 개척의 기간에 기대와 계획이상으로 놀라운 부흥을 할 수 있도록 도우시는 하나님의 은혜를 경험할 수 있었다. 또 하나의 잊을 수 없는 사역의 보람은 미국 목회기간 동안 주께서 주신 해외 유학생 선교의 기회이었다. 항상 한국 학생신앙운동에 무엇인가 빚지고 있다고 생각하고 있던 나는 어느 날 기도 중에 미국과 전 세계에 흩어진 유학생들에게 복음을 전해야 하겠다는 강력한 부담을 느끼게 되었다. 나의 믿음의 형인 홍정길 목사님 등과 의논하면서 출범한 KOSTA(Korean Student Abroad) 운동은 이제 세계 8개국에 흩어져 학문을 연구하는 한국 해외유학생들을 복음으로 변화시키고 기독교적 세계관에 입각한 학문과 신앙의 통합으로 기독교적 안목을 지닌 통전적 그리스도인이 되게 하여 조국으로 돌아가게 하는 강력한 이 시대의 선교 운동으로 자라나게 되었다.

돌이켜 보면 하나님은 나의 인생과 사역의 도상에 이런 놀라움들을 선물하시기 위해 많은 도움의 손길들을 사용하셨다. 나의 믿음 생활의 처녀기에 크나 큰 격려가 되어주신 김장환 목사님, 제임스 윌슨(James Wilson) 선교사님, 왈도 예거(Waldo Yeager) 장로님 등을 잊을 수 없다.

그리고 학생운동을 하면서 만나게 하신 믿음의 친구와 선배들인 하용조 목사, 홍정길 목사, 이태웅 목사, 홍성철 목사, 유용규 목사, 옥한흠 목사 등과의 교제는 실로 나를 나 되게 한 하나님의 모자이크(mosaic)의 빛나는 조각들이셨다. 그러나 나는 내가 이제까지 살아온 시간보다 살아야 할 나의 미래, 나의 내일을 위해 주께서 더 많은 놀라움들(surprises)을 준비하셨다고 믿고 살아간다.

그는 오늘도 나를 놀라게 하신다.

말라 빠진 개구리가 주의 종이 되어

이 재 환

이재환 선교사는 서부 아프리카 감비아에서 만딩고족 복음화를 위해 1984년 이래 11년간 사역해 온 선교사이다. 총신대학교와 동 신학원을 1980년에 졸업했으며 삼애교회와 평안교회에서 교육 전도사와 교육 목사로 시무하였다. 1982년 예수교장로회 합동측 선교사로 인준을 받고 1984년 가족과 함께 WEC 국제선교부와 협력하여 감비아에 청소년 사역자로 입국하였다.

1987년 WEC으로부터 독립해 감비아 정부에 한국 선교부 West Africa Mission을 등록하고 신앙 선교(Faith Mission)의 방법에 따라 가나안 다목적 청소년센터(Canaan Multi-Purpose Youth Center), 가나안 상업기술학교(Canaan Technical Institute), 가나안 신학교(Cannan Bible School)를 세웠다. 또한 한국인 선교사 3가정과 4명의 미혼 선교사들이 팀을 이루어 여러 마을에서 유치원과 초등학교 사역을 하고 있다.

이재환 선교사는 모슬렘 선교의 소망이 청소년들에게 있음을 알고 생활의 혁명, 정신의 혁명, 영혼의 혁명을 젊은이들 속에서 기대하며 원주민 형제 자매들과 함께 삶을 나누는 그리스도 공동체 생활에 초점을 두고 사역하고 있다.

말라 빠진 개구리가 주의 종이 되어

"엄마, 이 사람들이 우리와 똑같은 말을 하네!" 우리 집 아이가 6살 때 서울로 들어 오는 비행기 안에서 한 말이다. 우리 세 식구만 사용해 오던 한국말을 비행기 안의 스튜어디스들이 사용하는 것을 보며 깜짝 놀래서 외친 말이었다. 또 그 아이는 아름다운 도시의 모습과 맛있는 음식을 먹으며 이것이 꿈이 아니었으면 좋겠다는 엉뚱한 말을 함으로 우리가 다시 조국의 품으로 돌아왔음을 더욱 느끼게 하였다.

나는 1982년 7월 1일 고국을 떠나 1년간 영국에서 훈련을 받은 이래로 서부 아프리카에 위치한 감비아(The Gambia)에서 만딩고족을 위해 일해 오고 있다. 감비아는 알렉스 헤일리의 「뿌리」라는 작품을 통해 우리에게 알려지기까지 별로 알려질 필요가 없는 철저하게 감추어졌던 나라이다. 쿤타 킨테의 조국, 인구 120만 정도가 사는 아프리카에서도 가장 작은 나라이다. 암흑의 땅이라 불리우며 아직도 원시와 현대가 공존하는 지구의 한 끝, 별 볼일이 없는 나라. GNP가 300불 정도 밖에 안되는 세계 10대 가난한 국가 중의 하나. 그리고 알라만이 유일한 신이라고 믿는 이슬람 국가. 정치, 문화, 교육 수준이 아직도 매우 원시적이며 희망이 없어 보이는 깜깜하게 닫혀진 나라.

복음 전파가 지독히 안되는 곳. 이슬람 때문에, 가난 때문에, 무지 때문이다. 이런 악조건에서 살아가는 젊은이들이 꿈이 없이 살아가는 모습이 더욱 안타깝게 하는 곳이다. 어떤 사람들은 이 아프리카를 보고 인류의 영원한 부담거리라고 말하고 있다. 검다는 이유 하나만으로 멸시를 당하고 노예로 잡혀가고 쓰레기 취급을 당하며 살아왔다. 심지어는 "인간의 목소리를 가진 동물" 취급도 당하였다. 알렉스 헤일리는 「뿌리」에서 "우리도 백인들과 같이 지혜롭고 뛰어난 사람들이다. 그런데 백인들이 아니다라고 했을 뿐이다"라는 말이 나로 하여금 검은 이들에 대한 관심을 갖게 된 동기가 되었다. 그리고 마침내 나를 이곳에 오게 하였고 이들의 문화 속에서 이들의 말을 하며 일하는 선교사가 되게 했다.

나는 이 땅을 구원하는 유일한 길이 복음과 교육을 통해 청소년들을 살리는 길임을 알고 1987년부터 가나안 다목적 종합센터(Canaan Multi-Purpose Center)를 세우기 시작했다. 이 나라가 살 길은 청소년들이 바르게 자라는 것임을 깨닫고 이들이 이 센터를 통해, 일하며, 배우는 삶 속에서 그리스도의 살아계심을 느끼게 하고자 지원했다. 준비 기간부터 약 3년 반에 걸친 긴 공사였는데, 땅을 얻는 것부터 공사가 진행되는 순간 순간 기적같은 일들이 일어났고 주님의 함께 하심이 있었다.

1991년 4월 23일 마침내 가나안 기술학교가 문을 열었다. 대통령을 비롯한 많은 귀빈들이 참석해서 축하해 주었다. 온 마을 주민들이 노래하며 춤추며 이 날을 기뻐하였다. 우리에게는 정말 감격적인 날이었고 우리의 형제들은 어려울 때마다 살아계신 주님께 드린 기도가 응답되는 것을 확인한 날이었다.

개관 이래로 센터에는 규모는 크지 않지만 가나안 기술학교, 가나안 신학교, 가나안 공동체 사역이 진행되고 있으며 교회 사역과 주일학교 사역도 이 안에서 이루어지는 그야말로 다목적 센터로서 유용하게 사용되어 오고 있다. 기술학교에서는 남학생들은 목공 기술을, 여학생들은 타자 기술을 익히고 있는데, 지금까지 3회 졸업생을 배출했으며, 많은 졸업생들이 좋은 직장을 갖고 떳떳한 사회인들이 된 데에 큰 보람을 느끼게 한다.

중학교 3학년 어느 조용한 오후에 일어난 일이다. 나는 아무도 없는 학교 마당 구석의 수돗가에서 서성대고 있었다. 그때 갑자기 이상한 음성을 듣게 되었다. "너는 내 종이 되어라!"

나는 마치 귀머거리의 귀가 뻥 뚫리며 듣게 된 태초의 소리라도 듣는 것 같아 깜짝 놀랐다. 나는 이 소리가 외부에서 들려온 소리인지 마음에서 울린 소리인지 확인하기 위해 주위를 둘러 보았다. 물론 아무도 없었다. 참으로 이상한 경험이었다. 종이 되라는 것은 교회의 목사가 되라는 것으로 곧 이해할 수 있었다. 나는 막연하게 목사는 하나님의 일을 하는 사람인 것 밖에 몰랐는데 그 당시에는 하나님의 일을 하고 싶은 마음이 조금도 없었다. 남들이 나에게 장래에 무엇이 되고 싶은가 물으면 언제나 선생님이 되고 싶다고 대답하곤 하였다. 나는 아무에게도 이 경험을 나누기를 원치 않았기에 그냥 혼자 간직한 채 머리 속에 묻어 버렸다. 그렇지만 이 사건은 내 마음 속에 잘 박힌 못처럼 늘상 머리 속을 맴돌며 내 안에서 떠나지 않았다.

내가 태어나고 자란 곳은 아주 가난하고 작은 마을이다. 마을로 들어서자마자 플라타너스 나무들이 하늘을 덮을 듯 빽빽히 서있고 봄이면 온통 벚꽃이 꽃의 요새를 만드는 작은 시골 초등학교가 한눈에 보인다. 그 학교 언덕을 등으로 하고 3개의 초가집이 있었는데 그 중의 하나에 우리 가족이 살고 있었다. 부모님은 전통적 유교 사상 아래 불교를 믿으셨다.

내가 6살이 되었을 때, 우리 마을에 새 교장 선생님이 부임하시며 학교 사택으로 온 식구들이 이사를 왔다. 그분들은 모두 그리스도인이었다. 지금 그분들의 얼굴은 기억할 수는 없으나 나를 교회로 인도해 간 교장 선생님의 따님에 대한 고마움을 잊을 수가 없다. 누나의 손을 잡고 태어나서 처음으로 교회라는 곳엘 가 보았다. 교회는 두 개의 마을을 지나야만 하는 꽤나 멀었던 곳이었다. 어린 나로서는 혼자서 갈 수 없는 거리였다. 어린 나이에도 언덕 위에 세워진 아담한 교회의 모습은 참 아름다웠다. 신기한 종탑에서 뎅그렁, 뎅그렁 울리던 종소리, 너무도 재미있던 선생님의 구수한 이야기들, 크리스마스가 되면 선물로 받았던 눈깔사탕, 공책, 연필…. 교회는 즐거운 곳이었다.

기독교 고등학교를 다니면서 성경을 배우고 많은 설교를 들었으며 기독교인 서클에 가입하여 친구들과 기독교인인 양 행동하며 때로는 봉사 활동을 하기도 하였다. 대표 기도도 곧잘 하며 성가대에서 성가를 부르기도 하고 세례도 받았다. 주위 사람들은 나를 보고 독실한 기독교인이라고 말하곤 하였다. 그럼에도 불구하고 내 머리 속에서는 하나님이 과연 존재하시는가에 대한 의심이 떠나지 않았으며 내 신앙의 모습은 마치 초점없이 찍힌 희뿌연 사진 같았다.

가정적인 어려움도 있었지만 나는 대학 진학을 포기하고 공군에 장기 복무를 지원하였다. 군을 선택한 가장 큰 이유는 신학교에 가야 할지도 모르는 운명을 피해 가려고 했기 때문이었다. 그러나 하나님을 떠날 수 없는 나는 군에서도 형식적이지만 계속해서 신앙생활을 하였다. 어느 날 아침 군목님이 나를 보자 "이 하사는 하나님의 종의 부름을 받은 것 같은데 신학교에 가지 않겠나? 원한다면 내가 이곳에서 보내줄께"라고 말했다. 아니 이럴 수가? 주님 너무 하십니다. 나는 종이 되고 싶지 않습니다. 내 가슴 속에 꼭꼭 숨겨왔던 중학생 때의 부름, 믿음도 없고 확신도 없는 내게는 불필요한 맹장같이 생각되었고 그 일을 생각조차 하지 않으려고 애써 왔던 것이었는데. 군목님의 말씀은 오히려 나만의 부끄러운 비밀스런 일을 들쳐내는 듯하여 나를 괴롭게 만들었다.

나는 단 한 번도 그때의 물음에 순종하여 신학교에 가서 목회자가 되어야겠다는 생각을 해보지 않았다. 그러나 잊을 만 하면 다시 따라다니는 그 신비했던 부름을 도피처라고 생각한 이 군대에서 다시 들먹거리게 되다니. 사실은 그 길을 피하기 위해서 부모님 몰래 하사관으로 지원했던 것인데. 더구나 나의 군에서의 신앙의 상태는 뜨겁지도 차지도 않은 미지근한 신자에 불과했음에도 그 군목님께 내가 그렇게 보여졌던 것은 신비스러운 일이었다.

너무 억울했던 그날 밤 나는 꽁치 통조림을 안주 삼아 군목님의 음성을 지워버리려고 소주잔을 마구 들이켰다. 그리고 그날 밤 심한 복통으로 쓰러졌으며 다음 날 나는 앰뷸런스에 실려 국군 광주 통합병원으로 후송되었다. 나는 즉시 외과로 옮겨졌고 급히 달려온 의사는 진찰을 시작했다. 아마 급성 맹장으로 생각했던 모양이었다. 그러나 맹장염이 아니었다. 다시 나는 내과로 옮겨져 중환자실에 눕혀졌다. 그러나 그날의 사건이 오늘의 내가 되게 하는 사건으로 이어질 줄은 주님 밖에 모르셨다.

나는 이때부터 3개월간을 중환자실에서 보내게 되었다. 수십 번이 넘는 X-레이, 피검사, 그 외에도 각종 검사를 했지만 아무도 병명을 알 수 없었다. 나의 통증은 단 1초도 쉬지 않고 계속 되었다. 많은 의사들이 고개를 흔들며 다녀갔고, 특별히 외부에서 의사들이 초청되어 검진을 했어도 아무도 나의 지독한 통증의 이유를 발견하지 못했다. 진통제를 맞으면 겨우 한두 시간의 잠을 잘 수가 있었으나 약의 효과는 날마다 짧아져 가서 마침내는 진통제마저 효력을 발휘하지 못할 정도였다. 매일 간호원으로부터 나는 8병의 링게르를 투여 받았으며 쉬지 않고 진통제를 맞아야 했다. 아침이면 간호원은 1에서 8까지 빨간 색연필로 써 놓은 링게르 병을 가져다 탁자 위에 놓았다. 3개월 동안 물 한 방울을 마실 수 없었기에 거의 산 송장이 되다시피 하였다. 한 방울씩 떨어지는 링게르의 포도당은 유일한 나의 생명줄이었다.

나는 그때에 지옥을 철저하게 경험하였다. 지긋지긋한 투병생활이었다. 그러나 이런 절망에서도 나는 하나님을 의지하거나 내 고통을 그분께 맡기지를 못했다. 나는 철두철미한 영적인 고아, 암흑의 자식이었다. 나는 흙탕물 속에서 거의 죽은 인간이 되어 살 힘을 잃어버린 채 허우적거리는 미물에 불과했다. 이렇게 생명을 유지하느니 차라리 죽는 것이 낫다고 생각한 나는 자살을 시도하기로 결심하였다. 그런데 죽을 수 있는 방법이 선뜻 떠오르지 않았다. 먹고 죽을 약도 없고 목 매달아 죽을 힘도 없었다. 여전히 뼈 속을 송곳으로 찌르고 후벼대는 듯한 잔인한 고통은 줄지 않고 질기게 나를 괴롭히고 있었다. 하루가 마치 천 년같은 고통의 나날들로 하루하루 이어져 갔다. 진통제와 링게르로 겨우 가느다란 생명을 유지하는 식물인간 그것이었다.

어느 날, 나는 죽을 수 있는 방법을 발견했다. "숨을 쉬지 말자." 나는 곧 그대로 실행했다. 숨을 멈추었다. 5분이 지났다. 10분이 지났다. 금새 끊어질 듯했던 나의 실오리 같은 목숨이 예상외로 질기기도 하였다. 생각은 말똥말똥 나는 여전히 살아 있었고, 숨을 멈추었기에 오는 답답함도 없었다. 기다리다 못해 죽기도 어렵다는 것을 알고 죽음을 포기한 채 숨쉬기를 다시 시작하였다. 옆에서 너무도 측은한 아들의 모습을 보며 기도하시다가 쓰러져 주무시는 어머니의 모습이 내 눈에 들어 왔다. 이때가 1971년 4월이었다.

우리 어머니는 예수님을 믿으시면서 동시에 당신의 이 못난 첫아들이 하나님의 일꾼이 되기를 기도해 오셨다. 단순히 "첫 탄생물은 하나님의 것"이라는 목사님의 설교 때문이었다. 어머니로 인해서 나의 중환자실에는 많은 목사님들, 그리스도인들, 그리고 믿음의 식구들이 다녀가며 기도를 해 주었다.

나는 죽음을 향해 달려가면서도 마음은 굳게 닫혀져 있었고, 태어나면서 죽어 지옥에 갈 수 밖에 없는 운명이라도 갖고 태어난 듯 내 모습은 더욱 더 저주 받은 자처럼 보여졌다. 어느 날 나를 위해 기도하러 오셨던 목사님께서 이런 말씀을 하셨다. "내가 기도를 하면 많은 사람이 나았는데 이 형제는 왜 이러지?" 매우 실망하여 떠나던 그 목사님의 음성이 오랫동안 병실에 남아 있었다.

나는 남의 피를 두 번이나 수혈 받으며 생명을 이어 갔다. 그때에 팔꿈치 밑과 무릎 아래로 피가 밖으로 터져 나와서 새까맣게 딱지를 만들었다. 그래도 여전히 내 마음은 숯검정처럼 타버려 감각이 없었다. 이때의 일을 더 자세하게 쓸 수가 없다. 돌이켜 보면 너무 부끄럽기 때문이다.

담당 의사 선생님도 나에 대해 거의 포기한 상태인 어느 날, 한 60세 가량 되신 여자 성도님이 나를 찾아와 주셨다. 이 성도님은 이 병원에서 일하는 간호원의 어머니였는데 참으로 헌신된 그리스도인이었다. 사실은 이분도 이 병원의 환자로 입원해 있었다. 얼마 전 척추 수술을 받고 수술이 성공적으로 끝나 이제 회복기에 들어간 분이신데 딸을 통해 내 사정을 듣고 나를 위로하시려고 친히 방문해 주신 것이다. 이즈음에 나는 소망이 없는 한 주검과 같았다. 병원에 입원한지 어느덧 3개월이 되었고, 체중은 38kg, 뼈만 앙상하게 남은 생명없는 허수아비였다.

그런데 놀라운 일이 일어났다. 이 성도님의 간증이 처음으로 내 마음에 평안을 가져다 주었기 때문이다. 그렇게 멀리서 들리던 주님의 얘기가 이제야 가슴에 와 닿게 된 것이다. 평생 처음 느껴보는 신비한 감정의 변화였다. 주님은 내가 죄인인 것을 깨닫게 하셨다. 나는 이제 잠에서 깨어난 듯 죽음에서 생명을 느낄 수 있었다. 내 육체의 가시가 나의 육신을 사정없이 찔러대고 쑤셔대며 나를 시체로 만들었는데 그보다 더 날카로운 힘이 내 영혼을 뒤흔들고 신음으로 토하게 했다. 늘 안개 뒤에 가려져 보이지 아니하시던 그분이 믿어지는 것이다. 나를 위해 동정녀 마리아에게서 탄생하셨고, 나를 위해 고난당하셨고, 십자가에서 죽으시고, 그리고 다시 사신 바로 그분이 믿어졌다. 그리고 그분이 내 육체의 썩음과 냄새나는 고난 속에서 십자가로 다시 태어나신 부활의 신비가 내 속에서 꿈틀거리고 있음을 보게 되었다.

말라 빠진 개구리가 새로이 생명을 얻게 되었고 의학이 아닌 신비함으로 새로워짐을 느끼게 되었다. 20여 년 동안 울지 못해서 둑처럼 막혀있던 봇물이 한꺼번에 터지 듯 나는 대성통곡을 하며 나의 비참함과 죄의 냄새남을 토해 내었다. 나는 마치 급강하하여 내려간 지옥의 문턱에서 브레이크를 잡고 다시 천국의 문으로 발길을 돌린 듯 했다. 모든 통증이 도루코 면도날로 두부를 쪼개듯 끝이 났다. 그때의 감격을 어떻게 표현할 수 있을까?

나의 대성통곡이 끝난 다음 날, 전남대학병원 C 박사님께서 나를 진찰하셨다. "만성췌장염" 참 별 것도 아닌 병이었다. 그러나 주님은 오늘의 나를 만들기 위해 모든 의사들의 눈을 어둡게 만드신 것이었다. 나의 회개를 기다리며 살아계신 주님을 보여 주시려고 이렇게 알기 쉬웠던 병을 깊이 감추어 놓으셨던 것이었다. 나를 담당했던 안득수 박사는 이 병명이 밝혀지자 실망한 모습을 역력히 드러내었다. "이렇게 알기 쉬운 병을…?" 그의 중얼거림이 내 귀에 들렸다. 그는 나에게 직접 말은 못했지만 다른 사람들에게 나의 "사형선고"를 내렸었기 때문이었다.

회복될 때까지 나는 7개월을 더 병원에 입원해 있었다. 나는 새로 태어났다. 걸음마부터 다시 배웠다. 날마다 나를 방문해 주며 기도해주던 친구들이 그때를 연상해 지금도 나를 보면 "말라 빠진 개구리"라고 부른다.

이런 고난의 과정을 겪은 나는 이제 갓 거듭난 그리스도인이 되었다. 신학대학에 들어가려고 준비하는 어느 날 요한복음을 읽다가 "하나님은 사랑이시다"를 깊이 알게 되었다. 병원에서 회개를 위해 흘린 만큼 다시 나는 하나님의 사랑 때문에 눈물샘이 터진 듯 감격의 눈물을 흘렸다. 눈물을 닦고 말린 후 다시 성경을 읽어도 여전히 그 감격의 눈물을 그칠 수가 없었다. 말씀 없이 체험하였던 기적의 사건들이 나의 믿음을 확고부동하게 만들어주지 못했지만 이 요한복음이 나의 영적인 눈을 바로 뜨게 한 통로가 되어 주었다. 말씀을 통한 확신은 나의 신앙생활의 칼슘이 되어 나의 뼈대를 만들어 주었고 계속해서 말씀과 영혼의 결합을 경험하게 되는 새로운 것을 경험하게 하였다.

군에서 제대한 후 1973년 총신대학교에 입학했다. 내 일생의 참으로 기쁜 해였다. 겨우 등록금을 마련해 고향을 떠나게 되었다. 이제 건강한 아들이 되어 신학교에 가는 자랑스런 아들을 떠나 보내는 어머니는 고속버스가 사라질 때까지 그곳에 서서 기도하고 계셨다. 내가 이렇게 철이 들어 제 갈 길을 찾기까지는 어머니의 신실하신 인내의 기도와 사랑의 힘 때문이었다. 첫아들은 하나님께 속한 것이라고 한 목사님의 말씀을 들으신 어머님은 단순한 마음으로 아들을 하나님께 바치겠다고 기도를 하셨다. 그 기도를 들으신 주님께서 "너는 내 종이 되라"고 부르신 것이다. 어머니는 농사와 바느질로 지칠대로 지치신 몸을 일으켜 새벽기도를 다녀 오신 후에는 그때까지 잠자고 있는 아들들의 머리맡에 앉아서 아들들을 위해 다시 간절한 기도를 드리시곤 하셨다. 우리 형제들은 자는 척하며 그 기도 소리를 들었고 그 기도 소리에 눈을 뜨곤 하였다.

신학대학 1학년 때의 일이다. 많은 어려운 언덕길을 넘어 총회신학대학까지 오게 되었으나 여전히 목사가 되어야 한다는 부담감이 나를 짓누르고 자신을 잃어버리게 하였다. 과거에 술 마셨던 시절, 엉터리로 살았던 시절에 대한 죄책감들이 학업에 브레이크가 되었다. 그래서 조용히 금식하며 이 문제와 씨름하고 있을 때 로마서는 내게 큰 확신과 소망을 주었고 감정에 치우쳐서 괴로워하던 내게 큰 담대함과 복음 안에서의 자유의 기쁨을 찾게 해주었다. 이때 내게 가장 강력하게 와 닿았던 말씀은 로마서 6장 14절의 말씀이었다. "너희가 법 아래 있지 아니하고 은혜 아래 있음이니라." 이 뜻을 깨달았을 때 나는 기뻐 뛰며 기도원을 내려 올 수 있었다. 내가 행한 행위대로 주님이 심판하시면 내가 어찌 감히 주님 앞에 설 수 있으리오. 그러나 그의 풍성하신 값없이 주시는 은혜가 아니면 하나님 앞에 나를 내놓을 수가 있겠는가? 이 말씀이 나의 답답했던 부분들을 깨끗이 청소해 주는 역할을 해 주었다. 이를 계기로 말씀과 더불어 생활을 하지 못했던 나의 생활이 점점 말씀 위에 세워지게 되었고 그분의 뜻을 말씀 속에서 발견할 수 있게 되었다.

그러나 생활의 어려움은 계속 되었다. 가난한 가운데 보내주시는 생활비로 겨우 호구지책은 해결해 갔으나 책이라도 사보려면 어김없이 많은 끼니를 걸러야 했다. 당시에는 기숙사 밥 한 그릇의 값이 초기에는 3원이었는데 내게는 큰 부담이었다. 대학 4년간 변변한 기숙사 생활 한번 해보지 못했다. 어느 날 길을 가다가 주님께 "다른 사람들은 편안하게 공부하는데 나는 왜 이렇게 힘이 들어야 합니까?"라고 불평을 했다. 그때 주님은 내게 "네가 족하다"고 말씀하셨다. 이것이 교훈이 되어 그 후로는 불평을 안하려고 부단히 애를 썼다.

그런데 드디어 큰일이 벌어졌다. 4년간 밀린 등록금이 나의 졸업을 막고 있었기 때문이었다. 등록금도 못 내는 학생을 밀어내지 못하고 봐 준 학교 측에 너무 미안하고 그러나 졸업은 해야 하는데 어찌할 바를 몰랐다. 불안이 찾아왔다. 그래서 한없이 나약해진 나는 "부르심"에 대한 의심을 하게 되었다. 일 주일을 작정하고 기도원을 찾아갔다. 사실은 주님께 "신학을 그만 두겠다"는 보고를 드리려는 것이었다. 학부를 졸업하지 못하면 3년간의 신학원 과정에 입학할 수가 없기 때문이었다. "주님, 저는 하고 싶지만 등록금을 낼 수 없고, 이는 주님이 원치 않으심 때문으로 알겠습니다"라는 기도라도 드려야 하나님의 진노가 임하지 않을 것이라는 생각이 들어서였다. 종이 안 되려고 도망을 가다가 겪은 10개월간의 시간을 다시 치르고 싶지 않았기 때문이다. 그래서 금식하며 주님과 상의하에 조심스럽게 신학의 포기를 시도하게 된 것이다.

월요일부터 말씀과 기도로 주님의 음성을 기다렸으나 특별한 일이 일어나지 않았다. 금요일 저녁, 주님은 누가복음 9장 62절로 응답하셨다. "예수께서 이르시되 손에 쟁기를 잡고 뒤를 돌아보는 자는 하나님의 나라에 합당치 아니하니라." 주님은 계속하라 하시는 것이었다. 이제 나의 기도의 씨름이 끝났다. 더 이상 변명을 드릴 수 있는 말이 없었다. 그때 다시 하나님께 물었다. "그러면 등록금은 어떻게 하나요?" 꿈 속이었다. 하얀 봉투를 들고 있는 손을 보게 되었다. 그리고 그 봉투를 내가 받았다. 그 속에는 몇 푼의 동전이 들어 있었다. 그래서 "이것으로는 안되는 데요." 주님은 두 번째 봉투를 내게 내미셨다. 그것은 아주 두툼한 것이었다. 그리고 토요일 아침을 맞이하였다. 내게는 다시 새로운 아침이었다. 여전히 빈손이었지만 기뻤다. 다시는 쟁기를 잡고 뒤를 돌아보지 않아야겠다는 결심으로 학교로 돌아왔고 꿈에서 보여주신 대로 주님이 돈을 보내 주셔서 무사히 졸업을 하게 해 주셨다. 그 후 나는 단 한 번도 이 길을 후회하지 않았고 쟁기를 잡고 뒤를 돌아볼 생각조차 하지 않았다. 나에게는 하나님 나라 사역의 일방통행 밖에는 내 인생에서 다른 것이 없게 되었다.

나는 졸업식장에서 처음부터 마칠 때까지 북바쳐 오르는 눈물을 참을 길이 없었다. 누구보다도 주님은 이 눈물을 너무 잘 아셨다. 고난과 감격의 희비가 엇갈리는 순간이었다. 내가 그리스도를 알지 못하고 그 병원에서 죽었더라면, 또 내 자살 소동이 실현되었더라면… 모골이 송연하였다.

나의 귀하신 어머님은 삯바느질로 자식들을 키우시다가 간이 나빠지셔서 내가 신학원을 졸업하고 강도사 고시에 합격하신 것을 보신 후 간경화로 53세의 젊으신 나이에 하나님 곁에 가셨다. 돌아가시기 직전 나의 어머니는 선교를 잘 모르시면서도 아들이 하나님의 종일 뿐 아니라 선교사가 되기를 위해 기도를 하고 있다고 하셨다. 고마우신 어머니, 인간적으로 너무 죄송하고 슬펐으나 부활의 소망을 믿기에 견딜 수 있었다.

선교사가 되기로 결심한 것은 하루 아침에 이루어진 것은 아니었다. 신학 공부를 하며 선교사라는 것이 무엇인지 잘은 몰랐지만 "땅끝까지 이르러 내 증인이 되리라"는 말씀이 늘 도전이 되어 선교 집회를 조직하기도 하고 선교에 관심있는 동료들과 여러 지역을 위한 기도회를 하곤 하였다. 그것은 구원 받은 기쁨이 넘치는 만큼 역시 복음을 듣지 못한 이들에 대한 책임감을 느꼈기 때문이었다. 나는 언어의 재능도 없는 것 같았고, 아프리카에서 견디기에는 허약하게 느껴졌었다. 그럼에도 불구하고 가야 할 이유보다 가지 않아도 될 이유를 찾으라는 어느 전임 선교사님의 말이 나를 선교사로 헌신하게 하는 결정적인 계기가 되었다. 주님은 특별히 회교권의 버려진 백성들을 향한 부담을 늘 주시곤 하셨는데 이것이 오늘날 나로 하여금 감비아에서 사역하게 하신 원인이 되었다. 나는 선교사로 내 자신을 헌신해 가면서 보이지 않는 갈등을 하기도 하였다. 나도 훌륭하신 목사님들처럼 교회를 개척해 크게 부흥시키고 싶은 야망도 있었고, 내가 꼭 가야하나 하는 유혹도 받곤 하였다. 그러나 주님이 나의 사역을 "자로 재지 아니하고 저울로 달 것"이라는 말씀으로 나를 위로하셨고 나로 하여금 모든 것을 버리고 떠나게 하였다.

나와 아내는 우리가 일할 선교 대상 국가를 정하는 데 있어서 첫째 아프리카, 둘째 가난한 나라, 셋째 복음이 전혀 안들어 간 회교권이라는 테두리를 만들었는데 감비아는 바로 이 조건이 딱 맞는 나라였다. 나는 마태복음 28장 19, 20절을 현실감있게 체험한 사람이다. 수없는 죽을 고비를 넘나들며, 모슬렘들의 저주와 핍박을 받아가며, 불가능 속에서 셀 수 없는 가능을 만들며 이 말씀을 얼마나 생생하게 체험했는지 모른다.

김포 공항을 떠나는 날, 나는 모든 것을 포기하였다. 밥도, 김치도, 생명도, 다시 돌아올 수 있을 것이라는 희망까지도…. 말라리아로 사경을 헤맬 때, 결혼 10주년이 된 날 예배 드리러 가다 교통 사고로 갈비뼈 7대 부러지며 쓰러졌을 때, 힘들어 신음할 때마다 나는 내 스스로에게 "너는 벌써 죽었던 사람이다!" 그리고 "너는 천국의 시민이 되었어"라고 위로하면 샘 솟는 평강이 넘치게 된다. 아프리카의 뜨거운 태양열, 지독한 말라리아… 하나도 쉽게 넘어 갈 것이 없는 곳이다. 때로는 하필이면 이렇게 힘든 땅에, 더구나 예수 안 믿기로 작정한 사람들같은 이들 속에 왔나 하고 잠시 괴로울 때도 있으나 영혼의 깊은 곳에서는 주님의 고난에 동참한다는 기쁨이 있다. 선교지에서 나의 생활은 축복이었다. 고국 땅에서 생명의 거듭남을 체험했고, 선교지에서 생활의 거듭남을 체험하였다.

감비아에 복음이 들어온 지는 꽤 되지만 열매가 너무 안 열리는 곳이다. 특히 내가 일하는 만딩고족은 마치 예수 안 믿는 예방주사라도 맞은 사람들처럼 복음을 배척하고 있다. 영국의 국제 선교단체인 WEC 선교부는 병원을 세우고 하루에도 수 많은 환자들을 치료하는데 이를 통해 예수님을 영접하는 사람은 거의 없다. 이 병원에서 30년 이상 목수로 일하시는 "이브라함" 할아버지가 아직도 회교도이다. 선교부의 녹을 먹으며, 사랑을 받으며, 예수 이름으로 기적도 보아 왔을텐데 여전히 그는 회교도임을 자랑한다. 나는 그가 내게 한 말을 잊지 못한다. "이 목사님, 내가 태어났을 때에는 회교밖에 없었습니다. 나에게는 선택할 다른 종교가 없었습니다. 왜 이제 오셨습니까?"

모래 사막처럼 메마르고, 거친 황무지에서 땅을 기경하고 거름을 주는 데 10여 년이 걸렸다. 그러나 사랑을 모르고 자라온 이들에게 예수님의 사랑을 알게 하고 사랑의 꽃을 심고 물을 주며 가꾸며 사는 재미가 있다. 목자 없는 양 같이 이리저리 방황하는 이들에게 목자를 소개하며, 돌짝 밭을 고르고 거름을 주며 돌들을 조각해 가는 일에 보람을 느낀다.

복음이 들어가 변한 형제들은 그 어떤 한국인 신앙인 못지 않게 주님 사랑하며 몸으로 헌신하며 잘 자라간다. 현재 필리핀에서 두 형제가 신학 공부를 하고 있고 한 형제가 한국에서 전기 기술을 익히고 있다. 그 외에도 나의 감비아 동역자들이 하나님 잘 섬기며 깨끗하게 살아 가려고 최선을 다하고 있다. 예배 시간과 우리의 삶 속에서 주님을 높이 찬양한다. 세상에 마음을 두지 않고 예수님의 십자가의 길을 따르겠다고 한 마음으로 결심한다.

이들에 대한 주님의 마음을 묵상하며 내 안에서 사랑이 끓어 오름을 느낀다. 주님은 오늘도 이 일을 이루어 가게 하시기 위해 이러한 고백을 하게 하신다.

"나의 달려갈 길과 주 예수께 받은 사명 곧 하나님의 은혜의 복음 증거하는 일을 마치려 함에는 나의 생명을 조금도 귀한 것으로 여기지 아니하노라."

내가 나 된 것은 전적으로 하나님의 은혜 때문이다

이 태 웅

이태웅 목사는 1940년 5월 29일 서울에서 출생하여 1962년까지 예수님을 모르고 살다가 늦게 청년 시절에 구원을 경험하였다. 그 후 자신이 주님을 알게 된 곳인 죠이선교회에서 1962년부터 1979년까지 지내며 양육받은 후에 그 단체에서 대학생 사역을 하였다. 마지막에는 그 단체의 대표가 되었다. 대학교에서는 전기공학을 전공하고 3년간 전기 엔지니어 생활을 한 후에 전임 사역자가 되었다.

신학 수업은 미국 남침례교신학교에서 교회 갱신에 대하여 연구하고 트리니티복음주의신학교에서 목회학 석사(M.Div.)와 선교학 박사(D.Miss.) 학위를 받았다. 현재는 여의도침례교회 협동목사로 있으면서 한국해외선교회 이사장직과 한국선교훈련원 원장직과 세계복음주의 협의회 선교위원회 회장직을 역임하고 있다. 부인 송헌복 사모는 한국선교훈련원에서 가정생활교육을 가르치고 있으며 슬하에는 두 아들 영민, 경민이 있다.

저서에는 「한국 선교의 이론과 실제」와 「제자훈련은 이렇게」가 있으며, 그 외에 많은 논문을 국내외에 발표하였다.

내가 나 된 것은 전적으로 하나님의 은혜 때문이다

지금 내가 살고 있는 것은 전적으로 하나님의 은혜 때문이다. 물론 구원도 은혜로 말미암아 받았다. 그러나 그 은혜를 체험하기까지 하나님이 참아주시고 보존하신 것도 은혜로 생각한다. 그 이유는 다음과 같다. 우리는 아버지가 오랜 기간 동안 중풍으로 누워계셔서 6·25 전쟁 때 한 번도 피난을 가지 못했다. 따라서 두 차례에 걸쳐서 공산군에 의해 시달려야 했다. 또 다시 국군이 후퇴하고 있다는 소식을 듣게 되었을 때 우리 어머니는 아버지를 업고 다른 식구들과 같이 한강 이남으로 온갖 힘을 다해 피난 길에 올랐던 것이다. 그러나 강을 건너서는 더 이상 못가고 모래 사장에서 먹을 것도 없이 시달려야 했다.

나는 혼자라도 다시 한강을 건너서 강북에 있는 집으로 가려고 길을 나섰다. 하지만 피난민들이 강을 건너서 강북으로 가지 못하도록 전투경찰들이 철통같이 지키고 있었다. 나는 그 삼엄한 경계망을 뚫고 노량진역에서 강북으로 달리고 있는 열차에 매어달렸던 것이다. 내가 매어달린 것은 옆에 아무런 칸막이가 없는 편편한 화물차였다. 그러나 매어달린 내 손은 계속 미끄러져 가고만 있었다. 조금 더 있으면 나는 차 밑으로 떨어져 생명이 끊어질 것 같았다. 그런데 갑자기 어떤 손이 나타나서 나를 차 위로 끌어올렸다. 지금 내 기억에 어렴풋이 남는 것은 기차 위에 사람이 아무도 없었다는 것이다. 그러나 그 손은 나를 붙잡아 올려서 내가 예수 그리스도를 개인의 구주로 믿기도 전에 맛보아야 했던 실제적 죽음으로부터 나를 보호해 주셨다. 나는 이것을 신학적으로 어떻게 해석해야할지 모르지만 이것도 역시 하나님의 은혜의 보존의 손길이라고 생각한다.

또 중공군이 방에까지 침입해 들어와서 총을 가지고 먹을 것을 내라고 할 때 우리는 마음 조이며 이 중공군이 우리를 어떻게 할 것인가를 지켜만 보고 있던 적이 있었다. 일사후퇴 때 우리 동네에는 한 실성한 정신이상이 된 여자와 우리 집만 남았다. 그 실성한 여자가 우리 집에 가면 먹을 것이 있다고 중공군에게 손짓 발짓하며 알려준 것이다. 그때 그가 카빈 소총을 가지고 우리를 협박하며 방 안에 앉아 있었던 것으로 기억하는데 지금 생각하면 아찔한 순간이었다. 그때 그는 우리를 쏘아 죽일 수도 있었다. 그러나 그렇게 할 수 없던 것은 하나님의 은혜의 손길이 우리와 함께 했기 때문이라고 생각한다.

이렇게 수없이 많은 위험한 고비를 넘겼지만 나는 하나님을 알지 못한 채 대학 2학년이 되었다. 그 대학 2학년 때까지의 삶이란 암담하고 어둡고 절망적인 날들이었다. 한때는 그런 것을 이기기 위해 운동에 몰두하기도 했다. 그때는 운동이 나의 우상이었다. 특히 대학 시절에는 운동을 통해서 내 몸을 불사르고, 부숴보고, 승화시켜 보았다. 그러나 그것을 통해서도 최종적인 만족이 올 수는 없었다.

고등학교 시절에는 종교를 통해서 내 마음의 문제를 해결해 보려고 노력했다. 내가 선택한 것은 로마 가톨릭교였다. 나는 이태원에서 자전거를 타고 삼선교까지 일 주일에 한 번씩 성당에 다니며 그 지역의 외국 신부들에게 교리를 배웠다. 그 후 영세도 받고 가톨릭 교인으로서 생활도 해보았다. 처음에는 조그만 죄도 신부에게 가서 고백하고 후련함을 느꼈다. 가톨릭 교인들이 매우 중시하는 영성체도 자주 받았다. 그러나 나이가 들어감에 따라 내가 짓는 죄의 심각성이 더 깊어졌고 신부 앞에 나아가서 고하기가 힘들어 고해성사를 한 번 거르고 두 번 거르다 보면 일 년도 넘어갔고 급기야는 그 종교까지 포기하기에 이르렀다.

더 중요한 것은 내 속에 죄에 대한 영원한 해결없이 잘못할 때마다 고백하고 후련한 기분을 잠시 느끼는 것만으로는 내 속에 있는 갈등이 해결되지 않았다. 예수 그리스도의 보혈이 단번에 나의 죄를 용서해 주실 수 있다는 사실은 까마득하게 모르고 단순한 종교적인 행위에 그쳤던 것이다. 비록 성당에는 다녔으나 하나님을 개인적으로 안다든가 직접 인격적인 교제를 누린다는 것은 상상도 못할 일이었다. 나 나름대로는 선교사 신부님들을 통하여 로만 가톨릭교의 교리를 거의 다 배웠다고 생각했는데 역시 살아계신 하나님과는 아무런 관계도 맺지 못하고 살았다. 하나님이 계신다는 확신조차도 못했다. 단지 좋았던 것은 미사를 드릴 때마다 내 마음대로 상상하고 엄숙한 분위기에 젖어보고 경건한 의식 속에 파묻혀 현실을 잊어보곤 했던 점이다. 후에 나는 이런 점 때문에 구원을 받고서도 얼마 동안 계속 성당에 나가는 것을 끊지 못했던 것이다.

한 가지 가톨릭교가 나에게 준 것이 있다면 고해성사를 할 때마다 내가 죄인임을 깨닫게 된 것이다. 그리고 고해성사를 할 수 없을 정도로 비밀스러운 죄를 범하기 시작했을 때부터는 나는 더욱 더 양심의 가책을 느끼게 되었고 더욱 더 절망 속에 빠졌다. 나는 스스로 포기한 상태로 그저 생존만 하는 사람이 되었다. 이런 상태로 내가 고등학교 3학년이 되었을 때에는 노이로제 현상이 일어나서 심한 두통으로 암담한 나날을 보냈다. 돌이켜보면 그때가 나에게는 가장 어려운 때였다. 소망도 없고 앞으로 좋아진다는 보장도 없었고 또 두

렵고 연약한 마음 때문에 세상을 용기있게 살아갈 만한 능력도 없었다. 또 전쟁 중 느꼈던 많은 상처들 때문에 불안하고 초조하고 언제 전쟁이 일어나서 그 무서운 소용돌이 속으로 나를 다시 집어넣을 것인가에 대한 무의식적인 압박감 때문에 나는 평안이 없는 가운데 지냈다. 대학 1, 2학년 시절은 이러한 생활의 연속이었다.

그러던 중 하루는 고등학교 때부터 알던 한 친구가 나에게 다가왔다. "너, 나랑 클럽에 가지 않을래?" 그는 물었다. "무슨 클럽?" 나는 무관심한 태도로 물었다. 그는 계속해서 말했다. "거기 가면 여학생도 많고 영어도 배울 수 있어." 나는 그런 말을 들어도 아무런 반응도 보일 수 없을 만큼 지쳐있었다. 그러나 하나님께서 나에게 한 번 가봐도 되지 않는가 하는 마음을 주셨던 것 같다. "그래, 한 번 가 보자. 갔다가 재미없으면 중간에 나오든지 더 이상 안 가면 되겠지"라고 속으로 생각했다. 나는 어느덧 내성적이고 비사교적이며 아주 나쁜 자아상을 소유한 사람이 되었기 때문에 다른 사람이 나를 좋아할 것이라고 생각하지 않았으므로 사람들이 모이는 곳에는 되도록 가지 않는 것이 상례처럼 되어 있었다. 그 모임에도 성격상으로서는 도저히 가지 못할 곳이지만 나도 모르게 이끌리어 발을 들여놓게 되었다. 바로 그 곳이 죠이 선교회(Joy Mission)의 전신인 죠이 클럽(Joy Club)이었다.

나를 인도한 친구는 토목과에 다니던 원우연 목사였다. 그는 내가 고등학교 당시 학도 호국단 활동을 하는 도중에 만나게 되었던 그다지 가깝지도 않던 친구이다. 우리는 서로 다른 학교에 다니고 있었고 가끔 시내 각 고등학교 학도 호국단 간부들이 모일 때면 같이 모였다. 지금 생각하면 그것도 하나님의 섭리가 아니었는가 한다. 한두 번 그런 식으로 만난 사람이 나를 결정적으로 변화시킬 그 장소로 인도했다니 말이다. 나는 그곳에 가서 30-40여 명의 대학생들 사이에서 그날 오후를 보냈다. 그날은 나에게 가장 어려운 시간들이었다. 그곳에 오는 청년들의 영어 실력은 나보다 뛰어난 것처럼 보이지는 않았지만 그 얼굴과 태도로 볼 때 하나님을 개인적으로 아는 사람들처럼 보였다. 지금까지 나는 종교도 가져보았고 운동도 해보았지만 개인적으로 하나님을 아는 것 같이 보이는 사람을 만나보지는 못했고 나 자신이 그렇게 되리라고는 더욱 상상하지 못했던 것이다. 내가 거기서 만난 사람들은 믿지 않는 나의 눈으로 보아도 하나님을 개인적으로 아는 사람들의 모습을 갖고 있었으며 그들은 나에게 엄청난 충격을 주었다. 물론 나는 이런 것을 외적으로는 조금도 나타내지 않았다.

정상적인 사람이라면 이런 때일수록 "나에게도 그 하나님을 보여주십시요"라고 말했을텐데 나는 그와 반대였다. 마음 속으로 상대적 상실감을 느끼고 부끄러워서 이곳에 다시는 오지 않겠다고 생각했다. 이 모임이 오늘로 마지막이라고 생각했다. 끝나고 그냥 나오려는데 한 청년이 눈웃음을 치면서 내게 다가왔다. 그는 그 당시 친교부 부장으로서 문지기를 맡은 이지춘 형제였다. 나는 또 다른 사람들과도 인사를 나누게 되었으며 나도 모르게 그 다음 주에도 또 그곳에 가게 되었다. 가서는 이야기를 나누고, 하나님에 대한 말씀을 듣게 되면 나는 그들에게 싸움을 위한 싸움을 걸었다. "나도 가톨릭 교인이고 신에 대해 알고 있다"라고 논박하며 버티었다. 이렇게 버티며 거의 삼개월이 지나갔다. 나는 매주 계속 가게 되었다. 마치 자석에 끌린 못과 같았다. 지금 생각하면 그것은 하나님의 은혜이며 섭리였다. 그러나 그때는 그것을 전혀 알지 못했다.

어느 날 그들은 철야 기도회를 갖는다고 했다. 나는 그 광고가 있는 즉시로 거기는 내가 참석할 수 없는 곳이라고 생각했다. 왜냐하면 나는 기도를 어떻게 하는지도 모르고 내게는 기도만큼 쑥스러운 것은 없었으며 밤새도록 기도한다고 생각할 때 내 마음은 굳어졌다. 기도회를 하는 날이 되었다. 그때 나는 서대문 사거리에 있는 적십자 병원 앞을 걷고 있었던 것으로 기억한다. 나는 그들이 모인다는 곳의 정반대 방향을 향하여 도복을 가지고 운동을 하러 가고 있었다. 그렇게 가는 도중에 내 마음 속에 작용한 강력한 어떤 힘에 의하여 나의 생각이 변한 것을 느꼈다. 지금까지도 기적과 하나님의 항거할 수 없는 은혜라고 밖에는 설명이 되지 않는 일이다. 나는 원하지 않으나 원하게 되었으니 말이다. 나의 거부하는 마음은 "나는 가야 한다"라는 의지로 변했다. 그 순간 나는 발길을 돌이켰다. 그러나 서대문 로타리에서 불광동 종점까지는 꽤 먼 거리였으며 퇴근 시간이라서 약속 시간에 맞추어 가기는 불가능했다. 또 약속 장소가 불광동 버스 종점인데 그때는 겨울이라서 그들이 오래 기다려줄 것 같지 않았다. 그러나 "가야 한다"는 의지는 다음 순간 "가지 않으면 안된다"는 절박감으로 발전했다.

그래서 서대문 로터리에서 그 당시 다니던 미니 버스를 기다렸다. 미니 버스는 정원제였으므로 정원 이외에는 태울 수 없었다. 기다리면서 나는 처음으로 절박한 마음으로 이런 기도를 해보았다. "하나님, 당신이 계시다면 자리 하나 마련해 주십시요". 그 기도가 끝나자 마자 미니 버스 한 대가 섰다. 안을 들여다 보니 모든 좌석은 꽉 차 있었다. 나는 "그러면 그렇지, 하나님이 계시겠는가"하고 속으로 비웃었다. 그런데 그 순간 차장이 일어나면서 자기 자리에 앉으라는 것이었다. 나는 얼떨결에 그 자리에 앉으며 멍한 상태가 되었다. 하나님은 내 기도를 응답하지 말았어야 했다. 그 이유는 내 마음으로 하나님이 계시지 않다고 믿고 있었기 때문이다. 문제는 그 자리가 별안간에 생겼던 것이다. 그래서 나는 속으로 그것을 우연의 일치로 돌렸다. 그리고 또 다시 한 번 생각해보니 이미 약속 시간이 30분쯤 지나갔고 내가 도착하면 시간은 더 늦어질 것이므로 그 사람들은 모두 가버렸을 것 같았다. 그래서 나는 또 한 번 기도를 해보았다. "하나님, 당신이 계시다면 저들이 내가 갈 때까지 떠나지 않고 기다리게 해주십시요." 물론 그것은 믿음의 기도라기보다는 깊은 생각없이 하나님께 던지는 단순한 기도였다.

그러나 불광동에 도착했을 때에 내 눈을 의심할 수 밖에 없었다. 틀림없이 떠났을 것이라고 생각했던 그 청년들이 이제 막 지붕없는 트럭에 올라 타고 떠날 준비를 하고 있었던 것이다. 나는 삼개월 동안 반항했지만 두 번씩이나 하나님이 내가 무심코 한 기도에 간섭하셨다는 생각으로 혼란한 마음이 생겼다. 이젠 저항할 힘조차도 잃고 패배자처럼 그들 가운데 서 있었다. 그날은 유난히 밤공기가 차가왔다. 밤하늘에 반짝이는 별들을 볼 수 있었다. 콩나물 시루처럼 사람을 태운 트럭은 불광동 수양관을 향해 갔다. 그 주위에는 나무 뿐이었으며 집은 거의 없었다. 그들은 즐거워하며 하나님께 찬양하고 있었다. 나는 그 사이에 끼어서 아무 소리도 하지 못하고 내 고집과 내 교만이 꺾인 상태로 하나님이 정말 계신 것이 아닌가 하고 어안이 벙벙한 상태로 따라갔다.

그날 밤에 여러 선교사들이 설교를 했다. 여러 번에 걸쳐 구원의 복음을 듣는 것은 처음이었다. 그 중에 기억에 남는 것은 말린 베이커(Marlin Baker)라는 선교사가 전한 말씀이었다. 그는 지금 생각해보면 아주 단순한 설교를 했다고 생각된다. 그가 6·25 전쟁 때 자기 허벅지의 살점이 떨어져나간 곳을 보이며 이렇게 도전했다. "내가 나의 몸에 이런 상처를 준 나라에 다시 찾아 온 이유가 무엇입니까? 그것은 하나님이 당신들을 사랑하신다고 말씀하셨기에 나도 당신들을 사랑해서 왔고 하나님도 당신들을 사랑합니다."

자세히는 생각나지 않지만 이 설교를 들은 후에 구원받기 원하는 사람은 손들라고 했을 때 나는 아무런 저항없이 손을 들었다. 이미 하나님께서 나를 처리하시고 모든 교만을 꺾어 놓으신 때였기 때문이었다. 앞으로 나오라 할 때 나는 나아갔고 몇몇 사람이 탁자에 앉아서 상담을 받았다. 상담자는 다시 한 번 확인을 했다. 우리는 죄인이라는 사실을 알려 주었다. 나는 그것을 너무 잘 알고 있었다. 단지 그것이 해결될 수 있다는 희망이 없기 때문에 그대로 있었을 뿐이었다. 그런데 예수 그리스도께서 우리를 위해 십자가에 돌아가심으로써 그 죄를 다 해결해 놓았다는 것이다. 내게는 믿어지지 않는 사실이었다. 그러나 믿지 않겠다고 버틸 수가 없었다. 그래서 그대로 받아들이기로 결정했다. 나는 하나님의 사랑을 그렇게 강하게 느낄 수는 없었지만 하나님이 우리를 사랑한다는 말을 그대로 받아들이고 믿기로 했다. "영접하는 자 곧 그 이름을 믿는 자들에게는 하나님의 자녀가 되는 권세를 주신다"는 말씀에 입각해서 우리가 하나님의 사랑에 대한 호응을 보여야 한다는 권고에 따라서 나는 기도를 했다. "하나님, 나는 죄인입니다. 내 죄를 위해 예수께서 나 대신 십자가에서 모든 형벌을 받으신 것을 이제 알았습니다. 이제 이것을 선물로 받습니다. 주님, 제 마음에 오셔서 주인과 구세주가 되어주시옵소서. 아멘."

나는 이런 기도를 아무 저항도 없이 할 수 있었다. 지금 생각해보면 그때 무슨 큰 마음의 변화나 큰 기쁨이 생기거나 눈물을 쏟은 것은 아니었다. 단지 조용히 용납하고 인정하는 마음으로 성경에 있는 대로, 또 상담자가 시키는 대로 그 순서를 좇았던 것으로 생각된다. 그리고 나는 즉시로 간증할 사람들은 나와서 간증하라고 할 때에 그날 밤에 있었던 이야기를 모두 그들 앞에서 나누었다. 즉, 어떻게 하나님께서 나의 교만을 꺾고 어떻게 나의 조건부적인 기도를 들으셨는지에 대해서, 또 그날 주님을 나의 구주로 영접한 사실에 대해 간증했던 것이다.

생각하면 그것이야말로 내 생애에서 가장 커다란 변화의 시작이었던 것 같다. 그럼에도 불구하고 감정적으로는 덤덤했었다. 그러나 확실한 변화였다. 나는 그때 실마리처럼 조그만 빛이 내 마음 속에 비쳐오는 것을 느꼈던 것이다. 희망의 빛이었다. 또 의욕이 생기기 시작했다. 그리고 나는 매주일 목요일마다 모이는 그들의 기도회에도 참석했다. 기도회에 참석한다는 것은 나로서는 매우 큰 용기가 필요했다. 왜냐하면 서너 명이 모여서 기도할 때 소리를 내서 돌아가면서 기도해야 하므로 기도를 한 번도 해보지 않은 나로서는 매우 괴로운 순간들이었다. 그래서 기도회를 가려면 몇 번 기도회 장소 앞에서 왔다 갔다 하다가 결국은 들어가곤 했다.

그런 곳에 내가 계속 갈 수 있었다는 것도 나의 변화의 증거 중에 하나였다. 또 하나님께 대한 반항적인 생각이 없어진 것이다. 하나님이 그렇게 친밀하게 다가온 것은 아니었지만 내가 하나님을 모른다고 하며 하나님께 반항하는 것은 없어졌다. 그리고 하나님을 믿는 사람들과 만나는 것이 즐거웠고 나의 내성적인 성격과 대인 공포증에도 불구하고 계속 그리스도인들과 어울리게 되었다. 그래서 나는 매주 그들의 모임에 참석했고 기도회에 참석했다. 그 후 나는 Joy Club의 가장 충실한 회원 중에 한 사람이 되었다. 이 일은 1962년 2월 경에 이루어진 일이다.

지금 돌이켜 보면 그렇게 영접한 후 조그마한 변화는 경험했지만 나는 구원의 확신을 못하고 거의 5-6년간 전전 긍긍했다. 64년부터 66년까지 30개월 동안 군대 생활을 하며 구원에 대해서 가장 많이 의심을 했고 여러 가지 생각에 빠졌다. 아마 구원에 대해 의심을 하고 확신하지 못한 데는 몇 가지 이유가 있었던 것 같다. 그 중의 하나가 체계적으로 구원에 대하여 그리고 그리스도인의 생활을 하는 방법에 대하여 양육을 받지 못한 까닭이라 생각된다. 또 한 가지는 성경적인 지식이 부족했고 성경이 어떤 능력을 가지고 있었는지 잘 모르기 때문이기도 했다. 그러나 가장 큰 이유는 내가 구원을 받았는데 계속 죄를 짓고 있었던 까닭이었을 것이다.

나는 육신적인 그리스도인이었기 때문에 계속 실패하여 죄를 지었다. 물론 그때마다 요한일서 1장 9절 말씀에 의하여 자백하고 사함을 받았으나 이런 생활이 반복되다 보니 나의 구원 그 자체를 의심하기까지 되었던 것이다. 한 가지 구원받기 전과 달랐던 점은 비록 죄를 짓고 자백하고 의심해도 결국은 다시 주님께서 나를 구원하셨다는 데로 돌아오곤 했던 점이다. 과거에는 의심도 하지 않았으며 죄에 대한 괴로움도 없었고 하나님께로 돌아오는 것도 없었던 것이다.

이런 의심들이 내가 예수님을 처음 영접했을 때 감정적인 격동을 느끼지 않아서 더 컸다고 생각된다. 눈물을 흘리면서 어떤 기적적인 경험을 했다면 이런 의심들이 덜 했을지도 모른다. 하지만 내게는 그런 것들이 없고 내적인 변화가 꽤 잔잔한 가운데 이루어져서 그렇다고 생각된다. 오랜 후에야 이런 것도 역시 하나님이 나를 받아주시는 방법 중의 하나라고 생각했다. 특히 요한일서 2장 2절을 보면서 커다란 확신이 내게 다가왔다. "저는 우리 죄를 위한 화목 제물이니 우리만 위할뿐 아니요 온 세상의 죄를 위하심이라." 지금도 생생하게 느껴지는 것은 주님께서 온 세상의 죄를 위해 돌아가시면서 나만 빼놓고 지옥 가라고 소외시키지 않으셨다는 느낌이 내 마음 속에 확실하게 들어왔던 것이다.

이것은 성령께서 내게 주신 말씀이었다고 생각된다. 왜냐하면 그 후로부터는 내게 구원에 대한 의심이 사라졌기 때문이다. 참 귀한 말씀이었다. 저는 즉 그리스도는 우리 죄를 위한 화목 제물이니, 나만 아니라 나를 포함한 온 세상의 죄를 위해서 단번에 이런 일을 하셨다는 것이다. 나는 그 후로부터 말씀을 더 깊이 보기 시작했다. 말씀을 깊이 보기 시작했을 때에 그 전에 몰랐던 말씀들이 다가왔다.

"피흘림이 없이는 사함이 없느니라"는 말씀도 그 의미가 새로워졌다. 예수께서는 피를 흘리셨다. 그렇기 때문에 사함도 반드시 있다는 히브리서 9장 22절 말씀도 내게 큰 도움이 되었다. 또 히브리서 10장 10절에 "이 뜻을 좇아 예수 그리스도의 몸을 단번에 드리심으로 말미암아 우리가 거룩함을 입었노라"는 말씀을 통해 내가 계속 죄를 짓기 때문에 부족하지만 그 죄까지도 위해서 십자가에서 용서하심으로 말미암아 내가 거룩함을 누릴 수 있게 하셨다는 사실을 알게 되었다.

아마 그 중에서도 가장 명명백백한 선언은 히브리서 10장 17~18절 말씀이었다고 기억된다. "또 저희 죄와 저희 불법을 내가 다시 기억지 아니하리라 하셨으니 이것을 사하였은즉 다시 죄를 위하여 제사드릴 것이 없느니라." 특히 가톨릭 배경을 가진 나로서는 이것은 파격적인 선언이었다. 내가 내 죄를 용서해달라고 애걸하는 것이 아니라 하나님이 친히 하나님 편에서 나에게 선언하는 내용이었다. 즉 하나님 편에서 내 불법을 다시 기억하지 않으시므로 나는 더 이상 제사드릴 것이 없다는 것이다. 가톨릭교 배경을 가진 나는 사실 미사 때마다 그리스도께서 다시 십자가에 돌아가시는 예식에 참여하고 "내 탓이요, 내 탓이요."라고 그때마다 외친 경험이 있었다. 그러나 이제는 이 말씀만이 내 속에 남아있다. 예수님의 십자가는 단번에 이루어진 사건이며 단 한 번으로 온 인류의 죄를 용서할 수 있는 능력이 있음을 의심하지 않게 되었다.

이제 다시 원점으로 돌아와서 이런 질문을 해본다. "내가 과연 언제 구원을 받았는가?" 이처럼 모든 것이 명명백백해진 후에 "구원을 받았는가? 아니면 그렇게 되는 과정 중 어느 순간일까? 또 아니면 처음 주님을 어린아이처럼 영접한 순간일까?" 내가 구원받은 것은 1962년 철야 기도회 때라고 생각한다. 내가 작은 겨자씨 같은 믿음으로 주님을 받아들였을 때라고 생각한다. 그러나 그 믿음이 자리를 잡고 튼튼해지기까지는 긴 시간이 걸렸다. 그 후에도 나는 구원에 대해서 수없이 많이 흐느끼고 감사하며 새롭게 경험했다.

한번은 내가 말씀을 듣는 동안 나의 죄가 주마등처럼 내 눈 앞을 스쳐갔다. 그것을 보며 "어떻게 해야 할 것인가?"라는 탄식을 할 때 빨간 핏방울이 내 가슴에 뚝뚝 떨어지며 그것이 주마등처럼 스쳐가는 나의 모든 죄악들을 녹여버리고 깨끗케 하는 것을 경험했다. 그 이후로 나는 예수 그리스도의 보혈에 대해 수없이 설교했으며 보혈밖에 눈에 들어오지 않고, 보혈만 생각하면 기뻐하며 감사했던 것으로 기억한다. 그래도 내가 구원을 받은 것은 처음 어린아이와 같이 주님을 영접했던 때라고 생각한다. 후에 알았지만 구원의 깊이가 워낙 깊으므로 구원의 새로움과 크기를 거듭 체험할 수 있었던 것이지 그때마다 구원을 다시 받는 것은 아니었다고 생각한다. 나는 앞으로도 이 구원의 크기를 더욱 더 깊이 느껴갈 것이라 생각한다.

내가 구원받은 후 가장 크게 어려웠던 것은 습관적으로 죄를 범하는 것들이었다. 그때마다 나는 또 구원받지 못한 것처럼 죄의식 속에 빠져들어갔던 것이다. 그래서 그때마다 나는 "만일 우리가 우리 죄를 자백하면 저는 미쁘시고 의로우사 우리 죄를 사하시며 모든 불의에서 우리를 깨끗하게 하실 것이요"라는 말씀으로 거듭 자백하며 하나님의 말씀이 내가 느끼는 감정보다 더 권위가 있다는 것을 확인하며 나를 엄습해오는 죄의식에서 깨끗이 벗어날 수가 있었다. 30여 년이 지났지만 나는 지금도 이 말씀을 의지하여 주님께 나의 실수를 자백하곤 한다. 그러나 이제는 그런 자백을 하면서도 구원의 확신을 갖지 못해서 전전 긍긍하지는 않는다. 그것은 주님이 나를 구원하셨다는 사실을 말씀을 통해서, 내 느낌을 통해서, 또 내가 가진 지식을 통해서 확실히 알게 되었기 때문에 그렇다.

이 모든 것은 하나님의 은혜이다. 나는 그 후로 이 하나님의 은혜를 더 많이 생각하게 되었고, 그 은혜로 말미암아 목사가 되었고, 내가 구원받은 선교 단체의 대표로서 하나님을 섬겼으며, 세계 선교를 위해 최종적으로 내 생명을 바치게 되었다. 그렇게 바친 지 수십년이 지났다. 10여 년 전부터는 한국해외선교회라는 단체를 통해 훈련도 하며 선교도 하며 내 생애를 쏟았다. 그리고 지금도 쏟고 있다. 나의 삶이 이제는 좌절되는 삶이 아니라 희망의 삶이요, 세계를 품은 삶이요, 물이 바다를 덮음 같이 하나님을 인정하는 지식이 이 세계를 덮을 때를 바라보며 한 걸음씩 나가는 삶이다.

하나님께서는 내게 가정도 주셨다. 내 아내는 구원받은 하나님의 자녀로서 25년 동안 나와 함께 동고 동락하였다. 결혼한 지 7년 동안 자녀를 갖지 못하다가 7년 만에 하나님께서 두 자녀를 주셔서 이제 두 자녀가 고등학생들이 되었다. 이들도 어린 시절부터 예수 그리스도를 믿고 하나님을 아는 자녀로 자라가고 있다. 나는 내 생애가 다시 주어진다 하더라도 똑같은 과정을 택할 것이다. 그리고 나는 다른 생애를 원하지 않는다. 비록 내 생애에 괴롭고 어두운 터널을 통과해야 할 때가 있었지만 그것들이 오히려 하나님의 실제를 경험하는 놀라운 계기가 되었으므로 나는 하나님이 내게 주신 것 외에 다른 것을 원하지 않는다. 앞으로 언제까지 주님이 나를 이 땅에 두실 지 모른다. 그러나 주님이 나를 불러가실 때까지 주님의 말씀을 전세계에 선포하는 데 직접 간접적으로 사용되기 바란다.

영어와 그리스도

홍 성 철

홍성철 목사는 고려대학교에서 영문학(B.A.)을 공부하고, 그 후 뉴질랜드(New Zealand)의 빅토리아대학교(Victoria University)에서 영어교수법(Diploma), 서울신학대학교에서 신학석사(M.Div.), 애스베리신학교(Asbury Theological Seminary)에서 종교학석사(M.A.R.)와 신학석사(M.Th.), 그리고 보스턴대학교(Boston University)에서 신학박사(Th.D.)를 취득하였다.

그는 대학 시절에 예수 그리스도를 만나 회심을 경험한 후, 먼저 죠이선교회(Joy Mission)의 지도자와 OMS의 전도 책임자로서, 그리고 태국의 선교사와 보스턴 소망교회의 개척 담임 목회자로서, 현재는 서울신학대학교의 교수로 봉직하면서, 전도와 제자 훈련을 통한 세계 복음화에 헌신하여 왔다. 그 사역을 위하여 그는 국내는 물론 약 40 나라에서 복음을 진작시키려 하였다.

그는 로버트 콜만(Robert E. Coleman) 박사의 명저인 「주님의 전도계획」 이외에 27권의 기독교 서적을 번역하였고, 「주님의 지상명령--성경적 의미와 적용」 이외에 7권의 책을 저술하였으며, 「회심--거듭남의 의미와 적용」 이외에 5권을 편집 출판하였고, 여러 학술 전문지에 다수의 논문을 발표하였다.

그는 한국 교회가 세계의 복음화에 일익을 담당해야 된다는 사명감을 가지고 같은 뜻을 가진 분들과 「세계복음화문제연구소」와 부설 「도서출판 세복」을 설립하여 소장을 역임하고 있으며, 한국로잔 중앙위원회 위원, 국제 로잔 위원회 신학과 정책 분과위원회 위원의 직분을 맡고 있다.

영어와 그리스도

나는 철저한 유교 가정에서 성장하였다. 나는 제사 때마다 특별한 의미를 부여하거나 이의(異意)를 제기하지 않고 성실하게 참여하였다. 그것은 우리의 전통이요, 조상에 대한 경의(敬意)의 표시였다. 자연히 내 주변의 사람들도 그런 세계관을 가진 사람들이었다. 따라서 나는 기독교에 접할 수 있는 기회가 거의 없었다.

그래도 나는 책을 통해서 또는 대화를 통해서 기독교에 대한 어설픈 지식을 갖게 되었다. 그러나 그것은 왜곡(歪曲)된 지식이었고, 편견과 오만(傲慢)을 동반한 지식이었다. 나는 이처럼 기독교에 대한 잘못된 선입견(先入見) 때문에 기독인들을 달가워하지 않는 것은 물론 기회 있는대로 논박하고 핍박하였다.

그러다가 나는 군대에 들어갔는데, 거기서 한 진실한 그리스도인을 만나게 되었다. 그 청년은 모든 사람들에게서 총애를 받을 만큼 성실했고 또 실력도 있었다. 그는 나의 구원을 위하여 기도한다고 하면서 성경과 찬송가를 선물하였다.

그 후 3년쯤 지난 어느 여름, 나는 그 친구가 준 성경과 찬송가를 신문지에 싸들고 동네에 있는 어느 큰 교회를 찾았다. 나로서는 큰 결심이었다. 그런데 그날의 설교는 "헌금"이었다. 나는 너무나 실망하였다. 인생의 의미와 목적을 혹시 교회에서 찾을까 했었는데… 나는 교회에 가기 전보다 더 큰 공허와 허무를 씹으면서 교회를 나올 수밖에 없었다.

그러나 한 번의 설교 때문에 기독교를 완전히 외면하기에는 군대에서 사귄 그 청년의 아름다운 삶의 인상이 너무나 컸다. 한 달쯤 지나 나는 그 교회를 다시 찾았다. 그날의 설교도 그랜드 피아노 구입을 위한 "헌금"이었다. 이제 나에게 교회는 더 이상 진리의 곳이 아니었다. 나는 교회와 영원한 작별을 고하기로 결정하였다.

다시 나는 인생의 의미와 목적을 찾으려는 방황 속으로 빠져 들어갔다. 문학과 철학 사이를 오가면서, 과도한 운동과 술에 파묻혀서, 그리고 유교와 불교를 맴돌면서… 그러면서도 나에게는 영어 회화를 배우지 않으면 안된다는 강박관념이 있었는데, 그 이유는 영문학을 전공하고 있었기 때문이었다.

마침, 어떤 분의 소개로 나는 미국 군인들을 위한 성경 공부반에 들어가게 되었다. 물론 성경에는 전혀 관심이 없고, 오직 영어 회화에만 관심이 있었다. 그러나 이상하게도 시간이 지남에 따라 어렴풋이 들려진 성경의 내용과 미군들의 진솔하고 겸손한 삶은 나의 눈길을 끌기 시작했다. 그러던 중 나는 한 장교와 각별히 사귀게 되었다. 나는 그에게 서울 이곳 저곳을 구경시켰고, 그는 나에게 영어 회화를 연습시켰다.

어느 날 오후 그 미군 장교는 나에게 죠이 클럽(Joy Club)을 소개하였다. 40여 명의 대학생들이 영어로 프로그램을 진행하고 있었다. 물론 내가 그곳에 흥미를 가지고 간 것은 영어 때문이었다. 그 프로그램 중 간증(干證) 순서에서 몇 학생이 한 사람씩 일어나 놀랠 정도로 유창한 영어로 이렇게 말했다:

"나는 예수 믿고 평안을 찾았습니다."

"나는 그리스도 안에서 인생의 목적을 발견하였습니다."

“나는 참 진리가 무엇인지 알았습니다.”

나는 불쾌한 마음으로 그 클럽을 나왔다. 영어 공부도 중요하지만 그런 위선자들을 만났다는 사실이 나의 마음을 상하게 하였던 것이다. 나같이 진지하게 인생의 의미와 진리를 추구하는 사람도 이렇게 방황하고 있는데 말이다. 사실, 나는 많은 밤을 지새우며 생각하고 고민했었다. 기껏해야 100년 사는 인생, 그것도 어린 시절, 자는 시간, 식사 시간, 화장 시간 등을 빼고 나면 의미 있는 삶은 30년도 채 못되는, 다시 말해서, 10,000여 일 될까말까하는 짧은 인생이다. 나는 이처럼 짧은 인생의 의미를 찾기 위하여 숱한 고민을 하였다. 그 고민 때문에 절에 가서 몇 달씩 보낸 적도 있었다.

한편, 이런 생각도 하게 되었다. 만일, 그럴 리는 없지만, 만일 그들의 간증이 진실이라면… 물론 그럴 리는 없지만, 그러나 만일… 나는 그들의 말이 허구(虛構)라는 것을 발견할 때까지 만이라도 그 클럽을 찾아야 된다고 생각하였다. 그러나 그 결정 때문에 나의 인생 항로가 완전히 바뀔 줄 어찌 알았겠는가.

한 주에 한 번씩 나는 그 클럽에 가서 그들의 말을 경청하였고 그들의 행동들 일거수일투족을 면밀히 살폈다. 그런데 실망스럽게도, 그들에게는 무엇인지 모르지만 나에게 없는 어떤 것이 있는 것 같았다. 시간이 지남에 따라 무엇인가를 건질 수 있을 것 같은 느낌이 들었다. 4개월쯤 지나서 나는 그들의 여름 수양회에 초청을 받았다. 나는 모든 바쁘고도 중요한 일정을 중단하고 그 수양회에 참석하였다.

그러나 수양회는 너무나 실망스러웠다. 설교자들은 한결같이 인간의 모든 문제는 하나님을 떠난 사실 때문에 기인(基因)하였다는 것이다. 나는 스스로 반문하였다: “하나님이 누구이며, 또 어떻게 존재하는가? 그리고 나처럼 선하게 살려는 사람이 어떻게 죄인일 수 있겠는가?" 그 외에도 나에게는 풀 수 없는 질문이 또 있었다. 그것은 죽음의 문제였다. "왜 인간은 죽어야 하는가? 죽음 너머에는 무엇이 기다리는가?" 이 질문 때문에 나는 수양회를 떠나고 싶어도 떠날 수 없었다.

그날 밤은 나에게 영원히 잊혀질 수 없는 밤이었다. 나는 10시 30분쯤 잠자리에 들어갔으나 전혀 잠을 이룰 수 없었다. "인생은 무엇인가? 어디에서 왔다가 어디로 가는가? 무엇 때문에 열심히 공부하는가?" 12시쯤 나는 자리를 박차고 일어났다. 나는 더 이상 이대로 있을 수만은 없었다. 다른 방에서 자고 있는 한 청년을 깨어서 대화를 하지 않으면 안 될 것 같은 절박한 심정이었다. 그 청년은 그 동안 나에게 좋은 인상을 심어주었었다.

한편, 그 청년은 요지부동(搖持不動)의 나를 위하여 기도하고 있었다. 12쯤, 그러니까 내가 내 방을 나오려는 그 시간에 그는 나를 깨워 전도해야 되겠다는 결심을 하고 자리에서 일어났다. 우리는 약속이나 한 듯 동시에 각자의 방에서 나왔다. 나는 그를 보고 내심 무척 놀랬으나, 의연(毅然)한 자세로 그와 대화를 시작하였다. 아니, 그의 전도에 빨려 들어갔다.

그는 약 두 시간 동안 성경 이야기를 들려주었다. 대부분의 내용은 잘 이해되지 않았으나, 요점은 이런 것이었다:

"하나님은 인간을 창조하고 사랑의 교제를 나누셨으나, 인간은 하나님을 거부하고 등을 돌렸다. 그 결과 인간은 심판과 죽음을 자취(自取)하였다. 그러나 하나님은 인간을 여전히 사랑하시기에, 그 아들 예수 그리스도를 이 세상에 보내시어, 나를 위하여 대신 심판을 받고 십자가에서 죽으셨다. 나도 나의 죄에서 돌이키고 그 예수 그리스도를 영접하면 죄를 용서받음은 물론 인생의 의미를 발견한다."

그는 마침내 전도를 마치고 기도하기 시작하였다. 그런데 그는 기도하면서 나를 위하여 우는 것이었다. 잘 알지도 못하는 나를 위하여 우는 것이 이해가 되지 않았지만, 그래도 웬지 이상한 느낌이 들었다. 그는 방으로 들어갔으나 나는 그 자리를 뜰 수 없었다. 무서우리만큼 적막한 산 속의 밤… 그러나 그보다 훨씬 더 무서운 것은 파도 물결처럼 요동하는 나의 마음이었다.

나는 난생 처음 하나님에게 기도하기 시작하였다: "하나님이 존재한다면 나에게 그 존재를 보여 주십시오. 그러면 나도 믿겠습니다." 얼마 동안 기다렸으나 하나님은 나타나지 않으셨다. 나는 다시 기도하였다: "하나님이 존재한다면 내가 죄인이란 사실을 알려주십시오." 그 기도가 끝나자 죄가 떠오르기 시작하였다. 내가 지금까지 죄인이라는 사실을 부인한 것이 무너지는 순간이었으며, 동시에 하나님의 존재를 시인하는 순간이었다.

일단 하나님의 존재와 나의 죄를 인정하자 문제는 심각해졌다. 나는 심판과 죽음의 사실 때문에 두려워졌다. 그때 그 청년이 전해준 예수 그리스도의 십자가가 떠올랐다. 나는 그분을 의지하여 죄를 고백하며, 나를 대신하여 죽으신 그분을 나의 삶과 마음에 영접하였다. 그리고 나의 생애를 그분에게 맡겼다.

갑자기 나의 마음이 평온하여졌다. 내 마음 속에서 무엇인가 일어났던 것이다. 너무나 잔잔해진 마음을 가지고 방으로 들어가서 난생 처음 성경을 펴서 요한복음을 읽었다. 무슨 뜻인지는 모르겠으나 너무나 좋았다. 간단히 감사의 기도를 하고 잠자리에 들었을 때는 새벽 2시가 한참 지나서였다. 마침 그날은 우리 나라의 해방과 자유를 구가(謳歌)하는 8월 15일이기도 했다.

아침에 일어나 밖으로 나갔더니, 하늘과 땅, 산들과 나무들… 이 모든 것들이 너무나 아름답게 보였다. 그것들은 모두 양팔을 벌리고 내가 하늘 나라의 일원이 된 것을 환영하여 주는 것만 같았다. 내 마음의 환희(歡喜)는 그 환영에 화답하는 양 부글부글 끓어오르고 있었다.

그날 아침 나는 어느 목사님을 만났다. 그분은 나의 구원을 기뻐하며 요한복음 1장 12절을 읽어주셨다: "영접하는 자 곧 그 이름을 믿는 자들에게는 하나님의 자녀가 되는 권세를 주셨으니." 그리고 구원에 대하여 의심이 생기거나 문제가 생기면, 감정에 따라 흔들리지 말고, 그 말씀을 의지하여 신앙을 잘 유지하라고 따뜻하게 일러주셨다.

나의 생애는 완전히 변화되었다. 억누를 수 없는 기쁨을 다른 그리스도인들과 나누고 싶었으며, 따라서 그들을 만나 함께 교제를 나누며 하나님께 예배드리는 것이 기쁨이 되었다. 뿐만 아니라, 그 기쁨을 다른 믿지 않는 사람들에게 전하고 싶은 열정으로 가득 찼다. 그리고 나에게 이런 기쁨을 주신 분을 성경과 기도를 통하여 매일 만날 수 있었다. 이처럼 좋은 분을 대학교 4학년이 되어서야 만난 것이 억울하기조차 했다.

이런 기쁨의 생활을 6개월쯤 했을 때, 기존의 그리스도인들이 나처럼 열정적으로 전도하지 않는 모습이 못마땅하게 보였다. 나는 그들을 비난하기 시작했는데, 그 즉시로 그 동안 누렸던 기쁨과 평안은 사라지고 그 대신 갈등이 생겼다. 하루는 혼자 걸으면서 이런 생각을 하게 되었다:

"너는 구원받았니?"

"물론이지."

"어떻게 알지?"

"예수님을 나의 구세주로 영접하였으니까."

"그럼 너는 지금 기쁨이 있니?"

나는 아무 대답도 할 수 없었다. 기쁨은 커녕 갈등을 하고 있었기 때문이었다. 만일 내가 구원받지 못했다면 지옥에 갈 수밖에 없는 죄인임을 너무나 잘 알고 있었기에 두려움이 나를 엄습했다. 나는 방향을 바꾸어 집으로 달려갔다. 급히 요한복음 1장 12절을 찾아 읽었다. 나는 성경의 약속대로 확실히 하나님의 자녀였다. 안도와 감사의 기도를 드리면서, 그 성경 구절을 암송하기로 했다. 비록 암송하는 데 여러 날 걸렸지만, 이제는 그 약속의 말씀을 마음 속에 지니고 다니면서 의심이 생길 적마다 그 말씀을 묵상하며 감사하게 되었다.

그것이 계기가 되어 나는 그 말씀 이후에도 계속해서 은혜가 되는 말씀들을 암송하게 되었다. 그 말씀들은 나의 생활은 물론 후에 나의 사역에도 큰 도움이 되었다. 생활에서 한 실례를 들어보자.

그 후 얼마 지나지 않아서 대학원에 입학했을 때의 일이었다. 부모님은 신앙을 포기한다는 조건으로 등록금을 주신다는 것이었다. 그때에 나는 요한일서 5장 14~15절의 약속을 의지하게 되었다. 그러나 등록 마감이 가까워 오는 데도 아무런 징조도 보이지 않자 그 말씀의 약속을 의심하게 되었다. 그러나 하나님은 이미 역사하고 계셨던 것이다!

하루는 군대에서 나에게 전도하던 그 청년이 등록금에 상당하는 돈을 가지고 찾아왔다. 사연인즉, 미국에서 사는 막내 동생이 자전거를 타다 넘어져 다리가 부러졌는데, 여기저기에서 그리스도인들이 경제적인 도움을 주기 시작하였다는 것이다. 한 번은 누군가가 또 돈을 보냈는데, 그 아버지는 그 돈을 한국에 있는 큰 아들에게 보냈고, 그는 그 돈을 나에게 갖다 주라는 주님의 음성을 들었다는 것이었다. 말씀에 대한 신뢰를 깊게 하는 또 하나의 계기가 되었음은 두말 할 필요가 없다.

이처럼 신앙이 조금씩 성장하고 있을 때 또 심각한 문제가 생겼다. 죠이 클럽 안에 있는 어떤 청년을 미워하게 되었다. 미움이 살인죄와 같다는 성경의 가르침을 알면서도(요한일서 3:15) 미움은 갈수록 깊어졌다. 회개도 해 보고, 기도도 해 보았다. 그러나 아무 것도 해결의 실마리를 주지 못했다. 나는 그 미움을 더 이상 감당할 수 없어서 클럽도 떠났고, 그 청년과 함께 다니던 교회도 떠났다. 그 후 영적으로 방황하면서 예수 믿은 것조차 후회하였다. 믿지 않는 여자와 데이트도 하였는데, 잃어버린 영적 기쁨을 다른 인간적인 방법으로 대치하려는 노력이었다.

어느 토요일 그 여자를 만날 준비를 하고 있는데, 나를 그리스도 앞으로 인도한 청년이 찾아왔다. 나는 갑자기 나타난 그를 보고 무척 기분이 상했다. 왜냐하면 회개하고 다시 하나님 앞으로 돌아오라고 할 것이 뻔했기 때문이었다. 그러나 그는 이상하게도 아무 말도 하지 않고 있다가 눈물을 흘리며, "하나님은 당신을 여전히 사랑하시며, 나도 사랑하네"라고 말한 후 떠나갔다. 나는 그 눈물을 영원히 잊지 못할 것이다. 다시 주님께 돌아가야 한다는 갈망이 일어났다. 다시 갈등과 갈망 사이에서 방황하고 있던 어느 날, 전광석화(電光石火)와 같이 한 말씀이 나를 쳤다: "대저 의인은 일곱 번 넘어질지라도 다시 일어나려니와…."

나는 벌떡 일어나서 짐을 꾸려 가지고 수양회로 달려갔다. 그때 마침 죠이 클럽에서 겨울 수양회를 하고 있었다. 나는 창피와 모든 자존심을 무릅쓰고 탕자처럼 수양회에 들어갔다. 나는 틈만 나면 눈 덮인 산 속으로 들어가서 기도하며 울부짖었다: "오, 하나님, 이 탕자가 돌아왔습니다. 용서하여 주옵소서!"

수양회 마지막 날 마지막 순서가 되었다. 어느 목사님의 인도로 성찬식을 거행하고 있었다. 나를 주님에게로 인도한 그 청년이 "떡"을 위하여 기도하면서, 우리 죄를 위하여 십자가 위에서 몸이 찢기신 주님의 사랑에 감격하며 흐느끼고 있었다. 그때에 성령님이 우리 가운데 임하면서 역사하시었다. 그날 우리 모두는 시간 가는 줄 모르고 눈물 콧물을 쏟으며 통곡하였다. 나는 그날 처음으로 성령의 충만을 경험하였던 것이다.

나는 또 한 번 변화되었다. 내 주변의 사람들이 그리스도를 모르고 살아가는 것을 보면서 눈물이 쏟아졌다. 그 당시 나는 어느 고등학교에서 영어를 가르치고 있었는데, 나의 학생들의 영적 상태를 생각하며 눈물을 흘렸다. 그때부터 나는 매일 학생들을 위하여 두 시간씩 기도하기 시작하였다.

그렇게 몇 개월인지 흘러갔다. 어느 토요일 오후 나는 8명의 학생들을 만나게 되었다. 그들은 여러 가지 방법으로 나의 신앙을 조롱하고 있었다. 심지어 한 학생은 성경을 가지고 와서 나를 놀려댔다. 나는 그 성경을 빌려서 누가복음 21장의 몇 구절을 읽어주며 전도를 하기 시작하였다. 갑자기 이 학생들은 얼굴이 창백해지며 무릎을 꿇고 울부짖었다: "선생님, 어떻게 해야 우리가 구원을 얻습니까?" 성령님이 강하게 역사하고 있었던 것이었다. 그들이 모두 예수 그리스도를 구세주로 영접한 후, 그들은 학교에서 전도하기 시작했으며, 학교 전체가 성령의 임재를 느끼듯 술렁대며, 많은 학생들이 주님 앞으로 돌아왔다.

나는 즉각적으로 이 구원받은 학생들에게 성경도 가르치고 또 함께 기도하면서 같이 성장하기 시작하였다. 그리고 이렇게 해서 나는 서서히 전도자로, 그리고 훈련자로 성장하여 가고 있었다. 그리고 그 10년 동안 평신도 전도자로서 수천 명이 그리스도 앞으로 돌아오며, 또 훈련받는 모습을 지켜보는 특권을 누리게 되었다.

매일의 삶 속에서

홍 순 영

홍순영 목사는 전 육군 군종감으로 일찍이 서울신학대학교와 국제대학에서 수학하였고, 그 이후 서울신학대학교 대학원과 연세대학교 연합신학대학원에서, 미국의 풀러(Fuller)신학교 세계선교대학원에서 공부하였다. 현재는 신덕교회의 담임목사이다.

그의 인격적인 삶과 거룩한 신앙은 많은 사람들에게 귀감(龜鑑)이 되고 있다.

매일의 삶 속에서

내가 늘 하는 감사의 기도 중 한 마디는 이것이다:

"하나님!

나를 굶어 죽을 데서 건지시고,

병들어 죽을 데서도 건지시고,

죄로 인한 지옥 형벌에서도 건져 주셨으니

감사합니다."

그만큼 굶어 죽을 고비가 많았다. 굶어 죽을 판에 학교는 엄두를 낼 수가 없었다. 그래서 국민학교 졸업장도 없다. 왜냐하면 초등학교도 아닌 공민학교를 교과서 한 번 못 사고 굴러다니다가 6학년 2학기가 시작될 무렵 책값 못 낸 자는 학교 오지 말라는 선생님 말씀에 더 이상 학교에 갈 수가 없었기 때문이었다.

그 정도의 거지같은 나를 군산중동교회 정중홍 권사님께서 당신이 경영하시는 목공소에서 일하게 하고 밥을 먹여 주셨다. 2년 일한 후에 야간 중학교에 보내주셨다. 그 후에 야간 고등학교도 마치게 해 주셨다. 6년간 학교는 야간에만 다녔으나 교회에는 주간에도 다닐 수 있었다. 주일날이면 주간에도 교회에 가고, 야간에도 교회에 가고 평일에는 새벽에도 교회에 갈 수 있었다.

교회 가는 날은 마냥 좋았다. 왜냐하면 그날은 일을 안해도 되었기 때문이었다. 또 하나는 목사님의 설교 중 감동적인 내용은 꼭 메모를 하거나 마음에 새겨오는 즐거움 때문이었다. 메모한 설교 내용을 야간 학교에서 반장으로 있을 때 반복해서 써 먹는 것이었다. 쉬는 시간이나, 선생님이 늦게 오실 때, 혹은 자습 시간에는 꼭 반장인 내가 교단에 올라가서 목사님의 설교 말씀을 학생들을 상대로 다시 한 번 반복 설교를 한 셈이었다.

그래서였는지 내가 교단에 올라가면 떠들던 학생들이 조용하게 귀를 기울였다. 나는 목사님의 설교를 그대로 흉내냈다. 학생들은 상당히 따르는 듯했고 나는 내가 한 말에 책임감 같은 것이 느껴져서 학교 생활을 충실히 개근했다. 그런 재미로 교회에 열심히 다녔다. 그러나 고등학교를 졸업할 즈음까지 나는 신학교에 대해 전혀 아는 것이 없었고 사명감은 더욱 없었다.

고등학교 졸업이 가까워지자 더 공부하고 싶은 마음은 굴뚝 같은데 공부할 길이 없었다. 그때 정 권사님은 나에게 신학교에 갈 것을 권유했다. 나의 생각으로는 돈없이 공부할 길은 육군사관학교 뿐인데 현재 실력으로는 어려울 것 같으니까 신학교에 우선 들어가서 1년간 준비하여 육사로 뛰리라는 계산에서 신학교에 가기로 했다.

그런데 내가 신학교 2학년 때 학교 부흥회가 있었다. 나는 그 부흥회 기간에 큰 은혜를 받았다. 그때에 나는 예수님을 깊이 알게 되었다. 나같은 죄인을 위하여까지도 십자가에 죽으시고 부활하신 예수님에게 어떻게 감사해야될지 몰랐다. 그래서 육사에 들어가는 것보다 나를 하나님께 바치는 것이 낫겠다는 생각이 들었다. 하나님께서 나에게 긍휼을 베푸사 더 이상 마음이 갈라져서 갈등에 시달리지 않도록 내 마음을 하나님 쪽으로 모아 주신 것이다.

하나의 이정표는 그 다음 이정표가 나올 때까지만 안내하면 족하듯, 나에게 주신 하나님의 은혜도 그때의 방향을 틀 만큼만 주신 것 같다. 그때 나의 마음이 하나님을 향해 정해진 것은 분명하다. 지금에 와서 생각하면 내가 그때 육사에 가지 않고 목사가 된 것이 얼마나 감사한지 모르겠다. 만약 내가 육사에 갔다면 대령까지는 갔을지 모르나, 군종감은 못 되었을 것이다. 일반 대령과 군종감은 비교가 되지 않는 위치이기 때문이다.

그러나 그때는 나에게 만족도 감사도 없었다. 학교 공부는 줄곧 장학금을 받았으나, 교수님들의 강의에는 항상 불만이었다. 낡은 노트를 침발라 넘겨가며 불러주는 식의 천편일률적인 고리타분한 강의와 설교는 나를 질식하게 만들었다. 그때부터 나의 기도는 "하나님, 나로 하여금 저런 묵은 김치같은 통조림식의 설교를 하지 말게 하시고 막 절여낸 김장 김치같은 싱싱하고 상큼한 설교를 하도록 도와주소서"였다. 그것이 얼마나 어리석은 생각이었다는 것을 깨닫게 되기까지는 많은 세월이 필요했다.

그때쯤 한신대학의 안병무 교수가 「현존」이라는 신학 잡지를 출간했다. 나는 그분의 간결한 문장, 깊이있는 사상, 손바닥에 올려 놓은 것 같은 확연한 논리에 빠져들어가고 있었다. 그 다음은 김재준의 「제3일」이라는 잡지, 장공 전집, 함석헌의 「씨알」, 함석헌 전집 등 전위적인 책들만 선호했다. 나의 몸은 서울신학대학교에 있으나 머리 속에는 완전히 자유주의 신학으로 채워지고 있었다. 무교회주의자 내촌감삼의 책, 그의 제자 김교신 전집, 노평구의 「성서연구」 등에서 깊은 감동을 받았고 한국신학연구소에서 나오는 책은 나오는 대로 다 읽어 갔다. 그때 나는 주위의 동료들보다 한 발 앞서 간다는 긍지를 속으로 간직하기도 했다.

나는 신학교 4학년 때인가 전교 설교대회에서 학교 대표로 뽑혀 전국 신학 대학생 설교대회에 출전한 적이 있다. 또 군목으로 입대한 후 해방신학 비판 경영대회에서 전 군목 중에서 1등으로 선발되어 재경지역 전부대를 순회하며 강연하기도 했으며, 그 결과 소령에서 중령 진급을 쉽게 얻기도 했다. 이런 결과는 아마도 청중이 이해하기 쉽게 설명하는 능력과 설득력을 중요시하는 신학에서 얻은 것으로 생각한다.

나는 신학대학교 졸업 후 인천중앙성결교회에서 3년간 전도사로 일한 후 1971년에 안수받아 그 해에 군목으로 입대했는데, 그 3년 동안 국제대학 영문과를 학사편입으로 졸업했고, 연세대학교 연합신학대학원 1년을 수료할 수 있었는데, 그 나머지를 마칠수 있는 기회를 놓치고 말았다. 그대신 대위 때 서울신학대학원을 졸업하게 되었다.

나는 어느 부대로 가든지 교인들이 많든, 적든, 사병들이든 장교나 가족들이건, 구애없이 설교를 제대로 해보기 위해 애썼다. 다른 군목들이 위문품을 얻으러 이 교회, 저 교회로 다닐 때, 나는 병사들에게 위문품을 주는 것보다 하나님의 말씀을 제대로 주는 것이 더 중요하다고 생각했다.

그래서 물품 얻으러 다니는 시간에 말씀 준비에 더 몰두했다. 나는 중학교 때부터 한문에 흥미를 붙여 공자, 맹자, 노자, 장자, 순자, 묵자, 한비자 등 子字 돌림의 책들은 거의 다 읽은 것 같다. 심리학, 철학, 문학 등의 책들도 꽤 읽었다. 그런 것들은 나로 하여금 설교 잘하는 목사라는 말을 군인 교회 안에서 듣도록 하는데 도움을 준 것으로 보인다.

그러다 보니 나에게 가장 큰 문제는 성경을 한 장도 못 보고 넘어가는 날이 많아진 것이다. 이책 저책 뒤지다 보면 성경은 항상 뒷전이었다. 성경은 설교할 때만 부득이 사용되는 참고서 정도밖에 못되었다. 기도의 연료는 말씀인데, 연료가 떨어진 차는 설 수 밖에 없듯, 말씀없는 기도는 정지 될 수 밖에 없었다. 그런 상태에서도 나에게 “설교 잘하는 군목”이라는 소문이 붙어다녔으니 명예나 소문은 오해의 묶음이라는 말을 실감하게 되었다. 아마 그때 나의 설교를 들은 사람들은 나의 설교를 통하여 기분은 다소 좋았을지 모르나 은혜받기는 어려웠을 것으로 보인다. 왜냐하면 그때의 나의 설교는 하나님이 내 속에서 말씀하는 것이 아닌 다분히 인위적이고 인본주의적인 사람의 말로 엮어진 것들이 대부분이어서 설교라기보다는 인격훈화나 윤리도덕 강연과 별 차이가 없었기 때문이다.

그것은 듣는 사람들만 은혜받지 못 한 것이 아니라 설교하는 나 자신도 은혜를 느끼지 못하게 되었다. 토요일마다 설교 준비한다고 나는 아이들 떠드는 소리를 용납하지 못했고, 아내에게 애들 단속 안 한다고 윽박지르며 밖으로 나가게 만들기도 했다. 그 정도로 신경을 바늘끝같이 날카롭게 갈고 닦고 해도 주일날 설교를 마치고 나면 늘 허전함과 공허함을 메울 길이 없었고, 베드로의 빈 그물 증후가 반복될 뿐이었다. 매주 반복되는 나의 빈 그물은 사람들의 칭찬으로는 채워질 수 없다는 것을 알게 되었다.

나는 바울이나 루터같은 극적인 전환점을 부러워하고 “하나님 나에게도 그런 BC와 AD가 구분되듯 확연한 변화의 전환점을 주옵소서” 기도하기를 여러 번 해보기도 했다. 그러나 하나님은 나에게 은혜를 주실 때 베드로나 바울에게서처럼 급격한 회전(U-turn)의 방법을 쓰시지 않았다. 오히려 요한에게서처럼 점진적이고 완곡한 방법을 택하신 것으로 보인다. 이제와서 깨달아지는 일이지만 낡은 차로 급격하게 회전을 하다보면 자칫, 전복하거나 큰 사고의 위험이 따르게 마련이다. 만약 낡은 차보다 더 허약한 나에게 바울이나 루터같은 극약처방(급선회전)을 내렸다면 나는 눈이 멀었거나, 전복되었거나, 아니면 교만의 바람이 들어가 풍선처럼 올라가다가 터져서 공중분해 되어 버렸을 것으로 생각된다.

내가 감당할 수 있는, 나에게 유익이 될, 점진적인 방법으로 나를 변화시키기로 작정하신 하나님께 감사드린다. 그래서 나는 서서히 변화되고, 달라지기 시작했다.

내가 변화되기 시작한 첫번째 계기는 1980년부터 2년간 미국 풀러 신학교 세계선교대학원에 유학할 때부터였다. 나는 그 기간 동안 영어도 약간 배울 수 있었고, 선교학이 무엇인가도 조금 알게 되었으며, 새로운 것도 많이 보고 배울 수 있었으나, 가장 귀한 배움은 기도에 눈을 뜬 것이었다.

피터 와그너 박사의 강의 시간은 보통 2시간이었는데 그 강의 시간 중에서 기도하는 시간은 30분 정도나 되었다. 교수가 한 학생에게 기도를 부탁하면, 그는 나머지 학생들의 기도 제목을 차례로 받아 썼다. 그리고는 그 메모한 기도 제목을 보면서 한 사람씩을 위해 기도를 했고, 그 시간은 30분이 넘을 때도 있었다. 그 기도 내용은 참으로 시시콜콜한 것도 많았다. "등록금이 없으니 생기게 해 달라, 아내가 감기들었으니 낫게 해 달라, 작은 아들이 놀다가 팔을 다쳤는데 낫게 해 달라, 내가 봉사할 교회를 만나게 해 달라"는 등이었다.

나는 그런 것 정도는 기도할 필요도 없는 사소한 일이라고 생각하던 터였다. 그래서 나는 그 기도 시간이 지루하게 느껴졌고, 그 시간은 낭비하는 것으로까지 여겨졌다. 그러나 나외에는 아무도 그렇게 생각하는 사람이 없는 것으로 보였다. 그 시시하게 보이는 내용의 기도를 할 때 그 반의 20여 명의 학생들은 진지하게, 또 성의있게, 아멘 아멘 하면서 기도를 드리는 모습에 나는 놀랐다. 그들은 모두가 나보다 영어도 잘하고, 학식도, 경험도 풍부한 사람들이었는데도, 그런 사소한 일을 위해서 그렇게 많은 시간을 기도하는 것을 볼 때, 나는 나의 무지함과 기도하지 않은 교만함을 회개하게 되었고, 나도 그 기도에 젖어들게 되었다. 그때 이후로 나의 기도 시간은 새벽기도를 비롯해서 활발하게 살아가기 시작했다.

내가 달라지기 시작한 두 번째 계기는 1982년 미국에서 돌아온 얼마 후에 「기독교 사상」지에 실린 연세대 김중기 박사의 간증을 접할 때부터이다. 그는 미국의 유수한 대학교에서 기독교 윤리학 전공으로 철학박사 학위를 받은 후 미국의 어느 교회에서 목회하기 시작했다. 그는 학문도 충분했고, 이론도 논리도 빈틈 없었으며, 언변과 구변도 철철 넘쳤으므로, 그 목회에서 문제없이 성공할 것으로 자타가 공감했다. 그런데 이상하게도 그 결과는 정반대였다. 신자수가 점차 감소하기 시작하더니, 나중에는 참담할 지경으로까지 떨어지고 말았다.

그래서 그는 처음부터 그의 목회를 재점검하기 시작했다. 우선 성경 말씀을 다시 읽기 시작했다. 영어, 원어 성경이나 신학 서적은 제쳐두고, 한글 성경만을 한 자씩, 한 줄씩 밑줄쳐가며 읽고, 묵상하고, 반추하기를 몇 달간 계속했다. 이상하게도 그의 가슴이 뜨거워지기 시작했다. 자신의 어리석음과 오만함을 회개했다. 하나님의 말씀에 그 머리와 가슴이 잡히고 압도되기 시작했다. 그 후로 그의 설교는 신학자들의 말이나 이론은 사라지고, 말씀만으로 쉽고 단순해졌다. 그 결과 그의 목회는 열매가 풍성했다는 내용이었다.

나는 그때 그의 경험이 나의 경험으로 느껴졌다. 그의 갈등이 바로 나의 갈등이었다. 나도 모르게 그의 방법을 그대로 따라 하기 시작했다. 책상 위의 신학 서적, 잡지 등을 치워놓고 성경만을 줄 그어가며, 메모해가며, 기도해가며 성경을 읽고 또 읽었다. 한나절이 금방 지날 때도 있었고, 찾는 사람이 없을 때는 하루가 금방 지나기도 했다. 오래지 않아서 내 속에도 말씀으로 채워지기 시작했고, 말씀에 사로잡혀 가슴이 뜨거워지면서 그 맛을 느끼게 되었다. 말씀을 건너뛰는 날이 없어졌고, 1년에 2-3회씩 성경을 통독했으며, 어느 때는 100일 만에 신구약 전체를 통독하기도 했다.

내가 달라지기 시작한 더 중요한 계기는 내가 병에서 벗어난 뒤부터이다. 나는 장(腸)이 안 좋아서 15년 이상을 고생했다. 변비와 설사가 2-3일이 멀다하고 반복됐다. 75kg 체중은 58kg까지 내려갔다. 결국 이 병으로 죽겠구나 하는 불안감을 벗을 수가 없었다. 그런 더러운 병에서 하나님께서는 나를 고쳐 주셨다. 그 방법은 금식과 포도식과 현미식이었다. 그것도 급격하게 갑자기 고쳐진 것이 아니었고 서서히 점진적으로 고쳐 주신 것이다. 1주일에 몇 번 나던 배탈이 2주에 한 번, 한 달에 한 번, 석 달에, 6개월에, 1년에 한 번 오더니 그 다음은 사라지게 된 것이다.

나는 그 고질병에서 벗어난 것이 너무 너무 기뻐서 날마다 달리기를 했고, 쉬는 날이면 산을 오르기 시작했다. 나는 새로태어난 기분으로 살았고, 날마다 활기가 넘쳤다. 나는 건강을 얻으면 많은 시간을 말씀과 기도와 설교에 전심전력 할 것으로 믿었고, 결심도 단단히 했다.

그러나 그것은 나의 희망 사항에 그쳤다. 나의 실제로 살아가는 방향은 엉뚱하게도 나의 기대와는 정반대였다. 하나님의 말씀과 기도는 이전에 병들어 있을 때보다 더 멀어졌다. 날만 새면 나의 마음과 머리 속에는 노는 것, 즐기는 것, 쾌락 중심의 생활로 빠져들고 있었다. 나의 기대와 소망과는 너무나도 반대였다. 나는 나 자신에 대해서 배신감을 느꼈다. 나는 난생 처음으로 나 자신에 대해서 소스라치게 놀라게 되었고, 나 자신을 다시 보고 다시 생각하게 되었다. 나는 그때까지만 해도 "비교적 선량한 사람, 성실한 사람, 괜찮은 사람"으로 나 자신을 평가하고 있었다. 남들도 나를 그와 비슷한 수준으로 보아주는 것 같았다.

그러나 이제와서 곰곰이 살펴 볼 때, 그런 것들은 다 외양이었을 뿐이고, 내 속에는 거짓과 음란과 교만이 다 숨겨 있었다. 다만 겉만 보는 사람들의 눈에 드러나지 않았을 뿐이었다. 잡초 씨가 겨울에는 추위에 눌려 올라오지 못하다가 봄이 되면 그 모습을 드러내듯, 내 속에도 아담 때부터 시작된 온갖 죄가 가득한 데도, 내 육신에 병이 있을 때는 그 병에 눌려 안 보이다가, 병이 없어지고 나니까 봄동산에 잡초 올라오듯 우후죽순처럼 솟아나고 있었다.

나는 내 자신에 대해서 처음으로 실망하고 절망했다. 나는 믿을 만한 사람도 못되고, 내가 마음을 먹어도 내 맘대로 조절할 수도 없다는 것을 알았다. 내가 얼마나 육적인 인간이라는 것을 실감했고, 내 속에 선한 것이 없다는 바울의 고백은 나를 두고 하는 말로 받아졌다. 선을 원하는 마음은 있으나 실제로는 악에로 끌려가는 나의 모습이, 흡사 두 눈을 뽑히우고, 사슬에 묶여 끌려가는 삼손이나, 시드기야의 모습과 비슷했고, 동풍에 날려가는 메뚜기 떼와 같이 참으로 무력하게 나의 의사와는 상관없는 방향으로 밀려가는 나를 봤다.

나는 죄중에 태어나 죄로 뭉쳐진 존재라는 말도 나의 말이었고, 천하에 제일 썩은 것이 마음이라는 것도 절감하게 되었다. 도적질하지 말라고 하는 내가 도적질하며, 간음하지 말라고 큰 소리치고 내가 간음하는 것도 통감했다. 몸에서 나오는 땀, 오줌, 오물보다 훨씬 더 더럽고 추하고 냄새나는 것도 마음에서 나오는 교만과 거짓과 음란과 탐욕이라는 것도 실감하게 되었다.

전에는 그런 것을 알지도 못하고 지났고, 그런 것들은 나와는 거리가 먼 것으로 느꼈는데, 이제 알고 보니 내 속에 덕지덕지 붙어있는 거머리들같이 보였다. 그리고 내 속에 있는 것들을 이제 알게는 되었어도 내 힘으로는 그런 것들을 쓸어 낼 수도 없고, 정화할 수도 없었다. 도대체가 나의 능력으로는 어떻게 해 볼 수가 없는 것이 나였다. 하나님은 회개하지 않는 자를 죽이려고 칼을 갈고 있으며, 화살을 당기고 있다고 했다. 그 칼이 내 위에 떨어지면 나는 가루가 될 것 같았고, 그 화살이 활시위를 떠나기만 하면 나의 염통은 없어져 버릴 것으로 느껴졌다. 그러면서도 그 칼과 그 화살을 끌어오는 더러운 죄를 내 스스로 도려낼 수 없는 것이 나의 한계요 고민이었다. 나는 수없이 인간의 한계상황과 실존적인 고민에 대하여 들어왔으나, 내 자신이 실존적 고민에 빠져 보기는 처음이었다.

나는 그 한계상황에서, 고민의 수렁에서, 하나님께 아무 전제도 조건도 없이 그냥 무릎을 꿇을 수 밖에 없었다. 내 생애 최대의 간절한 기도로 매달릴 수 밖에 없었다. 내가 할 수 있는 전부는 그것뿐이었다.

브레이크가 파열된 자동차가 절벽 끝에서 극적으로 나무에 걸려 정지되듯, 멸망의 포구 직전에 하나님의 손이 나를 잡아주셨다. 참으로 나는 긍휼히 여김을 받은 것이다.

"굶어 죽게 되었을 때 나를 살려 주신 하나님,
병들어 죽게 되었을 때도 고쳐 주신 하나님께서
세 번째로 나를 지옥의 문턱에서 건져 주신 것이다."

나는 그 후로 육체를 신뢰하거나 자신을 믿는 어리석은 죄에 빠지지 않도록 날마다 기도하고 하나님께 매달렸다. 나는 더 이상 "겉절이 같은 상큼한 설교를 하게 해 달라는 기도"를 하지 않았다. 그 대신 성령께서 내 속에 역사하사 내 속을 정화하시고 하늘의 능력을 나타내시도록 기도했다. 하나님은 그때부터 나에게 은혜와 복을 내리셨다.

첫째, 우선 나를 육군본부교회에 부임하게 해 주셨다. 육군본부교회는 육군의 800여 개 교회 중 가장 큰 교회이다. 장군도 많고, 중령급 이상 장교와 가족들이 천 명이 넘는 교회다. 학생들 신우들까지 합하면 2천 명이 넘는다. 육본교회에서의 근무 기간은 보통 2년 내지 3년이었다. 그런데 나는 6년을 시무하도록 은혜를 받은 것이다.

그 기간 중 베델 성서 연구를 비롯한 여러 가지 성경 공부를 1년 과정으로 마친 고급 장교들만도 천 여 명이 넘었다. 또 어느 성경 공부반에서는 장군 부인들만 계산했더니 별이 52개나 될 때도 있었다. 그때의 영향으로 현재도 육본의 장성들이 자기들 스스로 장군들만 15명을 한 반으로 모아 성경 공부를 요청해 왔다. 나는 "하나님을 경험하는 삶"이라는 교재로 매주 토요일 아침마다 6시부터 한 시간씩 성경을 가르친 후 출근하고 있다. 이런 일은 전에도 없었고 후에도 쉽지 않을 하나님의 역사이다.

나는 그것을 하나님이 나에게 주신 말할 수 없는 축복이요 특전이라고 믿는다. 적어도 지난 8년간 나의 성경 공부반과 새벽기도에서 은혜받은 장군들이 자기 부대에서 군목들을 잘 도와서 장병 신자화 운동에 앞장 서는 것을 보는 일은 나의 마음을 공중에 뜨게 하는 일 중의 하나이다.

둘째로 주신 축복은 육군본부가 용산 삼각지에서 계룡산 아래로 이전한 후에 받은 것이다. 육본교회가 계룡대로 옮겨진 것은 1989년 6월 20일부터였다. 계룡산은 정감록이 쓰여진 이후 과거 600년간 우리 나라의 사이비종교, 원시종교, 무당종교, 온갖 귀신과 잡신들의 총 본산이었다. 그래서인지 처음 이주했을 때는 많은 장교들의 꿈자리가 사나와서 잠을 못이루는 경우가 허다했다. 그것을 알게 된 육본 지휘부에서는 그것은 이곳의 터가 센 곳이기 때문에 나타나는 현상이므로, 귀신들을 달래는 방법으로 고사를 지내고 지신밟기를 해 주어야 한다는 결론을 내렸다. 그 당시 지휘부 요직에는 기독교

신자들이 거의 없었기 때문이었다. 나는 외로웠으나 그들의 고사 지내는 일에는 동의 할 수 없었다.

그런 잡귀들과 악귀들을 쫓아낼 것은 기도밖에 없다는 성경말씀 따라 곧 바로 새벽기도를 시작했다. 첫날은 20여 명이 참석했으나 그 다음 날부터는 기하급수적인 증가를 보였다. 40명, 80명, 100명, 200명, 500명까지 올라갔다. 800여 석의 교회에 500명쯤 앉으니 거의 가득찬 느낌이 새벽마다 들었다.

군인교회의 특징은 노인이 없는 것, 홀로 사는 여인이 없는 것, 문맹자나 극빈자가 없는 것이다. 그리고 거의 부부가 출석하므로 남녀의 비율의 비슷한 것도 민간교회와 다른 점이다. 새벽마다 거의 중령급 이상의 부부들 500여 명이 부르짖어 기도했다. 잡귀들을 물리쳐 달라고, 고사 지내려는 의식을 고쳐달라고, 군을 복음화시켜 달라고 울며 간구했다. 당시 지휘부의 총장과 차장은 종교가 달라서 우리를 이해하지 못했다. 그들은 새벽마다 교회에서 새벽기도 소리를 듣고는 당시 군종감에게 압력을 넣어 새벽기도를 하지 못하게 했다. 그 이유는 새벽마다 부대 안에서 곡성(哭聲)이 울려 퍼지는 것은 상서롭지 못한 징조라는 것이었다.

나는 그렇다고 기도를 중단할 수는 없었다. 그래서 아침마다 교회 앞 길로 조깅하는 그들에게 기도 소리가 들리지 않도록 여름에도 창문을 모두 닫고 계속 부르짖어 기도했다. 하나님은 우리의 기도에 응답하셨다. 더 이상 꿈자리 사나운 것이 없었다. 그리고 그 다음 참모총장은 기독교 신자가 총장으로 취임했다. 우리는 얼마나 기뻤는지 모른다. 새벽마다 닫았던 창문을 열어 젖히고, 더 크게 부르짖어 기도해도 시비하는 자가 없었다. 바로 그때 계룡교회 건축이 시작되었는데 3천 명을 수용할 수 있는 교회 건축 예산은 약 100억이나 되었다. 돈 한푼 없이 그런 일이 시작된 것도 하나님의 역사였다.

우리의 새벽기도는 더 힘을 얻어 활활 타오르고 있었다. 놀랍게도 그 다음 참모총장은 기독교 장로 총장님이 부임하였다. 육군 역사에서 장로가 참모총장이 된 것은 그때가 처음이었고, 아무도 그분이 총장이 되리라는 기대를 하지 못한 경우여서 하나님의 특별한 목적을 위한 특별한 섭리로 믿어졌다. 또 몇 달 후에는 공군 참모총장도 바뀌었는데, 새로 부임한 신임총장도 장로님이었다. 육군, 공군이 한 교회를 사용하는데, 두 분 총장들이 새벽기도를 철저히 하는 장로님들이라, 새벽마다 우리 교회는 버스들과 자가용들이 수십 대씩 몰려옴으로 북적대게 되었다.

말씀이 세력을 얻어 왕성한 때를 맞았다. 육·공군의 총장들이 새벽기도에 꼭 참석하므로 다른 장군들도 힘을 얻어 따라 나온 장군들만도 18명이나 되었으며, 그분들로 인하여 군복음화에 얼마나 큰 박차가 가해지고, 그 운동에 가속이 붙었는지는 모든 군목들이 다 아는 일이다. 이러한 모든 기도의 응답보다 더 큰 응답은 나 자신의 변화였다. 이것은 나의 2단계의 변화라고 할 수 있을 것이다.

① 나는 중 고등학교 시절 권투를 한동안 했던 경험이 있다. 그래서 운동 경기 중 권투를 광적으로 좋아한다. 권투 경기를 볼 때는 내가 링 위에서 뛸 때를 연상하기도 하고, 스트레이트, 훅을 맞고 고목처럼 쓰러지는 자를 항상 나의 맞수나 미운 자로 일치시켜 큰 쾌감을 맛볼 수 있었다. 그런데 불행히도 모든 권투 시합은 꼭 주일 저녁 예배 시간과 겹치는 것이 많았다. 빅게임이 막 시작되는 것을 보고는 예배 시간에 끌려 마지못해 교회로 향하면서 속으로 하는 기도가 있었다. "하나님, 빨리 우리 나라의 대다수 국민이 예수를 믿게 하사 이런 재미있는 큰 운동 경기는 예배 시간과 겹쳐지지 않게 하소서." 그 기도는 수십 년이 지난 지금도 응답이 아직 없다.

그러나 그 응답은 내 속으로 들어왔다. 내 속이 변화된 것이다. 죽은 자는 죽은 자로 장사하게 하고, 너는 나를 따르라 하신 말씀대로 죽은 자들의 죽을 짓이 안 고쳐지면 네가 거기서 나와라 하시며 나를 권투 경기장에서 끌어 내신 것이다. 내 속에 신령한 것이 충만하게 되니, 그런 TV 프로그램이 더 이상 내 마음을 끌지 못하게 된 것이다. 그것뿐 아니고 그 어떤 운동경기나 좋은 프로그램도 나의 예배와 기도, 말씀 섭취의 길을 더 이상 가로 막지 못하게 된 것이다. 그런 자유함은 나의 기쁨과 긍지를 높였고, 신령한 일에 가일층 진입하도록 촉진시켰다.

② 나는 육본교회 담임목사 6년 시무 중 계룡대 4년 동안은 나의 방에 TV를 없앴다. 라디오도 그 다음에 치웠다. 그래도 아무 불편을 몰랐다. 심령의 평온을 유지하는 데 훨씬 더 유익했다. 집에 들어오면 오직 말씀과 기도와 찬송 그것으로 넘쳐흘렀다. 얼마 후에는 조간 신문하나 읽던 것도 없애 버렸다. 왜냐하면 새벽기도 마치고 오면 항상 신문이 문 앞에 와 있어서 습관적으로 새벽기도 후의 20~40분 정도를 신문에 떼어 주고 있었다. 그 좋은 아침 시간에 위로부터의 신령한 생수를 섭취해도 모자랄 시간에 신문에 실려 오는 오만 잡탕의 더러운 것을 들여마시는 것은, 아침에 일어나자마자 담배부터 피우는 것보다 더 어리석은 일로, 나의 심령 건강에 중대한 오염으로 느꼈기 때문이다. 나는 그때 이후로 신문 보는 일은 오후의 피곤한 시간대로 미루는 습성이 생겼다. 아침 시간에는 신령한 것 외에는 그 무엇도 내 속에 못 들어오게 막았다. 이로 인해 얻은 소득은 한두 가지가 아니었다.

③ 나는 간혹 외지의 호텔에서 유숙할 때 밤 9시 뉴스가 끝나고 무료한 시간이면 프런트에 전화하여 재미있는 비디오 있으면 틀어 달라고 요청하곤 했다. 그 재미있다는 것은 다분히 폭력이나 음란성

이 농후한 것을 의미한다. 그때 호텔의 응답은 진짜 재미있는 프로는 자정이 지나야 한다는 것이었다.

나는 간혹 그런 비디오를 보고 나면 항상 뒷맛이 안 좋았다. 주의 종이 이래도 되는건가 하는 자책감과, 아내에 대한 미안한 마음도 들었고, 일찍 잠이나 잘 것을, 또 쓸데없는 짓 했다는 공허한 생각이 들었다. 더 곤란한 것은 기도하려고 눈을 감으면 비디오의 자극적인 장면이 어른거려 기도가 막히는 것이다.

그래서 "그만 해야지, 그러지 말아야지"하는 마음이 있으면서도 또 한쪽에는 그런 것들을 은근히 좋아하며 끌려가던 내 속의 인자들이 그 기간에 없어지거나 희석된 것이다. 내 힘과 노력으로 안되던 것이 새벽마다 부르짖어 기도하고, 아침마다 말씀을 생수 마시듯 꿀꺽꿀꺽 마시고, 장교 성경 공부, 구역장 성경 공부, 밤에는 베델 성경 공부, 그리고 다음 날은 조찬 기도회 등 온전히 신령한 일에만 푹 젖어 몇 년을 지나고 나니까, 내 속의 나를 반역하던 티눈 같은 인자가 빠져나간 것이다. 발뒤꿈치의 굳은 살이 더운 물 속에 발을 오래 담가두면, 저절로 떨어져 나가는 것과 흡사하다고 느꼈다. 나는 그 기간 동안 15분이면 나갈 수 있는 유성 온천장에 서너 달이 지나도 한 번도 못가고 넘어간 분기가 많을 정도였다. 너무 바쁘게 돌아가는 일과 중 말씀 마시는 시간을 확보하기 위해 머리를 방위병같이 깎고 3년을 지냈다. 그것은 단지 이발 시간을 줄여 말씀에 잠기기 위한 욕심에서였다. 말 할 수 없는 은혜를 받은 중에 가장 큰 것은, 내 속에서 나를 후회할 쪽으로, 열매없는 쪽으로 헛되고 헛된 것에로 끌어가는 세력이 제거되거나 약화된 것이다.

나는 그 후에도 여러 번의 외국 여행 중 그 효과를 실증할 수 있었다. 이럴까 저럴까의 망설임과 갈등이 없어진 것이다. 나도 모르게 슬며시 그런 생각이 떠오를 때면 그로 인한 기도의 줄이 막힐 것을 생각하고 무릎을 꿇으면 금방 그런 생각이 도망가곤 했다.

이런 경험은 내 속에 얼마나 큰 기쁨과 평안과 자신감을 주었는지 말로는 다 할 수가 없다. 주 안에서의 자유함! 어미품에 있는 젖뗀 아이의 평안함! 이것은 돈으로 살 수 없고 말로 설명도 안되는 오직 얻은 자만 알 수 있는 신령한 선물이자 축복이다.

④ 나는 원래 찬송을 잘 못하고 박자도 틀릴 때가 많다. 따라서 온전히 외우는 찬송도 별로 없었는데, 그때부터 찬송이 얼마나 좋아졌는지 모른다. 걸어다닐 때나 사무실에서는 말할 것도 없고, 차를 운전할 때도 찬송이 계속 나왔다. 나는 더 많은 찬송을 속에 담아야겠다는 소원이 생겨서, 종이에 적은 찬송 가사를 운전대 옆에 붙여두고 주행 중일 때는 부르고, 빨간 신호등에서 정지했을 때는 가사를 보고 외웠다. 그 결과 수십 곡의 찬송가가 내 속에 그대로 주입되어 교통 체증은 나에게 더 많은 찬송의 기회를 주므로 더 이상 짜증의 시간이 안되었고, 사람을 기다릴 때, 목욕탕 내의 시간, 안과에서의 물리치료 시간 등 많은 경우의 시간들이 찬송으로 채워지게 됨으로 기분이 우선 상쾌하고 활력이 넘침은 물론 무료하기 쉬운 부스러기 시간들 틈새로 잡것들이 못 들어오게 틀어막는 노아 방주의 역청 같은 구실을 충분히 해내게 된 것이다.

세 번째로 나에게 주신 축복은 군인교회를 지을 수 있게 된 것이다. 나의 재임 중 시작되거나 지어진 군인교회는 3개이다. 그 세 교회 중 2개는 세계에서 그 규모가 제일 크다고 하는 교회로 하나는 논산 훈련소 교회이고, 다른 하나는 육군본부 계룡교회이다.

두 교회는 모두 3천 명이 한 번에 예배할 수 있는 대교회로 특히 금년 추수감사절을 기해 헌당되어질 계룡교회는 한수 이남의 명물로 꼽힐 것으로 보이며, 교통의 편리함, 광대한 주차장 시설 등의 조건 때문에 군복음화의 견인차는 물론, 군민 유대를 증진시키는 연합 활동의 본산으로의 역할을 감당하게 될 것으로 보인다.

끝으로 나에게 주신 큰 축복은 군선교 24년 만에 제24대 육군 군종감으로 95년 5월 4일 취임하게 된 것이다. 나를 거름더미에서 들어올려 존귀한 직분에까지 인도하신 하나님을 찬양한다. 지금 모시는 육군 참모총장님은 3군 사령관 시절부터 나의 상관이셨다. 하나님은 느헤미야로 아닥사스다 왕의 신임을 얻게 하시듯, 나로 사령관의 절대적인 신임을 얻게 하셨다. 그분은 불교 신자인데도 목사를 끔찍이 위해 주고 도와 주어 목사의 기능을 최대한 발휘하게 하시는 분이다. 그분은 나에게 전방에 방문할 때는 꼭 헬기를 내주어 시간을 절약하게 할 뿐만 아니라, 설교 약속 시간이 촉박할 때도 헬기를 쓰도록 하여 목사의 위상을 높여 주기도 했다. 나를 군종감으로 발탁한 후에도 나의 업무상의 요구를 거의 다 들어 주어 역대 어느 때보다 군종감의 위상을 높이고, 영향 범위를 확대시켜 주신 것이다.

이것은 하나님이 나에게 주신 복으로 여기고 군복음화를 가속화시킴으로 민족복음화와 군 전투력 증강에 일익을 담당하려 고 오늘도 기도하며 힘쓰고 있다.

4 외국인들의 신앙 고백

로버트 콜만

라일 도싯

우본완 메쥬돈

루이스 팔리우

R. 스탠리 탬

하나님과의 외출

로버트 콜만(Robert E. Coleman)

로버트 콜만 박사는 현재 고든콘웰신학교(Gordon-Conwell Theological Seminary)의 특별 대우 교수이다. 그는 트리니티국제대학교(Trynity International University)의 세계선교와 전도학교(School of World Mission and Evangelism)의 학장과 전도학 교수를 역임하고, 휘튼(Wheaton)의 빌리 그레이엄 센터(Billy Graham Center)의 학장과 그 센터 내에 있는 국제전도학교(International Schools of Evangelism)의 학장을 겸직하고 있다. 그는 텍사스의 사우스웨스턴대학교(Southwestern University), 애스베리신학교(Asbury Theological Seminary), 프린스턴신학교(Princeton Theological Seminary)를 졸업했고, 아이오와대학교(University of Iowa)에서 박사학위(Ph.D.)를 받았다.

콜만 박사의 사역은 신학 교육에 영향을 미치는 삶을 나누는 전도와 제자훈련에 중점을 두고 있다. 그는 6년간의 목회 사역 후, 트리니티로 옮겨가기 전까지 애스베리신학교의 교수로 봉직했다. 그는 트리니티에서 가르치는 사역 외에도 다른 대학교와 신학교에서 자주 강의를 하며, 전세계를 다니면서 국제회의에서 정규적으로 강연하기도 한다.

콜만 박사는 세계 복음화를 위한 로잔 위원회(Lausanne Committee for World Evangelization)의 창립위원이며, 수년간 북미 로잔 위원회(North American Lausanne Committee)의 의장직을 맡았다. 그는 기독교 전도협회(Christian Outreach Foundation)의 회장이며, 신학교육 전도학회(Academy for Evangelism in Theological Education)의 회장직을 맡고 있다. 그의 저서는 「주님의 전도계획」(*The Master Plan of Evangelism*), 「지상명령의 생활양식」(*The Great Commission Lifestyle*)과 「다가오는 세계의 부흥」(*The Coming World Revival*)을 포함한 21권이 있다. 그의 저서는 85개 국어로 번역 출판되었으며, 영어판 합동 발행 부수만도 500만 부 가량 된다.

콜만 박사와 그의 아내 메리에타(Marietta)는 일리노이 주의 디어필드(Deerfield)에 거주하고 있으며, 성장한 세 자녀(Alathea, Angela, James)를 두고 있다.

하나님과의 외출

우리는 아빠가 돌아가시기 하루 전 날 거실에 함께 있었다. 아빠는 나를 향하시며 물어 보셨다. "아들아, 사람이 하나님과 외출할 때 어디로 가는지 아니?" 나는 뜻밖의 질문을 받았다. 아빠는 어떻게 대답해야 좋을지 모르는 나를 보시고 미소를 지으시며 조용히 말씀하셨다. "자, 그게 문제가 되니? 하나님이 가시기 원하시는 곳이 어디이든 그저 가기만 하면 돼. 하나님이 그 길을 아시기에 아무 것도 염려할 것이 없단다. 네가 할 일 전부는 단지 따라가기만 하면 된단다."

아빠는 아브라함에 대해 말한 성경 구절을 생각하고 계셨다. "믿음으로 아브라함은 부르심을 받았을 때에 순종하여 장래 기업으로 받을 땅에 나갈새 갈 바를 알지 못하고 나갔으며, 믿음으로 저가 외방에 있는 것 같이 약속하신 땅에 우거하여 동일한 약속을 유업으로 함께 받은 이삭과 야곱으로 더불어 장막에 거하였으니 이는 하나님의 경영하시고 지으실 터가 있는 성을 바랐음이니라"(히브리서 11:8 10).

나는 회심의 간증을 써달라는 부탁을 받았을 때 이 구절이 떠올랐다. 내가 어두움에서 빛으로 돌아서면서 그리스도의 복음을 받아들인 것이 근 반세기 전에 이루어진 일이지만, 나는 아직도 끝이 나지 않은 믿음의 순례 여행 중에 있는 것이다.

모든 것이 은혜

그 첫 단계를 회상해 볼 때, 내가 하나님과 외출하고자 한 결단은 내가 태어나기도 전에 이미 하나님의 마음에서 시작된 회심의 과정의 절정에 달한 것에 지나지 않는다. 시편 기자가 기록했다, "내가 태어나기도 전에… 그 모든 날이 주의 책에 기록되었나이다"(시편 139:16; 참고: 예레미야 1:5, 이사야 44:2, 24; 43:7; 46:3; 49:5). 그 창조의 신비 가운데서, "주의 손이 나를 만들고 세우셨을" 뿐만 아니라 또한 "「하나님의」 법을 배울 수 있도록 깨닫는 마음도 나에게 주신다"(시편 119:73). 이것은 모두 주권적인 은혜의 이야기이다.

물론 하나님의 주도권은 그리스도 안에서 선택된 사람 편에서 반응이 있어야 함을 나는 인정한다. "그의 선한 목적에 따라 자발적으로 행동하도록 우리 안에서 행하시는 하나님"이시지만, 우리는 여전히 두렵고 떨리는 마음으로 우리의 구원을 "이루어 가야 할" 책임이 있는 것이다(빌립보서 2:12, 13). 하나님은 "자기를 찾는 자들에게 상 주시는 이시다"(히브리서 11:6). 왜 어떤 사람들은 하나님을 찾고 또 어떤 사람들은 찾지 않는가 하는 것은 궁극적으로 헤아릴 수 없는 인간의 자유의지 여하에 달려있는 문제이다. 그러나 나는 현재 우리의 타락한 신분 상태에서 구원을 향해서 이루어지는 모든 활동은 포괄적인 하나님의 선행은총을 입증하고 있음을 안다. 그는 "믿음의 주요 또 온전케 하시는 이"시다(히브리서 12:2).

나는 그리스도를 경험한 하나님의 은총을 해가 갈수록 더욱 더 깨닫고 있다. 찰스 웨슬리가 작사한 찬송가가 나의 느낌을 잘 표현해 주고 있다:

"주 보혈로 날 사심은 그 뜻이 깊고 크셔라

상하심과 죽으심이 어찌 날 위함이온지?
놀라워라 주 사랑이, 날 위해 죽으신 사랑!
놀라워라 주 사랑이, 어찌 날 위함이온지?"[1] 그러한 사랑은 "지식을 초월하는" 사랑이다(에베소서 3:19). 나는 하나님이 거룩하시기 때문에 나의 죄를 정죄하심을 이해할 수 있다. 그리고 그가 공의로우시기 때문에 나에게 사망 선고를 내리신 것을 이해할 수 있다. 그러나 그가 나의 심판을 그 자신이 받아들인 사실, 즉 내 대신 성육신하신 그의 아들을 주신 사실은 나의 제한된 마음으로는 이해할 수 없는 너무나 놀라운 일이다. 그 사실을 깊이 생각하면서 내가 할 수 있는 전부는 그의 발 앞에 엎드려 다음과 같이 외치는 것이다.

"오, 나의 하나님! 나를 만나 주셨다니!
모든 것은 무한하고 값없이 주시는 은혜라!"[2]

성장기의 영향

나는 종교에 대해 토론하지는 않았지만 그리스도를 높이는 아름다운 가정에 태어났다. 나의 부모님은 누나와, 후에 남동생과 함께 어느 감리교회에 다니셨다. 우리 모두는 의무적으로 유아 세례를 받았다. 그 어린 시절의 나의 기억은 아주 희미하나, 교회는 나의 성장 시기에 긍정적인 영향을 주었다고 나는 확신한다.

나는 12살 때 다른 아이들과 함께 관습적인 견진성사반을 거쳐서 공식적 교인으로 서약을 하였다. 나는 그러한 서약을 맺으면서 죄를

---

1) 찰스 웨슬리의 찬송가, "어찌 날 위함이온지"(*And Can It Be That I should Gain*).

2) Ibid.

회개하고 그리스도를 믿는다고 고백하였다. 나는 진지하게 그렇게 하였지만, 불행하게도 복음에 대한 이해는 없었다. 나는 이제 회중의 공식적인 일원이 되었지만, 새로운 탄생이나 내적, 개인적인 변화는 없었다. 나의 교회 생활은 그러한 상태로 수년간 계속되었다.

나의 영적인 무지에도 불구하고, 나의 외적인 행동은 대체로 사회에서 존경받는 기대에서 어긋나지 않았다. 아빠도 그 점을 늘 주의시켜 주셨다. 그는 훈련을 강하게 시키셨으며, 부당한 행위는 묵인하지 않으셨다. 나는 술마시거나, 담배피우거나, 저주하거나, 또는 성적인 부도덕한 행위는 하지 않았다. 나는 아빠가 우리 가정에서 예절의 본이 되신 것이 감사하다. 이제 생각해 보면 그것은 하나님의 자비하심의 표현이었다.

우리 가족은 아주 검소한 환경에서 성장했다. 곤궁하지는 않았지만, 새 차를 산다거나 비싼 휴가를 갈 만큼 충분한 돈은 결코 없었다. 하나님은 내가 힘든 일은 물론 검소한 삶의 가치를 알게 도와주셨다. 나는 신문 배달, 잔디 깎기, 집 페인트 칠, 또는 농장에서 소젖짜는 일 등을 하면서, "누구든지 일하기 싫어하거든 먹지도 말게 하라"(데살로니가후서 3:10)는 것을 체험적으로 배웠다.

하나님을 섬기는 삶을 살도록 하나님께서 우리를 준비시키시는 모든 과정에서 그의 원하시는 영역 밖에서 생기는 일은 아무 것도 없다. 나는 이러한 하나님의 섭리의 한 예로 고등학교 시절의 토론 선생님을 들 수 있다. 그 선생님은 나에게 관심을 갖고 논리적으로 생각하고 설득력있게 말하는 법을 참을성있게 가르쳐 주셨다. 나는 후에 나의 설교와 저술에서 나타난 능력이 무엇이든 그것은 학교 대항 토론의 경험에서 나왔다고 생각한다.

대학 생활

나는 고등학교를 졸업한 후, 어머니의 간청으로 텍사스 주의 조지타운에 있는 사우스웨스턴대학교(Southwestern University)로 떠났다. 나는 성경을 가지고 가서 때때로 그것을 읽었다. 무엇보다도 밤에 잠자리에 들기 전에는 늘 기도하고 잤다. 더욱이 나는 주일 아침 예배를 빠져 본 적이 거의 없었다. 나는 종교 행위에 있어서 모든 학생들보다 분명히 앞서 있었다. 불행한 것은 내가 더 좋은 길을 알지 못했다는 사실이다. 학교에서나 교회에서 어떠한 것도 나에게 그리스도의 가르침을 개인적으로 직면하게 해주는 것이 없었다.

어느 날 누가 나에게 졸업 후에 어떤 계획이 있느냐고 물었다. 실제로 나는 그 질문에 깊이 생각도 하지 않고 단지 물어 본 자를 만족시켜주려고 대답했다: "글쎄, 뭐라고 말해야 할지. 아마 변호사나 어쩌면 설교자가 될지 모르겠어." 나는 그 당시에는 거의 농담으로 가볍게 그렇게 말했지만, 이제 보니 그것은 성령께서 나로 하여금 인생의 궁극적인 문제를 깊이 생각하게 만들면서 내 마음 속에서 이미 일을 시작하고 계신 것임을 알았다.

소문이 퍼졌다. 얼마되지 않아서 목회하는 학생이며 축구 팀의 일원이 나에게 그의 교회에서 어느 주일에 설교해 줄 수 있느냐고 물었다. 나는 설교를 준비하는 것이 어떠한 것인지 잘 생각해보지도 않고 그 초청에 응했다. 나는 그럼에도 불구하고 마태복음 6장 33절, "너희는 그의 나라와 의를 먼저 구하라"는 본문을 중심으로 몇 가지 이야기를 긁어 모았다. 나는 그 조그마한 시골 교회에서 나의 설교를 들은 그 참을성 있는 사람들을 애석하게 여겼을 뿐이다. 예견한 대로, 아무도 설교에 은혜받은 것 같지 않았다. 그러나 하나님은 내가 회심되어야 할 필요성을 깨닫게 해 줄 그날에 더 가까이 가도록 역사하시고 계신 것이다.

대학 교회의 교목이 나의 설교를 들었으며 나에게 설교 자격증을 받기 원하느냐고 물었다. 나는 내심으로는 그것을 받을 필요가 없다고 생각했으나 그의 강권에 못이겨서, 나는 교단 총회 전에 가서 설교 자격증이 있든 없든 설교하고 싶다는 의사 표시를 했다. 비록 총회는 내가 교단 의정서의 평가를 더 받아야 된다고 느꼈으나, 그들은 결국 나의 요청을 승인하여 나는 감리교단의 면허받은 설교자가 된 것이다.

나는 그 후 몇 달 동안에 부흥회에서 최소한 하루 저녁 설교를 포함한 설교 초청을 여러 교회에서 받았다. 나는 진지하고 솔직하게 말한 것 외에는 어떻게 설교를 그럭저럭 해 냈는지 지금도 상상이 안간다. 그러나 나는 "사랑이 넘치고 운동력있는" 성경 말씀을 말로 표현했고, 비록 그 말씀의 능력을 이해할 수는 없었지만, 그 말씀은 나의 "혼과 영을 찔러 쪼개기까지"(히브리서 4:12) 했던 것이다. 하나님은 나 자신의 설교에서 말씀을 통하여 나에게 역사하시어 진리의 위기를 맞이하게 하셨다.

나의 회심

나의 죄를 깨닫게 하는 은혜의 긴 과정은 1947년 여름에 그 절정에 달했다. 텍사스의 템플에서 온 젊은이들 한 그룹이 청소년을 위한 부흥회를 계획하였는데, 그들은 나를 강사 중 한 사람으로 초청하였다. 시 전체의 집회라고 광고했으나, 그 집회는 타교회의 후원자들은 조금 밖에 없는 침례교단의 집회라고 하는 것이 더 적절한 표현인 것 같았다.

또 다른 강사는 베일러대학교(Baylor University)의 학생인 밀턴 듀프리스트(Milton DuPriest)였다. 그는 어느 날 저녁에 나와 사귀려고 웨이코에서 조지타운까지 자동차 편승 여행을 해서 나에게 왔다. 나는 곧 그가 열정적인 영혼 구도자이며, 또한 육상 선수인 것을 알아차렸다. 그는 내 방을 떠나기 전에 같이 기도하자고 나에게 제안하였다. 우리가 무릎을 꿇자, 밀턴은 건물 제일 끝에 있는 모든 사람들이 다 들을 수 있을 정도의 굉장히 열정적인 목소리로 주님께 기도하기 시작했다. 곧 그 큰소리에 놀라서 옆방의 아이들이 벽을 마구 두드리기 시작했다.

그래서 그가 그 다음에 나를 만나러 와서 기도하자고 했을 때, 나는 좀 떨어져 있는 행정 건물로 가서 기도하자고 제안하였다. 나는 내 방 친구도 같이 가자고 초청했다. 우리가 3층으로 올라가 보니 조용한 강의실이 하나 있어서 그 곳에 들어가서 공부하는 의자 사이에 무릎을 꿇었다. 밀턴은 곧 다가올 집회에 대해서 부담을 갖고 있었으며, 생동력있는 영적 능력을 부여받을 필요를 강하게 느꼈다. 나도 또한 그런 필요를 깨달았다. 나는 부흥회를 위하여 설교 준비를 하면서 무디와 그 외 다른 전도자들의 글을 읽었는데, 그들의 성경적 가르침은 나의 삶에 무언가 결여되어 있음을 알게 해 주었다.

밀턴은 기도를 시작했다. 나는 그가 주님께서 사용하시기에 적합한 그릇이 될 수 있는 강한 열정을 가지고 있는 것을 느낄 수 있었다. 그는 하나님께 성령의 깨끗케 하심과 인치심을 구하면서 그의 삶의 온갖 부족한 점들을 하나씩 하나씩 자백했다. 그리고 하나님 앞에서 그의 영혼을 쏟아 놓았다. 그러자 금속성의 날카로운 소리가 들리기 시작했다. 기도회에서 그런 소리가 들리는 것은 이상한 일이었다. 눈을 떠 보니 밀턴이 그의 시계줄에서 육상화 모양의 은상패를 끌어당기고 있었다. 그는 전에 나에게 그의 특출한 운동 능력을 인하여 그 상패를 받은 적이 있음을 언급한 적이 있었기에 나는 그것이 그가 가장 소중히 여기는 소유물이었음을 알았다. 갑자기 그은 육상화 상패가 시계줄로부터 느슨해지자, 그는 주저하지 않고 팔을 뒤로 젖히더니 그 상패를 창 밖으로 내던졌다. 나는 놀라서 눈을 크게 뜨지 않을 수 없었다. 나는 전에 그렇게 기도하는 사람을 결코 본 적이 없었다.

그러나 나는 우리가 서로 같은 처지에 있음을 깨달았다. 만일 그가 하나님의 도움이 필요하다면 나는 어떠한가라는 생각이 떠올랐다. 아무리 진지했더라도 나는 너무나 오랫동안 회심의 환상 가운데서 살아왔던 것이다. 나는 훌륭한 설교 그 이상의 것이 필요했으며, 나를 진정으로 변화시켜 줄 복음의 진리가 필요했다. 나는 정확하게 어떠한 기도를 했는지 기억나지 않지만, 확실한 것은 솔직하게 나의 죄를 고백한 것이다. 그날 밤, 나는 그 강의실의 책상 사이의 바닥 바로 거기에서 무릎을 꿇고 나의 영혼을 하나님의 구원의 은혜에 내맡겼다. 나는 예전의 나 자신의 독선적인 방법을 버렸다. 그 당시 나는 나의 경험을 어떻게 말로 표현해야할지 몰랐지만, 하나님은 나의 마음을 아셨으며, 말로 표현할 수 없는 평안이 나의 영혼 전체를 휩쓸었다. 나는 나의 의뢰한 자를 내가 알고 또한 나의 의탁한 것을 저가 능히 지키실 줄을 알았다(디모데후서 1:12).

시간이 얼마나 빨리 지나갔는지 모른다. 벌써 자정이 조금 지났다. 영적으로 새로워진 상태에서 우리는 먹을 것을 사러가기 원했다. 학교 내의 모든 곳의 문이 닫혀 있기에 우리는 반 마일 떨어진 마을로 가기로 했다. 우리가 계단을 내려갈 때 밀턴은 복음성가를 부르기 시작했다. 나는 그 가사를 잘 몰랐지만, 내가 따라 부를 수 있는 데까지 목청을 드높여 그와 합세하여 노래하면서 조용한 거리를 누비며 걸어갔다. 나는 세상에 아무런 걱정없이 반바지 차림과 맨발로 껑충껑충 뛰면서 마치 다시 어린 소년으로 돌아간 것같이 느꼈다. 우리는 그 시간에 유일하게 문을 연 고속도로변의 트럭이 멈추는 곳에 있는 음식점으로 들어가면서도 여전히 노래부르고 있었다. 식당 주인이 그러한 우리를 보고 어떤 생각을 했을까 하는 것은 쉽게 상상할 수 있으리라. 어떤 행동을 취해야될지 모른 채 그는 축음기에서 나오는 음악이 우리를 잠잠케하리라는 기대에서 축음기를 틀기 위해 한 줌의 동전을 넣었다고 생각한다. 우리는 노래부르는 것은 멈추었지만, 계산대에 앉아서 놀라운 복음의 확신을 나누기 시작했다. 나는 내 옆에 앉아 있었던 험상궂게 생긴 트럭 운전수와 이야기한 것을 기억하는 데, 그도 곧 주님을 믿고 기뻐하고 있었다.

나는 그날 이후 며칠 동안 만나는 사람마다 예수에 대해 말하기를 원했다. 한 번은 법원에 가서 광장 주변의 긴 의자에 앉아있는 몇몇 노인들에게 복음을 전했던 일이 기억난다. 또한 두 교수에게 강의 시간을 기도로 시작하는 것과 정중하게 강의를 마치는 것에 관해 말한 적도 있었다. 그리고 대학교 부총장을 찾아가서 우리에게 필요한 것은 옛날식 부흥회라고 제안했더니 그는 그 요청을 달가와하지 않았다. 나는 어느 날 자동차 꼭대기에 광고판을 달고 예수를 믿으라고 큰소리로 외치면서 학교 주변을 운전한 적도 있다. 의심할 여지 없이 나는 지식 보다는 열정이 더 많았으며, 요령있게 처신할 수도 있었지만, 사람들이 나를 바보라고 해도 나는 그런 것에 개의치 않았다.

계속 전진

몇 주 후에 템플에서의 청소년 집회는 두 번째 주에 접어들면서 반응이 굉장했다. 비록 육성하는 일을 소홀히 할까봐 염려는 됐지만, 수백의 사람들이 결단을 하였다. 나의 역량은 보지도 않고 전도 집회에서 설교해 달라는 초청이 많이 들어왔다. 나는 신학적으로 너무나도 미흡했다. 필사적으로, 나는 나의 믿음과 말씀 증거에 있어서 더 많이 배워야했다.

그러나 어디에서 이런 것을 찾을 수 있단 말인가? 내가 다니던 교회는 생명력이 전혀 없었다. 자유주의 대학교는 영적으로 빈약하기까지 했다. 그 당시에는 대학 캠퍼스 안에 방향을 제시해 줄 복음적인 그룹도 없었다.

다만 더 많은 학생들을 모아서 기도하는 것만이 도움이 되리라는 생각이 떠올랐다. 그래서 나는 거의 매일 밤 10시에 기숙사로 가서 문을 두드려 같이 기도할 친구들을 내 방으로 초청하였다. 내 방 친구와 함께 늘 오는 친구들이 조금 있었다. 그 시간은 귀중한 시간이었다. 나는 학교 강의실에서 배운 내용은 거의 잊었지만, 아직도 동료 학생들 그룹과 함께 기도한 그 짧은 순간들은 기억하고 있다. 나는 우리가 무릎 꿇고 함께 기도한 그 교제가 나의 대학 생활에서 그 어느 것보다도 가장 든든한 영적인 후원을 해 주었다고 믿는다.

나는 대학을 마치자 켄터키에 있는 애스베리신학교로 떠났다. 그 학교는 영적으로 훨씬 기운을 돋우어 주는 분위기였다. 경건한 교수들과의 공부와, 같은 마음을 가진 학생들과의 교제는 나의 영혼을 마음껏 뻗어나가게 해 주었다. 그리고 남부 인디애나의 조그마한 세 감리교회를 순회 목회하는 일은 나에게 영적으로 좋은 활력소가 되기도 했다. 하나님은 그 사역을 축복해 주셔서 수십 명이 구세주를 믿게 하셨다.

1950년에 애스베리대학(Asbury College)에서 부흥이 자연히 일어났다. 성령께서 너무도 강하게 임하셔서 죄를 깨닫는 남녀들이 거의 일 주일 동안 밤낮으로 하나님을 추구했기 때문에 수업이 중단되었다. 곧 이어 이상한 일이 발생하여 나의 주의를 끌었다. 나는 상당한 구원의 확신을 가진 채 신학교에 들어갔지만, 경건의 허식 밑에 숨겨진 것은 깊이 박혀있는 교만이었다. 나는 어느 날 이른 아침에 강단 앞으로 나아가 다른 기도하는 몇몇 친구들 곁에서 나의 마음을 열고 깨끗케 하시는 성령의 충만하심에 나의 삶을 내 맡겼다.

나는 나의 첫 신학석사 학위를 마치자 계속해서 프린스턴신학교로 갔고, 그 다음 해엔 아이오와대학교로 갔다. 나는 이 모든 기간에 계속해서 교회에서 목회를 하고 있었다. 처음엔 뉴저지에서, 그 다음엔 아이오와에서 그리고 철학박사 학위를 받은 후에는 인디애나로 돌아와서 목회를 하였다.

애스베리신학교에서 전도학과를 새로 개설하러 와 달라는 초청을 받았을 때는 내가 그 교회에 부임한 첫해였다. 비록 나는 이 분야를 정식으로 훈련받은 적은 없었지만, 회심을 경험한 이후 내가 알고 있는 모든 것을 다 사용하여 복음을 전하려고 노력하였으며, 이러한 노력은 나의 신앙 여정의 그 다음 단계를 위해서 나를 준비시키는 역할을 한 것이다. 그러나 나의 가장 큰 전도 교육은 지나간 40년 동안 전도 과목을 가르치는 경험에서 이루어졌다.

내가 특별히 개발시킨 분야는 단지 회심자를 만드는 것만이 아니라, 그들로 하여금 제자훈련시키는 것을 이해하고 실천하게 하는 것이다. 나는 예수님의 생애를 집중적으로 연구하며 이 사역의 중요성을 깨닫기 시작했는데, 특히 예수님의 생애를 통하여 내가 얼마나 게을렀는지를 깊이 인식하게 되었다. 나는 이 사실을 고치기 시작하였으며, 하나님의 은혜로 많은 진전이 있었다고 믿는다. 나는 가르치며 말씀 전하는 매우 분주한 일정 가운데서 수년간 몇몇 제자들에게 진지하게 나의 삶을 쏟아 놓았으며, 그리하여 그들도 똑같은 일을 할 결단을 갖도록 가르치려고 애썼다. 이 지상명령의 비전은 전도를 다루는 나의 전체적인 방법에 풍미를 곁들여 주었으며, 은혜와 지식 가운데 자라가기를 원하는 나의 마음을 더욱 강하게 붙잡아 주기까지 하였다.

애스베리에서 27년간 교수로 있다가 일리노이 주의 디어필드로 이사하여 트리니티의 세계선교와 전도학교의 학장이 되었다. 후에, 휘튼에 있는 빌리 레이엄 전도센터(Billy Graham Center Institute of Evangelism)의 운영을 떠맡았으며, 국제전도학교(International Schools of Evangelism)의 학장이 되었다. 나는 이러한 모든 일로 신학교의 몇몇 훌륭한 젊은이들을 가까이 접근하여 가르칠 수 있으면서 동시에 전세계의 수천의 교회 지도자들을 증가시킬 수 있는 가르치는 사역의 기쁨을 갖고 있다. 나는 시간이 나는 대로 계속하여 저술도 하고 몇몇 이사직도 감당하며, 바쁜 강의 일정을 유지하려고 한다. 또한 나의 본연의 자세를 기억하며 때때로 몇몇 학생들과 함께 나가 노상 전도를 하기도 한다.

45년 이상 나의 지속적인 친구요 돕는 배필은 나의 아내 메리에타(Marietta)이다. 우리는 애스베리에서 만났으며, 졸업하면서 결혼하였다. 나의 아내는 나를 늘 격려해 주었으며, 처음부터 나의 사역에 있어서 없어서는 안 되는 역할을 해 왔다. 우리 집은 아내의 접대 은사로 인하여 학생들이 모이는 장소가 되었다. 하나님은 우리에게 귀한 세 자녀를 주셨으며, 모두 다 주님을 사랑하게 되었으며, 그들의 자녀들을 주의 길로 인도하며 양육하려고 애쓰고 있다.

천국 본향으로 가기

지나간 세월을 회상해 볼 때, 나는 하나님이 나에게 하나님을 섬기도록 인도하여 주신 방법으로 인한 경이감으로 가득 차 있다. 분명히 하나님은 내가 받을 자격이 있어서 나를 그렇게 대해 주신 것이 아니라, 단지 나를 그에게로 붙잡아 주신 하나님의 은혜 - 아무 공로 없고, 신비스럽고, 놀라운 은혜로 나를 보상해 주신 것뿐이다.

나는 이 모든 것을 인하여 하나님의 능력의 위대하심에 끊임없이 감탄하고 있다. 지나간 세월 동안에 나는 경이로운 부흥의 순간들을 목격했고; 몇몇 굉장한 수확의 계절도 있었고; 아마도 가장 보람을 느끼는 것은, 민족을 제자로 삼으려고 전세계로 나간 젊은 지도자들의 물결을 바라보는 것이다.

개인적 경험으로는, 나는 "내 주 그리스도 예수를 아는 지식이 가장 고상함"(빌립보서 3:8)을 갈수록 더욱 깨닫고 있다. 그리스도를 알고, 하나님의 거룩하신 인격을 따라가는 것이 나의 갈망하는 바이다. "나는 아직 내가 잡은 줄로 여기지 아니하고 오직 한 일 즉 뒤에 있는 것은 잊어버리고 앞에 있는 것을 잡으려고 푯대를 향하여 그리스도 예수 안에서 하나님이 위에서 부르신 부름의 상을 위하여 좇아가노라"(빌립보서 3:13-14).

여정은 아직 끝나지 않았으나, 나는 천국 본향에 더욱 가까이 가고 있다. 어떠한 장래가 펼쳐질지라도 두려움은 없다. 왜냐하면 하나님이 그 길을 아시고, 그의 원하시는 때에 나를 천국 도시로 데려가실 것이기 때문이다. 그 곳은 하늘의 별처럼 많은 아브라함의 후손들이 온전한 사랑과 영원한 찬양 가운데서 주님을 섬기는 구원받은 자들의 종착지인 영원한 기초가 있는 곳이다. 나는 지금까지 하나님과 함께 외출해 왔는데, 가장 좋은 것은 아직 오지 않은 것이다!

삶을 변화시킨 그리스도와의 만남

라일 도싯(Lyle W. Dorsett)

라일 도싯 박사는 미주리대학교(University of Missouri)에서 학사, 석사 및 역사학으로 철학박사(Ph.D.) 학위를 받았다. 도싯 박사는 휘튼대학원(Wheaton College Graduate School)의 교육학과 전도학 교수이며, 동시에 저술 및 멕시코 선교 등에 전념하고 있다. 휘튼대학(Wheaton College)에서 전임 교수로 가르치는 일 외에, 그와 그의 아내 메리는 멕시코에 있는 빈민가의 아동들을 위한 「국제 아동을 위한 그리스도」(Christ for Children International)란 선교 단체를 창설하여 지도하고 있다. 도싯 박사에게는 항상 제자훈련하는 학생 그룹이 있으며, 그는 다음의 저서를 포함한 12여 권의 책을 저술 내지 편집했다:「이 엠 바운즈: 기도의 사람」(*E. M. Bounds: Man of Prayer*), 「빌리 선데이와 미국 도시의 구속」(*Billy Sunday and the Redemption of Urban America*), 「그리고 하나님이 들어오시다: 씨 에스 루이스의 부인 죠이 데이빗맨의 자서전」(*And God Came In: A Biography of Joy Davidman, the Wife of C. S. Lewis*), 「씨 에스 루이스의 본질」(*The Essential C. S. Lewis*).

삶을 변화시킨 그리스도와의 만남

주후 1976년 7월 24일이었다. 눈을 떠보니 햇빛이 비석 위에 내려 쪼이고 있었다. 오전 6시경이었다. 새들이 새 날을 축하하여 지저귀고 있었다. 잠시 동안 나는 내가 어디에 있는 것인지, 그리고 어떻게 해서 내가 이곳까지 오게 되었는지 확실히 알 수 없었다. 그러나 바로 그때 어렴풋이나마 기억이 떠올랐다. 그 전날 밤 나는 어느 술집에서 술을 마시고 있었다. 술집 문을 닫을 때 나는 여섯 깡통이 든 맥주 한 상자를 가지고 나왔다. 내 차의 앞쪽 바닥을 내려다 보니 상자에는 맥주 깡통 두 개가 덩그러니 남아 있었다. 틀림없이 나는 술을 다 마셔버릴 마음으로 묘지를 따라서 이 비포장 도로까지 와서는 잠이 들어버린 것이다.

타는듯한 심한 갈증만을 느끼면서 나는 아래로 손을 뻗쳐서 맥주 하나를 집어 들었다. 그리고 그것을 따서 주욱 들이마셨다. 그 깡통을 다 비우기도 전에 나는 억제할 수 없이 울기 시작하였다. "또 이런 꼴로 집에 가게 되다니." 나의 강팍해진 양심에 가책을 준 침울한 깨달음이었다. 번뜩 그 전날 밤의 생각들이 스쳐갔다. 아내가 나에게 더 이상 술을 마시지 말라고 간청하는 소리가 귀에 쟁쟁했다. 나는 말했다, "메리, 왜 나는 집에서도 술 좀 마실 수가 없단 말이요?" 나는 분개하여 집을 박차고 나와서, 아무도 방해하지 않는 편히 마실 수 있는 술집으로 향했던 것이다.

그 후 열두 시간이 지났으나 나는 아직도 집에 들어가지 않았다. 맥주 두 깡통을 다 마시고 나니 온갖 생각들이 주마등처럼 스쳐 지나갔다. 밖에서 밤을 지새며 술을 마신 것이 이때가 처음은 아니었지만, 이번엔 무엇인가 달랐던 것이다. 나는 인생의 갈림길에 서 있는 느낌이었다. 한 길은 결혼의 실패를 향한 내리막 길, 대학 교수직의 상실, 그리고 하층 사회로의 길 또는 죽음을 향하는 길이고, 또 한 길은 평안, 만족과 안정을 누릴 수 있는 길이었다. 물론 나는 후자의 길을 원했다. 누가 그것을 원하지 않으랴? 그러나 나는 여러 해 동안 술을 끊으려고 노력했었다. 나는 내가 알콜 중독자라는 것을 알고 있었다. 그럼에도 불구하고 내가 술을 안 마시고도 견딜 수 있던 최대의 기간은 한 번에 4, 5주가 고작이었다. 한 번은 다섯 달 동안 술을 끊는 데 성공했으나, 금주 기간이 끝나자마자 법석대는 술잔치로 인하여 육체적인 병, 감정적인 산란, 그리고 영적인 파멸이 뒤따르곤 하였다.

나의 아내는 예수 그리스도가 나를 도울 수 있다고 제안하였었다. 그러나 나는 오만한 불가지론적(不可知論的)인 대학 교수였다. 진리를 찾기 위하여 이성(理性)만을 사용해야 된다고 훈련을 받은 나는 영적인 세계를 심각하게 대하는 사람들을 노예 기질의 얼빠진 자들로 간주했다. 나는 외관상으로는 교회의 일원이었다. 여행으로 집을 떠나 있지 않으면 매주일 나는 가족과 함께 교회에 갔다. 사회적 지위라는 함정으로 인하여 나는 장년 주일학교에서 자주 가르치기까지 했다. 이 모든 것들 그리고 세례와 견진성사를 받은 사실에도 불구하고, 나는 예수 그리스도와의 개인적인 관계는 맺고 있지 않았다. 나는 기독교 교리에 대한 지적인 지식 외엔 아무 다른 것도 아는 바가 없었다. 내가 갖고 있던 것은 세상에서 실제 문제들을 다루는 데는 아무 쓸 데 없는 것이 분명하였다. 나는 바로 이것이 기독교가 사람들을 더 나은 시민, 이웃 및 가족의 일원이 되게 하여 준다는 막연한 윤리와 가치 꾸러미에 지나지 않는다고 여기는 이유이다.

수년 동안 나를 의아하게 한 것이 하나 있었다. 내가 갖고 있지 않은 어떤 것이 나의 아내에게는 있는 것이었다. 아내는 늘 침착하였다. 개인적이거나 경제적인 큰 문제를 당할지라도, 메리는 나의 이성, 자기 신뢰 및 엄격한 개인주의로는 결코 해 낼 수 없는 놀라운 처리 능력을 갖고 있었다.

그날 아침 내가 묘지 곁에 앉아있을 때 이러한 생각들이 나의 머리에서 맴돌았다. 나는 진정으로 술을 끊기 원했다. 나는 의지력, 분석, 건강 클럽, 견신론(見神論), 에드거 카이스(Edgar Cayce)의 책, 점성술—이것도 시도했었다—심지어는 교회 출석과 십일조 헌금까지 온갖 시도를 다 했었다. 내가 시도해 보지 않았던 유일한 가능성은 예수 그리스도뿐이었다.

나는 바로 그 차 안에서 소리쳤다: "당신이 존재하신다면, 당신이 거기에 계신다면, 와서 저를 도와주소서!" 그것이 내가 할 수 있는 전부였다. 내 생전 처음으로 겸손히 그를 초청하여 나를 도와달라고 부탁드린 순간이었다. 나는 그 이전까지는 그가 계시다면 그 자신을 나에게 강요하시리라 믿었었다.

이 도움을 구한 호소야말로 진정한 나의 다메섹 노상의 경험이었다. 나는 아무런 밝은 빛도 보지 못했고, 어떤 목소리도 듣지 못했다. 그러나 나는 굉장한 평온함을 경험하였다. 나는 예수가 하나님이심을 알게 되었다. 그가 살아계시며, 나를 돌보고 계심을 알게 되었다. 그가 나를 언제나 사랑하셨으며, 늘 찾고 계셨음도 알게된 것이다. 그 순간부터 술 마시고자 하는 충동이 사라졌다. 몇 달 안에 점차적으로 술 마시고 싶은 모든 욕망 또한 말끔히 없어졌다. 그날 아침 이후로는 한 모금의 술도 마신 적이 없다. 하나님의 도우심으로 앞으로도 역시 술 한모금도 입에 대지 않으련다.

나의 다른 차원의 영적 성장이 중요하기 때문에 나의 간증은 여기에서 끝나지 않는다. 비록 나는 그리스도께 그가 존재하시는지 내게 알려달라고 간청하였지만, 하루 이틀쯤 지나서야 그리스도를 나의 마음에 모셔들였다. 구체적으로 말하면, 나는 이렇게 기도했다: "주 예수 그리스도여, 저는 당신이 계신 것을 아나이다. 죄를 지으며 살아온 저를 용서해 주옵소서. 저를 당신의 사람이 되도록 도와주옵소서."

나는 또한 그리스도를 더 잘 알기 위해서 훈련된 삶을 살기로 작정하였다. 그래서 일 주일에 한 번씩 남자들이 모여서 함께 성경을 공부하는 소그룹에 나가기 시작했다. 그 모임의 목적은 하나님에 대해서 배우며 하나님의 특별한 계시인 성경을 통해서 하나님이 우리에게 원하시는 삶이 무엇인지를 더 배우려는 것이었다. 우리는 서로를 위해서 기도했으며, 죄를 극복함으로 하나님을 순종하는 책임있는 삶을 살도록 서로를 격려하였다. 바로 이러한 책임있는 충성된 삶과 그러한 삶을 위한 나의 기도의 힘으로 나는 다시 술을 마시는 것과 같은 유혹을 극복할 수 있었다.

나는 이러한 훈련 외에도 어느 훌륭하고 경건한 그리스도인이 나에게 소개해 준 매일 성경 읽기 프로그램을 시작하였다. 나는 매일 성경을 읽었을 뿐만 아니라, 하나님의 임재를 구하면서 그를 순종하게끔 도와달라고 매일 아침 시간을 내어 기도했다. 또한 매일 조금씩 읽도록 고안된 경건 생활을 위한 책을 읽었으며, 과거의 나와 같이 죄로부터의 구원과 자유함을 필요로하는 사람들에게 예수 그리스도를 잘 전할 수 있도록 도와달라고 매일 기도하기 시작하였다. 또한 몇몇 그리스도인 친구들에게 내가 주님께 충성할 수 있도록 기도

해 달라고 부탁도 하였다.

성령이 충만하고 충성스런 성경 공부 그룹 참여와 정규 예배 참석은 물론 매일 성경 읽는 훈련, 나 자신과 다른 사람들을 위한 기도, 경건 서적 또는 그리스도인 자서전 읽기 및 전도의 삶은 내가 예수 그리스도의 제자로서 생활하고 성장하는 데 필요한 영적인 양분을 제공해 주었다고 확신한다.

예수 그리스도께 모든 영광을 돌린다. 나 자신의 힘으로 모든 것을 행할 때 나는 거듭 거듭 실패하였다. 그분께서 나를 주장하시도록 내 맡겼기에, 나는 안정, 평안과 성취의 길에 머무를 수 있었다.

그리스도 예수께서 내 생애에 들어오신 이래 이제 근 이십 년이 되었다. 그분은 한 번도 나를 떠나시거나 홀로 내버려두시지 않으셨다. 성령께서 나의 힘, 평안과 위로의 근원이 되었으며, 그는 나를 전도자와 선생의 일을 하도록 부르시기까지 하셨다. 나는 1983년에 목사 안수를 받았으며, 그 해에 덴버대학교(University of Denver)를 사직하고 휘튼대학교의 교수가 되었다.

현재 나는 휘튼대학교의 「교육 사역과 전도」(Educational Ministries and Evangelism) 담당 교수이다. 나는 하나님의 은혜로 복음을 전하며, 또한 사람들을 구원하고, 치유하고 양육하도록 부름받은 학생들을 가르치고 있다.

나에게 이러한 특권과 굉장한 기쁨을 안겨주신 분은 주 예수 그리스도뿐이시다.

나의 이야기, 나의 노래

우본완 메쥬돈(Ubolwan Mejudhon)

우본완은 불어학사학위(B.A.)를 획득했으며, 1968년부터 10년간 송클라 왕자대학교(Prince of Songkla University)에서 불교 철학을 가르쳤으며, 공학과 교수회의 비서관보직을 맡았다. 1971년에는 뉴질랜드에서 D.T.E.S.를 획득하였다. 그녀는 그의 남편과 동역하여 1974년에 무앙타이 교회를 개척하였다.
우본완은 1978-1980년에 텔레비전 연출가로, 그리고 극동방송국의 라디오 대사 저술가로 일했다. 그녀는 1983년에 애스베리신학교(Asbury Theological Seminary)에서 Theta Phi Society의 일원으로 신학석사학위를 받았다. 또한 1988-1992년엔 타이여성복음협회(Evangelical Women Fellowship of Thailand)의 첫 회장을 역임했으며, 1983-1991년엔 무앙타이교회(Muangthai Church)의 부목사, 그리고 1992년에는 무앙타이신학교(Muangthai Theological Seminary)의 교무처장을 역임했다.
우본완은 네 권의 출판된 책과 여러 기사의 저자이다. 그녀는 난타차이 메쥬돈과 결혼하여 2남 1녀(Vivorn, Vara, Praporn)를 두었다. 현재 우본완은 난타차이와 함께 애스베리신학교의 E. Stanley Jones School of Evangelism의 선교학박사 후보이다.

나의 이야기, 나의 노래

한국은 고요한 아침의 나라이며, 태국은 미소의 나라이다. 태국의 국교는 불교이다. 불교는 스리랑카로부터 두 승려를 통하여 태국에 들어왔다. 그들은 돈 한푼 없이 옷 세 벌만 가지고 온유한 태도로 들어왔다. 그들은 맨발로 음식을 구하러 다녔고, 사람들의 고난을 함께 나누면서 자기 부인을 통하여 고난을 극복하는 법을 알려주었다. 그 후 이천 년이 지났으며, 전국민의 98퍼센트가 불교도이다. 이 불교의 온유한 태도로 태국은 식민주의와 공산주의를 정복하였다. 나는 그러한 문화적 배경에서 탄생했으며, 헌신된 불교도요, 진정한 태국인, 진정한 불교도였다.

나는 진정한 태국인이기에 우리 나라를 사랑한다. 내가 태어난 피분(Piboon) 시대에는 우리 나라와 문화에 대한 긍지를 갖고 있는 아이들이 많았다. 우리의 귀중한 역사와 문화를 생각나게 하고 재상연해주는 노래와 연극과 책이 있었다. 순수한 불교의 가르침이 절정에 이르렀다. 나는 나라와 불교와 왕에게 헌신하는 훌륭한 불교도가 되겠다는 깊은 신념과 결단을 가지고 성장했다.

나는 13살 때에 아버지를 잃었다. 아버지는 중국계 태국인으로서 나를 무척 사랑하셨으며 자랑스러워하셨는데, 이것이 다른 중국인 아버지와 아주 다른 점이었다. 하루는 그가 학교 교장 선생님에게 나에 대해 말씀하시는 것을 엿들었다. "내 딸은 아주 훌륭한 학생이지요. 그 애는 집에 돌아오자마자 공부부터 하지요." 나는 겨우 네 살이었지만, 그가 한 말을 결코 잊을 수가 없었다. 아버지의 죽음은 나에게 크나큰 충격을 주었다. 잠자기 전에 아버지가 들려주셨던 이야기, 그가 키우던 장미꽃과 기르던 닭, 모든 것이 그리웠다. 나는 그를 다시 만나보고 싶다. 그는 유교인도 불교도도 아니었기 때문에 만일 그가 돌아가신 후에 고난 가운데 계시다면 가서 그를 도와드리고 싶은 마음 간절하다. 그는 참으로 나의 뛰어난 "아빠"였다. 나의 불교도 어머니는 나를 사랑과 이해와 크나큰 지혜로 위로하셨고 격려해 주셨다. 어머니는 열심히 일하시어 한 명을 제외한 모든 자녀들을 대학까지 교육시키셨다. 어머니는 가난한 자들에게 용기와 결단과 친절의 본이 되셨다.

그러므로 나는 나의 나라, 불교, 그리고 가족에게 영원히 빚진 자이다. 그러나 지금 나는 그리스도인이다. 더욱이 나는 더 나은 태국인, 더 나은 불교도, 그리고 더 나은 가족의 일원이다. 왜 그런가? 그것이 가능하단 말인가? 나는 불교와 기독교 사이에서 그 둘 다 배반하면서 그들을 융화 통합하고 있단 말인가? 도대체 이해가 되는 말인가? 그러나, 이것이 나의 이야기요, 나의 노래이다.

나는 기독교를 미워했다. 그래서 어느 선교사가 준 마태복음서를 운하에 내버린 적도 있다. 나는 「하나님은 없다」란 글을 썼는데, 이것은 하나님을 믿는 그리스도인의 무지를 나타낸 글이다. 나는 그 글을 대학교에서 나에게 "불교 철학"을 배우는 기계과 학생들에게 나누어 주었다. 나는 그 대학교에서 기계 공학을 가르치는 젊은 교수를 만났다. 그는 경건한 불교도였으며, 이름은 난타차이 메쥬돈(Nantachai Mejudhon)이다. 우리는 함께 명상과 불교 철학에 대해서 토론하면서 학생들이 진정한 불교도가 아니면 우리 나라에 큰 공헌을 할 수 없다는 결론을 내렸다. 나는 그가 나와 같은 삶의 비전과 목표를 갖고 있으며, 높은 수준의 도덕을 지녔음을 알았다. 그가 미국에서 공학 석사 공부를 마치면 나와 결혼해 달라고 하자, 나는 서로에게 충성을 다 할 확신을 갖고 그의 요청에 동의하였다. 그리고 우리는 서로 헤어졌다. 그는 미국의 캘리포니아로, 나는 뉴질랜드의 웰링톤으로 떠났다. 1971년도의 일이었다.

뉴질랜드는 굉장한 아름다움, 고요함, 그리고 외로움으로 나에게 충격을 주었다. 나는 아시아에서 온 근 100명의 외국 학생들과 공부하였다. 각 나라는 아주 독특한 특색이 있었다. 태국인과 한국인은 극도의 차이가 있었다. 태국에서는 11명의 선생들이 갔는데, 그 중 열 명은 모두 여자였다. 우리는 자유 시간만 생기면 수다떠는 것을 좋아했다. 한국에서 온 열 명 중 둘은 여자였다. 그 중 한 명만 제하고는 모두 다 얌전했다. 태국 선생들은 떠들어대는 반면에, 한국 선생들은 한 명만 제하고는 모두 다 조용히 앉아 있거나 낮잠을 잤다.

어느 날 점심 시간이었다고 기억한다. 한국 선생 중 한 분이 교수를 기다리면서 잠을 청하고 있을 때 나는 친구와 이야기하며 킥킥 웃고 있었다. 그 한국 선생은 태국인의 웃는 소리에 화를 내며 소리쳤다. "당신 둘 다 조용히 할 수 없어요?" 나는 그를 쳐다보고 말했다, "정말로 죄송합니다." 그러자 나의 친구가 계속해서 말했다, "귀에다 침 좀 바르지 그러세요?" 그러자 우리 둘은 킥킥 웃었다. 그때 이후로 서로의 사이에는 긴장감이 맴돌았다. 그러나 그들 중 한 사람은 예외였다. 그는 지금은 박사가 된 홍성철(John Hong)씨였다.

그는 한국에서 온 수다쟁이였다. 나는 한국인들은 농담을 하거나 큰소리로 웃을 수 없다고 이미 단정을 했기 때문에 그는 나를 의아하게 만든 것이다. 그는 너무나 크게 웃고 말도 많이 했다. 어느 날 더욱 이해 못 할 일이 있었다. 내가 그와 그의 친구들을 지나서 걸어가자 그는 말했다, "나는 그리스도인이기 때문에 행복합니다. 모든 그리스도인들은 공통점이 있습니다." 이 발언은 나의 종교성을 자극시켜 주었다. 첫째, 이 사람은 아시아인으로서 외국 종교를 받아들인 점. 둘째, 그가 기독교를 행복과 연관시킨 점. 셋째, 모든 그리스도인들의 공통점이란 도대체 무엇인가? 나는 이 사람을 아시아 인종을 위해 불교로 회심시킬 계획을 가졌다!

내가 난타차이와 헤어지기 전에 우리는 인도함을 받는 대로 누구에게든 불교의 열반을 전하기로 맹세하였었다. 나는 확실히 이 사람을 불교로 회심시켜야겠다고 느꼈다. 그는 아시아에 불명예스러운 존재이다. 내가 그를 그냥 방치해 두면 그는 말이 많은고로 기독교의 병균을 다른 사람들에게 전해 주리라. 내가 그를 관찰한 바에 의하면 그는 항상 어떠한 방법으로라도 예수에 대해서 말했다. 나는 그가 북쪽의 오클랜드의 대학교와 학교들을 견학가고자 서명한 것을 알아냈다. 나는 내 이름을 그의 이름 옆에다 썼다. 우리 일행이 오클랜드에 도착하고 보니 열 명 다 구세군에 속한 레이튼 호텔에 머물도록 배정받은 것을 알고서 나는 좌절하였다. 각 방에는 성경책이 비치되어 있었다.

어느 날 밤 나는 종교에 대해 토론하려고 그를 호텔의 거실로 초청하였다. 그는 쾌히 응했다. 그가 한 첫 말은, "내가 뉴질랜드에 온 이래로 나는 반 학생들을 위해 늘 기도해 왔습니다. 하나님은 나에게 그들 중 누군가가 그리스도인이 되리라고 말씀하셨습니다. 나는 오늘 밤 그가 누구인지 알고 있습니다." 나는 그의 담대함에 놀랐다. 그는 그가 예수 그리스도 안에서 진리를 발견했으며 나는 단지 진리의 추구자였다고 말하자 나는 기분이 나빴다. 나는 그가 너무 종교적이고 타종교를 함부로 비판했다고 생각했다. 나는 나도 역시 불교에서 진리를 발견했다고 믿었지만, 나는 그의 믿음을 비판하지는 않았다. 나는 너무 화가 나서 그가 말한 죄와 예수에 대한 다른 모든 사실을 무시했다. 다른 사람들이 그와 합세하여 그와 동의하였다. 나는 공공연히 이리 가운데 양이 되어 당황하였다. 그들은 불교의 친절과 온유를 무시하는 것 같았다. 나는 겸손한 척 했으나 마음 속 깊이에서는 화가 치밀었다. 나는 그에게 영어로 된 간략한 불교 경전을 주었고, 그는 나에게 성경책을 주었다. 한꺼번에 너무 많은 것을 알려 주었기 때문에 나는 단 한 가지, "기독교의 하나님은 말씀하실 수 있다"는 것 외에는 다 잊었다. 태국의 불교도들에게는 메시지 전에 메시지 전달자가 온다. 경험이 없는 진리의 제안은 무의미하다. 그날 밤 그는 나의 세계관에 하나님이 말씀하실 수 있다는 새로운 정보를 넣어 준 것이다.

그 후 한 달쯤 후에 나는 로토루아에서 웰링톤으로 가는 버스에 앉아 있었다. 눈이 덮인 산맥의 정상이 장미빛 황혼으로 물들어 있었다. 그 장면은 장엄했고 영화로왔다. 나는 조용하고 조그만 음성을 들었다. "하나님은 놀라우셔, 그렇지? 그는 창조자이셔!" 나는 경이로움을 느꼈다. 기독교의 하나님이 나와 말씀하셨다니! 나는 어느 누구에게도 알리지 않고 엘리자베스 스트리트 채플(Elizabeth Street Chapel)이란 교회를 나가기로 했다. 거기에서 나는 나를 어리둥절하게 해주는 사람들을 만나게 되었다. 페기(Peggy)와 데렉 스미스(Derek Smyth) 부부는 그들의 집을 개방하여 나를 진심으로 환영해 주었다. 비록 내가 그들과 동의하지 않았고 나의 회심에 관해 그렇게 소망없게끔 만들었음에도 불구하고 그들은 나에게 친절과 관대함으로 예수님을 증거했다. 그들은 조금도 사심없이 나를 늘 사랑했다. 이러한 사랑은 지금까지도 나의 삶에 영향을 주고 있다.

20년이 지난 지금도 우리의 교제와 우정은 시간을 초월한다. 우리는 온갖 좋고 나쁜 시절을 겪으면서 우정을 나누어 왔다.

페기는 예수가 나를 위하여 이미 돌아가셨는 데도 내가 마음의 평안을 경험하지 못하는 이유를 나에게 설명해 주었다. 그녀는 단지 "손을 뻗쳐 그의 영원한 생명의 선물을 스스로 받아야 된다"고 설명해 주었다. 또한 많은 기독교 서적을 나에게 보여주며 내가 좋아하는 어떤 책이든 선택하라고 했다. 나는 빌리 레이엄이 쓴 「하나님과의 평화」란 책을 골랐다. 그 책은 나의 삶에 큰 영향을 끼쳤다.

불친절한 열심, 문화의 이해의 결여, 종교 중심적인 것 때문에 나를 기독교에서 멀어지게 한 기독교인들도 있었다. 한 번은 내가 전에 본 적도 없는 사람이 나를 찾아와서 나보고 내가 머물고 있는 곳의 지하실로 내려가라고 명령하더니 성경을 가르쳐 준 적이 있었다. 나는 어리벙벙하여 침묵만 지켰다. 그는 자기가 하고싶은 만큼 성경을 가르친 후 떠났다. 그는 완전히 낯선 자로 나타나서 나를 말 할 수 없는 분노 가운데로 몰아 놓고는 만족해하며 떠나갔다. 또 다른 선교사는 불쾌하게 불교를 비평했다.

내가 성경을 읽어보니 이러한 기독교인들은 그들의 구세주 예수 그리스도와는 너무도 달랐다. 예수는 그가 어떤 분인지 모르는 자들에게 친절하고, 온유하고, 부드러우셨다. 그는 유대교를 정죄하지 않았다. 그는 그것을 존중하셨다. 그는 극도로 겸손하시고 자신을 비우셨다. 그리스도의 이야기와 그의 백성들의 친절함은 몇몇 기독교인들의 약점에도 불구하고 내가 그리스도 안에서 계속 진리를 추구하도록 고무시켜 준 것이다.

내가 뉴질랜드에서 태국으로 떠나기 며칠 전 나는 그들의 친절함에 고마움을 표하려고 그 교회에 참석했다. 그날의 설교자는 고든 전크(Gordon Junck)목사였다. 설교 후에 홍성철씨는 그의 간증을 했다. 그가 간증을 끝마치려할 때 그는 회중에게 내가 그리스도를 알도록 나를 위해 기도해 달라고 요청했다. 나는 공공연하게 도전을 받고 몹시 당황했다. 그는 결코 나를 포기하지 않았다고 생각했다. 나는 그에게 도전하기 위해서 사람들이 기도하는 동안 잤다.

그러나 그날 밤 하나님은 내가 하나님을 알아야 할 필요성을 계시해 주셨다. 하나님 없는 인생이 얼마나 공허한지 깨우쳐 주셨다. 하나님은 예수가 나의 죄를 위해서 돌아가신 것을 확신시켜 주셨다. 그 당시 나는 인간이 아닌 하나님이 나를 만나 주셨기 때문에 굉장히 갈등했다. 그는 나를 혼란 가운데 두셨다. 나는 국가, 종교, 가족, 난타차이와 하나님 중에서 선택해야만 했다. 교육받은 태국인이 그리스도인이 된다는 것은 완전한 자기부인을 의미한다. 이 세상에서 얻는 것이라고는 하나도 없고 잃는 것 뿐이다. 그리스도만이 나의 유업과 몫이 될 것이다.

홍성철씨는 나를 전크 목사와 상담하도록 인도해주었다. 그 나이 든 선교사는 너무나 친절하고 경건하였다. 그는 하나님이 나에게 역사하심을 알고도 내가 그리스도를 영접하도록 서둘러서 기도하자고 나에게 요청하지도 않았다. 전크 목사는 간디 시대에 인도로 간 선교사였다. 그는 나의 어려운 상황을 이해했고 감정이입을 하였다. 그는 성령을 온전히 의지하였으며 나를 그리스도께 인도하는 일로 인한 어떠한 명성도 얻기를 원치 않았다. 그는 단지, "딸이여, 계속 성경을 읽어봐요"라고 말했다.

나는 그 다음 며칠 간 갈등을 많이 하였다. 나는 선택할 수가 없었다. 나는 나의 조국, 불교, 가족, 그리고 난타차이를 배반할 수 없었다. 나는 기독교인이 되지 않겠다고 결정하고 홍성철씨에게 전화했다. 나는 그를 만나 토론을 하였고 그에게 감사해 했다. 그는 매우 실망했으며 나를 전크 목사 댁에서의 저녁 식사에 초대하였다.

나는 따뜻하게 환영받았다. 나는 전크 목사님이 나에게 전도하지 않아서 기뻤고 마음이 놓였다. 그는 나에게 내가 하는 일과 난타챠이에 대해서 물었다. 그는 나를 돌봐 주었다. 그것은 나에게 큰 감명을 주었다. 그의 아내는 나에게 훌륭한 저녁 식사를 준비해 주었다.

그러자, 나는 마지 못해 나의 갈등을 그에게 말했다. 나는 하나님이 계시다는 것과 내가 죄인이며 예수님이 나의 죄를 위해서 돌아가신 것을 알았다. 이러한 진리가 하나님의 성령을 통해서 나에게 계시되었다. 아직도 나는 감히 결단을 못내렸다. 그 선교사는 부드럽게 말했다. "부처는 훌륭한 사람이고, 불교는 좋은 종교 중에 하나이지요. 그러나 예수는 하나님이예요." 이것이 그가 말한 전부였다. 그는 잘 자라고 나를 축복해 주었다. 그 순간 하나님의 영은 크나큰 사랑과 위로로 나에게 임하셨다. 하나님의 임재는 너무나 실제였다. 나는 예수님이 나에게 놀라운 힘을 주시기 때문에 내가 예수님을 선택하리라는 것을 알았다.

그날은 1971년 10월 25일이었다. 폭풍우가 몰아쳤으며, 바람이 일고 불었다. 그러나 나는 더 이상 두려워하지 않았다. 크나큰 용기가 나에게 생겼다. 나는 내 방으로 돌아오자 무릎을 꿇고 예수님께 기도했다. 그의 임재는 실제였다. 그는 가까이 계셨다. 그는 살아계신 하나님이시다. 갑자기 나는 내 앞에 있는 빛을 보았다. 그것은 어두움과 싸우는 빛이었다. 그날 밤 나는 예수님을 나의 구세주로 영접하였다. 그는 나의 하나님, 나의 유일한 하나님이 되셨다. 나는 어떠한 고난과 어려움을 당하더라도 그를 따르기로 맹세하였다. 예수님만이 나의 삶에서 제일인자가 될 것이다.

예수는 나의 삶을 안팎으로 서서히 변화시키셨다. 나는 나의 조국을 더욱 사랑하였다. 나는 자연히 부처의 다섯 가지 가르침을 지킬 수도 있게 되었다. 예수는 자신을 비우시는 하나님이시며, 진정으로 나를 비워 하나님만이 영광받으실 수 있도록 도와주신다. 나는 예수 그리스도 안에서 참된 열반(無)을 발견했다고 믿는다. 모든 것이 그의 존전에서는 무(無)가 되는 것이다. 나는 난타차이에게 편지하여 내가 예수를 믿게 된 것을 알렸다. 그는 7개월 동안 약 300통의 편지로 논쟁하였다. 드디어 그는 1972년 5월 1일에 성경을 통하여 예수를 살아계신 하나님으로 만났다. 그는 그의 모든 것을 그리스도에게 맡겼으며, 하나님의 사랑으로 예수님과 다른 사람들을 사랑하겠다고 맹세하였다.

난타차이와 나는 1973년에 결혼하였다. 우리 둘은 토착 교회인 무앙타이교회를 1974년에 개척하였다. 1981년에 하나님은 난타차이를 교수직으로부터 전임 사역자로 부르셨다. 우리 둘은 세 아이들과 함께 미국의 애스베리신학교에 가서 신학석사를 공부하였다. 우리는 1983년부터 1993년까지 무앙타이교회를 섬겼다. 이제 태국 전역에 14개의 자매 교회가 있다. 신학교도 하나 있는데, 기독교대한성결교회와 무앙타이교회가 이 무앙타이신학교를 위하여 협력 사역을 하고 있다.

충성된 마음으로 하나님과 동행할 때 그리스도와 함께 하는 삶은 계속적인 기적의 삶이다. 나는 예수님의 은혜로 아내, 어머니, 목회자, 저술가, 교수, 상담자, 그리고 모든 자의 종의 역할을 하고 있다.

시편 23편은 나의 이야기요, 나의 노래이다:
여호와는 나의 목자시니 내가 부족함이 없으리로다.
그가 나를 푸른 초장에 누이시며
쉴 만한 물가으로 인도하시는도다.
내 영혼을 소생시키시고

자기 이름을 위하여 의의 길로 인도하시는도다.
내가 사망의 음침한 골짜기로 다닐지라도
해(害)를 두려워하지 않을 것은
주께서 나와 함께 하심이라.
주의 지팡이와 막대기가 나를 안위하시나이다.
주께서 내 원수의 목전에서 내게 상을 베푸시고
기름으로 내 머리에 바르셨으니 내 잔이 넘치나이다.
나의 평생에 선하심과 인자하심이 정녕 나를 따르리니
내가 여호와의 집에 영원히 거하리로다.

나는 어떻게 구원을 경험했는가

루이스 팔라우(Luis Palau)

복음 전도자 루이스 팔라우 박사는 지나간 30년간 라디오와 텔레비전 방송을 통해서 45개국의 수억의 사람들에게, 전도 집회를 통하여 63개국의 1100만 사람들에게 복음을 증거했다. 루이스 팔라우 복음전도협회(Luis Palau Evangelistic Association)는 1990년 이래 미국 내 13개 도시에서, 1970년대에는 남미 전역에서 전도 집회를 인도하였다. 또한 유럽과 그 외 지역에서도 이미 그를 초청하기 시작했다. 그의 사역은 1980년대 초에 영국에서 큰 영향을 끼쳤으며, 전 세계적으로 새로운 초청을 잇달아 받았다. 그의 사역을 통하여 50만 명 이상이 예수 그리스도께 그들의 삶을 헌신하였다. 많은 도시와 나라에서 복음이 분명히 선포된 것이다.

루이스 팔라우는 성알반대학(St. Alban's College)을 다녔고, 멀트노마성서학교(Multnomah School of the Bible)에서 대학원 과정을 마쳤다. 그리고 몇몇 명예신학박사 학위(Talbot Theological Seminary, Wheaton College, George Fox College)도 받았다. 그의 이름은 「Who's Who in Religion」, 「Who's Who among Hispanic Americans」, 및 「Contemporary Authors」에 열거되었다.

그는 39권의 책과 소책자를 영어와 스페인어로 저술하였으며, 대표 저서로는, 「미국과 전세계를 그리스도에게로」(*Calling America and the Nations to Christ*), 「영적 성장의 건전한 습관」(*Healthy Habits of Spritual Growth*), 「예라고 말하라! 당신의 영적 열정을 갱신하는 법」(*Say Yes! How to Renew Your Spiritual Passion*)등이 있으며, 100편 이상의 기사를 *Christian Herald, Christianity Today, Decision* 등에 기고하기도 하였다.

팔라우 박사는 1961년에 스페인어를 사용하는 사람들에게 해외전도(Overseas Crusades: 현 OC International) 사역을 시작하였다. 1966년에는 그의 첫번째 전도 집회를 콜롬비아의 보고타에서 가졌다. 그는 일 년 후에 OC의 남미 지부장이 되었으며, 남녀 국제 팀을 조직하기 시작했다. 루이스 팔라우 전도 팀(Luis Palau Evangelistic Team)은 1971년에 선교부 내의 단독 부서가 되었으며, 1978년에 팔라우 팀은 OC를 떠나서 오레곤 주의 포트랜드에 국제 본부와 함께 단독 기관을 조직하였다. 팔라우 협회는 아르헨티나, 과테말라, 영국과 미국에 회원을 둔 국제적 기관이다.

그는 1961년에 패트리샤(Patricia M. Scofield)와 결혼했으며, 네 아들(쌍둥이 Kevin과 Keith, Andrew, Stephen)과 네 손자 손녀를 두고 있다.

나는 어떻게 구원을 경험했는가

나는 남미의 아르헨티나에서 태어나서 성장했다. 나는 아버지 편에서는 스페인에서, 어머니 편에서는 스코틀랜드와 프랑스에서 배로 이민 온 자들의 첫 손자이다. 이와 같은 나의 다문화적인 배경은 많은 다양한 청중들과 나 자신을 동일시할 수 있는 특별한 견해를 갖게 해 주었다. 나의 종교적 배경 또한 매우 복잡하다.

나의 부모님(Luis와 Matilde Palau)은 그 당시의 대부분의 아르헨티나인처럼 국가 교회에 소속되었다. 나는 1934년 11월 27일에 태어났고, 천주교에서 영세를 받았으며, 루이스 팔라우 2세라는 세례명을 받았다. 나의 아버지에게 전통적인 교회는 별로 큰 의미를 주지 못했다. 반면에, 복음적인 교회는 그 당시의 대부분의 남미에는 거의 존재하지 않았다.

나의 부모님은 끈질긴 추구 끝에 쉘 기름 회사의 중역이며 영국의 자비량 선교사인 에드워드 로저스(Edward Rogers)의 복음 증거를 통하여 하나님과 개인적인 관계를 맺으면서 예수 그리스도를 믿게 되셨다.

건축 회사를 경영하는 부유한 사업가였던 나의 아버지는 하룻밤에 그 당시 알젠틴에서 멸시받는 활동적이고 담대한 소수 집단의 일원이 된 것이다. 나는 소년 시절에 아빠가 지방의 여러 곳에서 전도 집회를 인도하실 때 아빠를 따라다니기도 했다. 나는 "기쁜 소식"인 복음을 전하느라고 아빠가 얼마나 많은 고통을 견디어내셨는지를 그 후에야 깨닫기 시작한 것이다! 그는 흔히 욕설과 조롱, 돌, 그리고 그보다 더한 것들에 직면하셨었다.

우리 가족은 수도 부에노스 아이레스의 인제니에로 마스츠위츠(Ingeniero-Maschwitz)라는 강변의 조그마한 휴양 도시에 살았다. 처음에는 그곳에 성당 하나 밖에 없었는데, 내가 기억하기로는 그 성당은 가까이 살고 있는 신부가 없어서 대부분 텅 비어 있었다. 아빠는 회심 후에 로저스 씨를 도와서 조그마한 기독교 형제교회를 세웠다. 오늘날 그 교회는 원래의 건물 앞에 멋진 부속 건물을 더 지었으며, 여전히 활기찬 예배의 중심지 역할을 하고 있다. 그러나 내가 성장할 때 있었던 대부분의 사람들은 그 이후 남쪽의 수도 또는 그 너머로 이사했다.

부모님의 영향

소년 시절에 나의 아빠는 나의 영웅이었다. 복음 안에서의 그의 자랑과 복음을 다른 사람들에게 나누려는 담대함은 나의 삶에 큰 영향을 주었다. 나는 그가 자주 설교하시는 것을 들으면서 그의 몸짓, 목소리, 심지어 말까지 그를 모방하기 시작했다. 실제로, 나는 꽤 잘 모방한 셈이다! 아마 그래서인지 나는 여동생들과 "교회" 놀이를 아주 즐겼나보다. 내가 오빠였기 때문에 그들은 좋든 싫든 내가 설교하는 것을 들어야만 했다. 나의 두 자매, 마틸디와 케티 (그리고 그의 남편 에릭 그린)는 65명으로 구성된 우리 전도협회의 일원으로 이제 주님을 위한 자발적인 전임 사역자로 봉사하고 있다.

내가 서너 살 때 엄마가 우리를 위해 기도해 주시면 나는 엄마 곁에서 무릎을 꿇었다고 하셨다. 나는 엄마의 기도 소리를 들었다. "주님, 루이시토(Luisito)가 진정으로 당신을 알게 되기를 기도하나이다."

나는 엄마를 쳐다보고 말했다, "그런데, 엄마, 난 주 예수를 알아요." 나는 내 방식대로 알았던 것이다. 나는 그 후 얼마 동안 주님을 개인적으로 알지 못했었다. 그러나 부모님은 나에게 하나님의 사랑을 가르쳐 주셨고 나를 복음의 충성스런 종이 되게 해 달라고 기도하시면서 나를 주님께 맡겼던 것이다.

나의 부모님이 나를 주님께 바쳤을 때 그들은 다음과 같이 기도하셨다: "주님, 여기에 루이시토가 있나이다. 그는 당신의 것이옵나이다. 그를 당신의 영광을 위해서 사용하시고 당신이 원하시는 대로 그를 통해 당신을 알게 되는 자들이 많이 있게 해 주옵소서." 부모님은 이 기도 내용을 그들만의 비밀로 간직하기로 결정했기에, 나는 수년간 이 기도 내용을 몰랐었다.

내가 더 오래 아버지를 지켜보면, 그는 집 한쪽에 지은 조그마한 서재인 그의 사무실로 가서 홀로 무릎을 꿇는 모습을 보곤 했다. 그 당시에는 중앙 난방식 시설이 없어서 그는 담요나 판초로 몸을 감싸곤 하셨다. 그 다음에 그는 성경을 읽고 기도한 후에 일터로 가셨다. 그 당시 나는 7살도 안 되었지만, 나는 훌륭한 아빠가 있다는 따뜻하고 고마운 느낌을 가지고 살그머니 나의 침대로 되돌아오곤 하였다.

나는 어렸을 때에 무엇이 잘못되었든지 또는 내가 원하는 대로 되지 않을 때마다 불끈 화를 냈다. 나는 며칠씩 칭얼대고 불평하며 엄마를 괴롭혔으며, 내가 원하는 대로 엄마가 해달라면서 고집하며 버티었다. 회고해 볼 때, 엄마는 나에게 너무나 친절하게 잘해 주셨다. 엄마는 나를 좀 더 강하게 다루어야만 하셨을 것을!

어린아이였지만 나는 혀를 제어할 수 없었기에 굉장한 죄의식으로 괴로와했다. 나는 소리지르며 천박한 말을 하곤 했다. 만일 내가 축구 시합에서 부당하게 취급받으면 축구장에서 상스러운 말을 함부로 하곤 했다.

나는 실제로 아직 예수 그리스도를 나의 구세주로 믿고 있지 않았지만, 부모님이 헌신된 그리스도인이었음을 자랑스러워했다. 부모님의 충성스러운 말씀 증거와 본은 나에게 지속적인 영향을 주었다.

영국 학교 교육

내가 일곱 살쯤 되었을 때, 아빠는 나를 그 도시 가까이에 있는 사립 영국 기숙사 학교인 퀼믐즈 예비학교(Quilmes Preparatory School)에 보내야겠다고 결정하셨다. 그는 나에게 최고의 교육을 시키기 원하셨고 장차 나를 영국의 케임브리지 대학교에 유학시킬 꿈을 갖고 계셨다.

비록 나는 부모님과 가족을 많이 그리워했지만, 나는 학교 공부, 운동 및 기타 학교 활동을 즐겼으며, 매달 주말 하루는 집에 갈 수도 있었다. 나의 외조부모님은 학교에서 길 둘만 건너면 되는 가까운 곳에 사셨지만, 나는 그들을 방문하거나 심지어 그들에게 전화거는 것조차 허락되지 않았다. 학교 수업 중엔 학교에만 있어야 했다. 학교 당국은 그러한 일에 아주 엄격했다. 모든 것에 대한 규율과 규칙과 일정이 있었다. 나는 그런 것이 필요했다! 그리고 나는 오늘도 여전히 그렇게 살고 있다.

퀼믐즈 학교는 내가 10살이 되면 가기로 되어있는 성알반대학교를 위한 훌륭한 예비학교였다. 나는 10살이 되자마자 퀼름즈에서의 모든 학기말 고사를 치뤘으며, 집으로 갈 여행을 준비하기 시작했다. 그러나 부모님이 나를 데리러 오는 대신에 나는 할머니로부터 전화를 받았다. 할머니는 여간해서 학교에까지 전화걸 일이 없으신 분이기에, 나는 무슨 일이 일어났음을 직감했다.

"루이스," 할머니는 기분이 좋지 않으신 듯 말씀하셨다. "네 아빠가 아주 편찮으시단다. 아빠를 위해서 간절히 기도해야만 한단다." 비록 할머니는 나에게 자세한 상황을 말씀해주시지는 않았지만, 나는 아빠가 돌아가셨든지 아니면 굉장히 위독하시다는 긴박한 느낌이 들었다. 바로 그 다음날 아침인 1944년 12월 17일에 할머니는 나를 데리러 오셔서 함께 기차를 타고 집으로 향했다.

"매우 심각한 상태란다." 할머니는 말씀하셨다. "네 엄마는 네가 와서 아빠를 보기를 원하신단다."

나는 심지어 아빠에게 무슨 일이 있었는지조차 몰랐다. 후에야 아빠가 만 열흘간 고통 중에 계셨음을 알게 되었다. 기관지 폐렴으로 진단이 나왔는데 아무 것도 할 수 없는 상태였다. 1944년 12월 그 당시는 페니실린이 귀한 때였다. 그 당시는 2차 세계대전 말의 소탕 작전으로 인하여 유럽과 태평양의 모든 곳이 다 폐쇄된 상태였다.

아버지의 죽음

나는 집에서 부르면 들릴 정도로 가까이 와서 전통적으로 곡하는 소리를 들었을 때, 기나긴 기차 여행하는 동안 내 마음 속 깊이에 품었던 한 가닥 실날같은 희망마저 무너져내렸다. 비기독교인 친척들 몇몇이 슬퍼하며 울면서 물었다. "왜 하나님은 이런 일을 허락하셨나요? 아빠없이 그렇게 많은 어린 아이들을 남겨둔 채. 오, 마틸디는 어떻게 살란 말인가?"

내가 대문을 통과하여 집 안으로 뛰어가자 친척들이 나를 막으려고 야단이었다; 나는 그들을 제치고 지나가서 엄마가 내가 왔다는 것을 아시기도 전에 이미 방 안에 들어와 있었다. 거기엔 누렇고, 붓기가 있고, 피가 말라가고, 입술이 갈라져 있는 아빠가 계셨다. 그의 시체는 탈수되었다.

나는 모든 울음 소리와 흐느낌 가운데서 감정을 억제하려고 애썼지만, 어쩔 도리가 없이 몸부림치기 시작했다. 나는 믿을 수가 없었다! 나는 더 이상 아빠와 말할 수 없는 것이다. 그는 처참해 보였지만, 나는 그가 다 잘 되기를 원했다. 나는 그를 껴안고 그에게 입맞춰 보았지만, 그는 영영 가신 것이다.

엄마는 나를 밖으로 데리고 가셨으며, 나는 엄마의 말씀을 듣는 동안 흐느낌을 억제하느라 애썼다. "의사 선생님이 이제는 아빠를 위해서 더 이상 어떤 것도 할 수 없음을 알았을 때, 우리는 너를 부르기로 결정했고, 그래서 네가 서둘러 집으로 올 수 있었던거란다. 아빠가 돌아가시는 것은 기정 사실이어서, 우리가 아빠의 침대 주위에 모여서 기도하고 그를 위로하려고 애썼을 때, 그는 마치 잠드신 것 같았단다. 그는 숨쉬려고 애쓰시다 갑자기 앉으시더니 노래를 부르기 시작하셨단다."

"아빠는 노래를 부르기 시작하셨단다." 엄마는 말씀하셨다. "저 위엔 밝은 면류관, 너와 나를 위한 밝은 면류관일세. 승리의 종려나무, 승리의 종려나무." 아빠는 너희들이 주일학교에서 노래부를 때 하는 것처럼 내내 가락을 맞추어 손뼉을 치면서 세 번 부르셨단다.

그러자, 아빠가 더 이상 머리를 들 수 없게 되자, 베개에 기대어서 말씀하셨단다, "나는 훨씬 더 좋은 예수님께로 갈꺼야." 얼마 지나지 않아서 그는 주님께로 가셨단다."

아빠가 어떻게 임종하셨는지에 대한 이야기를 두고 두고 생각하는 것은 고통스러운 일이었지만, 나는 뇌리에서 그것을 지워버릴 수가 없었다. 아빠가 천국에 가셨다는 것만이 전체 시련 중 유일하고 정확하고 긍정적인 요소였다. 그 장면은 아직도 나에게 너무나도 선명히 남아 있어서 때로는 마치 내가 아빠가 노래하시고 계신 그곳에 내가 있었던 것같은 착각을 할 정도이다. 그것은 죽어가는 사람이 지옥에 가는 것이 두려워서 울부짖는 남미에서 볼 수 있는 전형적인 장면과는 대조가 되었다.

나에게 죽음은 궁극적인 실제가 되었다. 다른 모든 것은 합리화시킬 수 있으며, 의심해 볼 수도 있고 토의될 수도 있지만, 죽음은 당신의 얼굴을 응시하면서 거기에 있는 것이다. 죽음은 실제이다. 그것은 반드시 있게 마련이다. 아빠는 거기에 계셨으나 이제 영영 가셨으며, 그것뿐이다.

천국의 확신

의심할 바도 없이 아빠의 죽음은 나의 전 생애에 있어서 나 자신의 회심의 경험 외에 다른 어느 것 보다도 나의 사역에 가장 많은 영향을 주었다. 나의 소원과 욕망은 사람들이 하나님과 올바른 관계를 맺고, 인생의 가장 중대한 질문을 해결하고, 예수와 함께 있게 될 것이 "훨씬 더 좋은"(빌립보서 1:23) 것을 알면서 행복하게 죽는 것이다.

엄마는 그 해 여름이 끝날 무렵 며칠 동안 나로부터 천국과 예수 그리스도의 재림과 부활에 대한 질문 공세를 톡톡히 받으셨다. 엄마는 그리스도인이 되신지 팔 년 이상 되셨고 또 성경을 열심히 공부하신 분이셔서 다행이었다. 엄마는 내가 거듭해서 다시 들어야 할 대답을 해 주셨다.

천국과 그와 관련된 모든 것에 대한 흔들리지 않는 확신을 갖지 않은 채 죽음을 맞이한다든지 또는 사랑하는 사람을 잃는다는 것은 나로서는 상상할 수도 없는 일이다. 나는 지나간 세월 동안 남아있는 식구보다 훨씬 앞서 그곳에 가신 아버지가 얼마나 축복을 받으셨는가를 생각해왔다. 이제는 어머니도 그가 계신 곳에 가 계신다. 그들은 완전한 축복 가운데 계신다. 그들은 행복하다. 그들은 주님이 계신 곳에서 영원히 사신다.

언젠가 천국에 가는 것은 내가 비행기로 서울이나 시드니나 샌프란시스코로 가서 당신을 만나 점심을 먹는 것처럼 나에게는 아주 실제적인 일이다. 나는 비행기에서 내리자마자 그곳에서 나를 기다리고 있는 당신을 만나보기를 굉장히 기대할 것이다. 내가 죽으면 예수님과 나의 사랑하는 사람들을 만나보는 것이 바로 이와같이 실제적인 일이다.

왜 더 많은 사람들이 단지 천국 때문만이라도 그리스도를 믿으려 하지 않는지 이해가 잘 안간다. 그곳에선 최상의 것들을 홍정할 수 있다. 당신 자신을 포기하고 예수께 다 맡기고 죄의 용서를 받아들이면 당신은 주님과 함께하는 영생의 확신을 갖게 된다. 솔직하게, 나는 하나님이 주시는 모든 것을 안다고 하면서 여전히 구원받기는 원하지 않는다고 말하는 사람들의 이론을 헤아려 알 수가 없다.

학교로 되돌아가다

아빠가 돌아가신 지 석 달이 되었으며, 여름이 끝나가자 나는 성알반대학교에 갈 때가 되었다. 한 때는 꿈이었던 것이 이제는 무관심사가 된 것이다. 그러나 엄마가 말씀하시기를 아빠가 이미 나를 그 곳에 보내기로 결정하셨으므로 엄마도 그의 뜻을 받들어서 그렇게 따르기를 원한다고 하셨다.

성알반대학교는 엄한 영국 국교의 남학교였다. 아르헨티나 정부는 적어도 하루에 네 시간, 일 주일에 닷새는 스페인어로 가르쳐야 된다고 요구했다. 그 학교는 영국계 학교이었으므로 그 요구 사항에 맞추었으며, 나머지 수업일에는 영어로 가르쳤다.

아버지가 돌아가신 후 우리 가족의 경제 상태가 점차로 악화됨에 따라, 나는 내가 학교를 졸업하기도 전에 돈이 떨어질지도 모른다는 것을 인식하기 시작했다. 나는 찰스 코헨 선생님이 추천하신 여름방학 중에 있는 그리스도인 캠프에 나를 보낼 수 있게 될는지 잘 모르신다고 엄마가 말씀하시는 것을 듣고는 당황하였다.

솔직히 말한다면, 나는 가족을 두 주 동안 떠나있는 것을 원하지 않았다. 게다가 코헨 선생님의 캠프는 지나치게 복음적이라는 것도 알고 있었다. 분명히 누군가가 나에게 예수 그리스도를 영접하라고 은근히 압박을 줄 것이다.

만일 누가 나에게 물었다면, 나는 일어나서 성경 구절을 많이 인용할 수 있으며, 찬송가도 많이 부를 수 있었다. 즉석에서 일어나 기도도 잘 할 수 있었다. 그러나 내 마음 속에서는 내가 진정한 그리스도인이 아님을 나는 알고 있었다.

그러나, 내가 코헨 선생님께 나는 캠프에 가고 싶지만, "가정 형편상 갈 수 없다"고 거짓말을 하자마자 그는 내가 갈 수 있도록 돈을 내 주셨다. 나의 그런 마음에도 불구하고 나는 결국 그 캠프에 참석하려고 떠났다.

여름 캠프

엄마는 내가 진정으로 거듭난 그리스도인인지 확실히 알지 못하므로 내가 그 캠프에 가는 것을 기뻐한다고 솔직하게 말씀해 주셨다. 나는 대답했다. "엄마, 무슨 말씀이세요" 나는 그리스도인인 척 행동했지만, 엄마가 더 잘 아셨다.

나는 여름 캠프에 도착하자 대부분이 성알반학교에서 온 오육십명의 남자 아이들과 합세하였다. 상담자들은 모두 캠프 참석자들의 영적인 상태에 깊은 관심을 가진 헌신된 그리스도인들이었다.

상담자 한 명이 그의 텐트에 열 명의 소년들을 데리고 있었는데, 매일 밤 한 아이씩 산책을 하면서 예수 그리스도의 가르침에 대한 분명한 태도를 예 또는 아니오라고 말 할 기회를 주었다. 첫 두 아이들이 상담자와 만나서 무슨 일이 있었는지 말해주었기 때문에 둘째 날 밤 이후엔 누구나 자기 차례가 곧 온다는 것을 알고 있었다.

만일 진정으로 예수 그리스도를 영접하기 원하지 않으면, 그들은 물론 그렇게 하라고 강요하지는 않을 것이다. 단지 구원 문제를 확실히 하고자 하는 의도가 있을 뿐이다. 많은 아이들이 이미 그리스도를 믿고 있었으며, 상담자들은 그들의 결단을 견고케하며 성경적인 확신을 주는 일을 도와주고 있었다. 그런데 거기에는 아주 복음적인 교회에서 성장하여 복음 내용 전체를 알고는 있지만, 결코 스스로 예수님을 영접하지 못한 나와 같은 아이들도 있었다.

마침내 내 차례가 왔다. 내가 있는 텐트에 있던 다른 모든 아이들은 프랭크 챈들러 상담자와 이미 다 만났었다. 나는 그 이유를 알고 있었다! 나는 어디론가 가서 숨기를 원했으며, 너무나 당황했기에 아직도 그리스도를 영접하지 않은 것이다. 나는 더 이상 거짓말을 할 수 없었으며 내가 그리스도를 영접했다고 말 할 수 없다는 것을 알았다.

나는 상담자가 그냥 갈 것으로 생각하면서 자는 척했다. 그러나 일이 내가 원하는 대로만 되지는 않았다. 그는 나를 깨웠지만, 나는 계속해서 깊이 잠든 것처럼 행동했다. 그는 내가 속이고 있는 것을 알았으므로 간이 침대를 들어서 나를 바닥으로 내려뜨렸다. 나는 더 이상 자고있는 척 할 수가 없었다!

"자, 루이스" 상담자는 말했다, "일어나거라." 나는 그날이 캠프 기간 동안에 가장 좋은 날이 될 줄을 미처 몰랐다.

밤의 면담

나는 상담자 프랭크와 밖으로 나가서 떨어져있는 통나무 위에 앉았다. 날씨가 추웠으며 가랑비가 내리기 시작하고 있었다. 뇌우가 내릴 것만 같았다. 프랭크는 서둘러야함을 알았다. 그는 손전등을 꺼내서 신약 성경을 폈다. "루이스" 그는 물었다, "너는 거듭난 그리스도인이니?"

나는 말했다. "그렇게 생각하지 않아요."

"글쎄, 그것은 그렇다거나 아니다라고 생각하는 문제가 아니지. 네가 거듭난 그리스도인인지 또는 아닌지를 묻는거야."

"아니, 거듭난 그리스도인이 아니에요."

"네가 오늘 밤에 죽는다면," 프랭크가 물었다. "너는 천국에 가게 되니 아니면 지옥에 가게 되니?"

나는 조금 뒤로 가서 잠시 조용히 앉은 다음에 말했다. "나는 지옥에 가게 되요."

"그곳이 네가 가기 원하는 곳이니?"

"아니요," 나는 대답했다.

"그렇다면 왜 거기에 가게 되니?"

나는 모른다는 표정으로 어깨를 으쓱했다. "모르겠어요."

그러자 프랭크는 성경의 로마서를 펴서 읽었다: "루이스야, 네가 만일 네 입으로 예수를 주로 시인하며, 또 루이스야, 하나님께서 그를 죽은 자 가운데서 살리신 것을 네 마음에 믿으면, 루이스야, 구원을 얻으리니 사람이 마음으로 믿어 의에 이르고 입으로 시인하여 구원에 이르느니라"(로마서 10:9-10).

프랭크는 나를 쳐다보았다. "루이스야, 너는 하나님께서 예수를 죽은 자 가운데서 살리신 것을 네 마음에 믿니?"

"네, 믿어요." 나는 말했다.

"그렇다면 네가 구원받으려면 그 다음에 무엇을 해야 되니?"

비가 더 세게 내리기 시작했기에 나는 망설였다. 프랭크는 내가 로마서 10장 9절을 한 번 더 읽게 했다. "네가 만일 네 입으로 예수를 주로 시인하며… 구원을 얻으리니."

"루이스, 너는 그를 너의 주님으로 지금 바로 자백하겠니?"

"네."

"좋아, 같이 기도하자." 프랭크는 팔로 나를 감싸고 기도했다. 나는 바로 거기 비오는 통나무 위에 앉아서 예수 그리스도께 나의 마음을 열고 예수를 영접하는 결단을 했다. 나는 기도했다. "주 예수님, 나는 예수님이 죽은 자 가운데서 사신 것을 믿나이다. 나는 입으로 예수님을 주로 시인하나이다. 저에게 영생을 허락해 주옵소서. 나는 예수님의 것이 되기를 원하나이다. 지옥으로부터 나를 구원해 주옵소서. 아멘."

가장 중요한 결단

우리가 기도하기를 끝마쳤을 때 나는 울고 있었다. 나는 프랭크를 꼭 껴안은 다음에 뛰어서 텐트로 되돌아갔다. 나는 담요 밑으로 기어들어가서 손전등을 켜고는 성경에다 "1947년 2월 12일, 나는 예수 그리스도를 영접했다"고 썼다.

나는 그때 12살 밖에 안되었지만, 나는 내가 거듭난 것을 알았다. 나는 구원받은 것이다. 나는 하나님의 가족의 일원이 된 것이다. 나는 예수 그리스도께서 말씀하셨기 때문에 영생을 얻었음을 알았다: "내가 저희에게 영생을 주노니 영원히 멸망치 아니할 터이요 또 저희를 내 손에서 빼앗을 자가 없느니라"(요한복음 10:28).

나는 나의 삶을 그리스도께 내맡긴 사실로 인하여 너무나 흥분이 되어서 거의 잠을 잘 수가 없었다. 요컨대, 그것은 인간이 할 수 있는 가장 중요한 결정인 것이다. 영원한 생명에 비하면, 모든 다른 결정은 이것만큼 중요하지는 않은 것이다.

영적으로 식어지다

불행하게도, 나는 나의 회심 후 1년쯤 되었을 때 복음을 위한 열정과 사랑이 식어졌다. 너무 많은 사람들이 그렇게 되기도 하는데, 막상 내가 그렇게 되고 보니, 마치 누군가가 플러그를 빼서 불이 나간 것 같았다.

아마 나의 냉소적인 태도가 방해가 된 것 같았다. 나는 주일에 운동 경기를 보고, 영화보러 가는 것과 같은 세상적인 일로부터 멀리하라는 어머니의 말씀을 무시했으며, 동료 학생들의 압박에 못 이겼는지도 모른다.

나의 기억으로는, 내가 어느 날 성경책을 부주의하게 전차에 놓고 내렸는데 다시 그것을 찾을 수가 없었던 것이다. 나는 성경책을 잃어버린 것과 동시에 매일 성경 읽기, 성경반 참석의 기쁨, 그리고 그리스도께 헌신한 삶에 따르는 모든 다른 것도 동시에 거의 다 잃어버린 것이다. 나는 여전히 복음을 사랑했고, 믿었고, 존중했지만, 복음이 나의 생활을 지배하게 하지는 않았다.

하나님과 나 사이에 무엇인가 단절되어 있었다. 구원 문제가 아닌 하나님과의 관계에서 기쁨을 잃은 것이다. 나는 학교, 어머니 그리고 교회가 나에게 요구했던 한계들을 넘어서기 시작했다. 나는 그 당시에 학교 무도회에 가거나, 자동차 경주에 관한 잡지를 읽거나, 주일에 운동을 하는 것을 죄라고 믿었다. 그러나 나는 어찌됐든 그런 일을 한 것이다. 나는 나의 옛 친구들을 만나서 다시 거친 말을 하기 시작했으며, 대체적으로 삶을 향한 나쁜 태도를 발전시켰던 것이다.

나는 일 년 정도는 기쁘고, 열심있고, 행복한 그리스도인이었는데, 이제는 김빠진 것같은 생활이 되었다. 나는 세상적이고, 죄짓고, 죄의식을 느꼈는데, 웬일인지 거기에서부터 헤어날 수가 없었다. 간단히 말하면, 나는 성알반 학교에서의 나의 나머지 학창 생활 동안과 집에서 보낸 여름 동안에 하나님과 거리가 먼 생활을 한 것이다. 나는 마음 속 깊이에서는 내가 그리스도께 속해 있음을 알았지만, 그러한 나를 바보로 간주해주지 않기에 갖게 되는 압박감은 내가 견디기엔 너무 과중한 것이었다.

나는 학창 생활의 마지막 4년 동안에 나의 영적 상태에 도대체 무슨 잘못이 있었는지 결론지어보려고 애썼다. 어쨌든 나는 승리로운 그리스도인의 삶에 대한 분명한 개념이 없었으며, 결국 좌절되고, 열매 없고, 패배한 삶을 살았던 것이다.

나의 첫번째 전환점은 4년 후 카니발 축제 주간 바로 전에 있었다. 남미에서 카니발 축제는 온통 축제 행사로 뒤덮인 주간이다. 축제와 깊이 관련된 사업이 아니면 한 주 내내 문을 닫는다. 축제는 40일간의 고해성사와 참회 후 사순절 바로 전 주에 있으며, 그 기간 중엔 무엇이나 행해진다.

사람들은 고유 의상을 입고 마스크를 쓰고 쉬지 않고 춤을 춘다. 젊은이가 축제 기간 동안에 첫날 밤을 술에 취하거나 그보다 더 한 일을 경험하는 것은 이상한 일이 아니다.

나는 대학교 클럽에서 제공하는 불순한 각종 파티와 게임에 싫증이 났던 터이라 처음에는 다른 친구들과 더 색다른 일을 해보는 것이 좋은 대안인 것 같아 보였다. 우리는 1952년의 카니발 축제 주간을 축하할 멋진 계획을 세웠다. 그런데 그것에 대해서 생각하면 할수록 더욱 더 불길한 생각이 들었다.

헌신

카니발 축제 주간이 시작되기 바로 전, 나의 친구들의 강한 반대에 부딪친 그 마지막 순간에, 나는 그들의 어리석은 계획을 포기하고 그대신 나의 삶을 주님께 헌신하기로 결단하였다. 나는 나의 담배 파이프를 두동강이 내고, 대학교 클럽 회원 카드를 찢어버리고, 모든 운동 잡지를 찢어버리고, 많은 레코드 앨범을 내버렸다.

나는 그 다음 날 아침 저녁으로 교회에 갔다. 전 도시가 죄로 들끓는 것 같아 보였다. 나는 그런 것으로부터 피해 나온 것이 기뻤다. 모든 것이 그 주말에 변했다. 나는 기뻐서 흥분하였다. 나의 삶은 다시 원기가 회복되었으며, 의미를 되찾았다. 나는 새 성경책을 샀으며, 몇 달 이내에 어느 경건한 선교사가 인도하는 집중적인 제자훈련 프로그램을 시작하였다. 나는 그 후 세례를 받았으며 많은 시간을 주님의 사역에 자원봉사하기 시작하였다.

내가 그리스도가 중심이 된 삶(갈라디아서 2:20)의 비밀을 깨달은 것은 그 후 8년이 지난 25살 때였다. 그러나 17살 이후부터는 뒷걸음질하는 삶은 더 이상 없었다. 나는 그 무엇보다도 주를 섬기고 그의 놀라운 복음을 광범위하게 선포하기를 원했다

세계를 품은 사람

R. 스탠리 탬(R. Stanley Tam)

미국 오하이오 주의 사업가 스탠리 탬 박사는 교회, 연합집회, 수양회, 시장 조찬기도회 및 시민 클럽에서 7천 회 이상 강의하였다.

탬 박사는 국제기독교선교사연합교회(Christian & Missionary Alliance Churches International)의 이사, 국제 십대선교회(Youth for Christ International)의 이사, 그리고 그의 교회에서 "종신 장로"(Elder for Life)로 선출되었다. 현재 그는 애스베리대학교(Asbury College)와 국제 OMS의 이사직을 맡고 있다. 탬 박사는 약 84,000명의 고객을 확보하고 있는 미국플라스틱회사(United States Plastic Corp.)와 미국 제련 및 정련회사(Smelting & Refining Corp.)의 설립자이자 회장이며, 탬코산업회사(Tamco Industries, Inc.)의 이사장이며, WTGN 라디오 방송국의 사장도 역임했다.

탬 박사는 세 권의 책을 집필하였다: 「하나님이 나의 사업을 소유하시다」 *(God Owns My Business)*는 8개 국어로 38만 부를, 「모든 그리스도인은 영혼 구도자」*(Every Christian A Soul Winner)*는 2만 부를, 그리고 「하나님의 나무 헛간」*(God's Woodshed)*은 만 부를 출판하였다.

탬 박사의 생애를 다룬 두 편의 영화가 있다: 「하나님은 나의 상관 경영주」*(God is My Senior Partner)*와 「응답」*(The Answer)*이 비디오로 나와 있다. 후자는 8개 국어로 번역되어 있다.

탬 박사는 주말 여행을 하면서 영혼 구도자를 위한 세미나를 개최하며 성공적인 영혼 구도자가 되는 방법을 가르치고 있는데, 네 부분은 비디오로 나와 있다. 그는 또한 주말에 「하나님이 나의 사업을 소유하시다」 세미나도 개최한다. 이 세미나는 다음의 세 부분으로 구성되어 있다: (1)"성공적인 사업 경영법"; (2)"그리스도를 당신의 사업에 모셔들이는 법"; (3)"당신의 사업과 그리스도인의 삶에서 문제를 제거하는 법."

미국플라스틱회사의 모든 이윤은 전세계의 15개국의 십자군전도대(Every Creature Crusader)를 후원하는 데 쓰여진다. 십자군전도대는 두 명 내지 여섯 명으로 구성된 192개의 팀을 갖고 있으며, 그들은 개인전도의 목적으로 요한복음을 가지고 각 가정을 방문하여 그리스도를 영접하도록 전도에 힘쓴다. 25명의 회심자가 있으면 교회를 하나 개척한다. 그들의 목표는 매년 25,000명의 결신자와 85교회를 개척하는 것이다.

탬 박사는 전세계를 수차례 여행하면서 스물다섯 곳 이상의 선교 지역에 가서 강연을 한 바 있다. 그는 많은 상을 받았는데, 그 중엔 1978년에 애스베리대학교로부터 명예박사 학위를, 1986년에는 올해의 평신도 NAE상을, 그리고 1995년에는 오하이오의 리마의 셔니(Shawnee)고등학교에서 주는 훌륭한 동창생상이 있다. 그는 주아니타 탬(Juanita Tam)과 결혼하였으며 네 딸과 열한 손자 손녀를 두고 있다.

세계를 품은 사람

나는 시골의 농가에서 성장하였으며, 중심지의 고등학교에 다녔다. 어머니는 나를 교회에서 성장시켰고, 나는 음주, 담배, 욕설과 같은 나쁜 습관을 들이지 않기를 바라는 어머니의 소원을 순순히 따랐다. 나는 교회와 주일학교에 매주일 참석하였고, 어머니의 교훈을 본받아 훌륭한 도덕적인 삶을 살았기에 나 자신에 대해 꽤 긍지가 있었다. 실제로 나는 내가 괜찮은 그리스도인이었다고 생각하였다. 우리 동네의 엄마들은 그들의 아들들이 나와 사귀는 것을 좋아했다. 엄마들은 내가 그들에게 좋은 영향을 끼친다고 말했다. 교회에서 나의 별명은 "설교자"였는데, 그것은 내가 주기도문을 아주 잘 암송하여 기도할 수 있었기 때문이었다.

고등학교 시절은 경제 공황의 시기였기에 우리 같은 아이들이 용돈을 갖기 원하면 벌어 써야만 했다. 나는 고등학교 재학시 마지막 2년간 우리 동네의 주부들에게 가정용품을 팔았다. 졸업반인 나는 자노(Zano)제품과 같은 것을 가지고 농가의 이집 저집으로 팔러 다녔다.

나는 졸업 후 어느 날 오후에 나의 T 모델 포드 차를 타고 전에도 여러 번 갔었던 어느 집 앞에 멈추었다. 나는 웬지 이 집을 방문하는 것을 항상 좋아했다. 그 집은 조지 롱 부인 댁이었다. 그분은 항상 친절하고 진지했으며 나에게 관심을 갖고 대해 주셨기에 아무것도 안 산다할지라도 나는 그분 댁을 즐겨 방문하였다. 그날 나는 물건 소개를 마치면서 그에게 물었다, "롱 부인님, 당신은 어찌하여 저기 다른 집들처럼 정부에서 주는 N.R.A. 스티커를 창에 붙이지 않으셨어요? 원하시면 하나 붙일 수 있으실텐데요." 롱 부인은 말했다, "스탠리, 그 스티커는 마치 짐승의 표와 너무 비슷해서 우리 창에 붙일 수가 없단다." 나는 짐승의 표가 무엇인지 결코 들어본 적이 없었기에 의아해하였다. 나는 그분께 물었다. "그게 무엇인데요?" 그녀는 말했다, "그것은 성경에 나오는데 설명하려면 시간이 좀 걸릴텐데, 네가 다 들을 시간이 있을지 모르겠구나." 나는 말했다, "네, 시간이 있어요."

그리고 우리는 식탁에 마주 앉았으며, 그녀는 나에게 요한계시록 13장에 나오는 짐승의 표에 대해서 말해 주었다. 어떻게 교회가 이 세상에서 없어지며, 선하고 옳은 것을 행하는 영과 그리스도의 영이 더 이상 존재하지 않게 될 것임을 설명해 주었다. 적그리스도가 통치할 것이며 모든 사람은 이마와 손에 짐승의 표를 받아야만 할 것이다. 그들이 일하거나 사거나 팔려면 적그리스도에게 경의를 표해야만 한다. 그때는 그리스도를 의지하는 자는 누구나 적그리스도를 의지할 수 없게 되며 짐승의 표를 거절해야만 한다. 그렇게 함으로 그들은 굶어 죽거나 순교자로서 죽게 될 것이다. 왜냐하면 아무도 적그리스도에 반항하여 살 수가 없기 때문이다.

롱 부인은 이렇게 설명을 한 후에 거기에서 끝나지 않고 왜 그리스도가 십자가에서 죽으셨는지를 말해 주었다. 나는 그리스도가 십자가에서 죄를 위해서 죽으신 것은 알았지만, 내가 개인적으로 그를 영접하여 영적으로 거듭나야만 하는 것은 알지 못했다. 롱 부인이 복음을 전할 때 성령님은 내 마음을 움직여 역사하기 시작했다. 한

참 구원에 대해서 말하는 동안 롱 부인의 친구들이 들어와서 나는 그리스도를 위한 결단은 하지 않은 채 그 곳을 떠나야했다. 그 후 6주가 지났을 때 나는 죄를 깊이 깨닫게 되었다. 어느 곳을 향해도 나는 잃어진 자였고 하나님의 자녀가 아니었다. 나는 처참한 상태에 있었다. 매일 밤 나는 기도했다, "오, 주님, 제게 빛을 주시고 제가 초청에 응하여 무릎꿇고 당신을 나의 개인의 구세주로 영접할 기회를 갖게 될 때까지 저를 죽지 않게 해 주옵소서. 저를 구원해 주시기만 한다면 제게 포기하라고 하는 것은 무엇이든지 기꺼이 포기하겠나이다."

매주 나는 교회의 초청에 응해 그리스도를 나의 구세주로 영접할 용기를 가지려고 시도했다. 마침내 롱 부인이 나에게 구원의 복음을 전한 지 6주가 지난 주일에 교회의 옆 자리에 앉아있는 내 사촌에게 필사적으로 말했다, "얘야, 내가 오늘 밤엔 꼭 구원받아야겠으니 내가 가장자리에 앉아야겠어. 난 더 이상 견딜 수가 없어. 구원의 초청을 하면, 너는 나를 힘껏 밀어내어 내가 얼떨결에 저 앞으로 나가게 도와줘야겠어." 나는 의자 가장자리에 앉았다. 그날 밤 초청의 시간에 찬송가의 1절을 부를 때 나는 앞으로 걸어나가 무릎꿇고 그리스도를 영접하였다.

나는 그리스도를 영접하면 어떤 느낌을 갖게 될는지 궁금해 했었다. 아마 전기 충격 같은 것이 내게 임해서 내가 이 세상 밖에 가 있는 것과 같이 느끼든지 또는 그리스도가 내 귀에다 직접 무언가 말씀하실 것이라고 생각했다. 나는 그리스도를 영접하는 것이 어떠한 것이라는 많은 간증을 들어왔기에 혼돈이 되었으며 잘못 이해하였던 것이다.

그런데 막상 내가 그리스도를 마음 속에 모셔들여 내 죄를 씻으시고 나의 구세주가 되어달라고 청했을 때 그와 같은 느낌은 없었다.

나는 내가 꼭 해야될 것을 했으며, 성경을 믿음으로 받아들였고 나의 구원의 근거를 성경에 두었던 것이다. 내가 구원의 초청에 응했을 때 구원의 조건이 충족되었고 이제는 구원받은 자가 되었음을 알았다. 나는 내가 구원의 초청에 응했을 때 내 주위에 있었던 사람들을 보았는데, 어떤 사람은 행복해 보였고, 어떤 사람은 기뻐서 울고 있었다. 나는 아무런 감정의 변화가 없었기 때문에 그들의 감정적인 동요에 혼돈되었다. 그러나 그 이후로 나는 주 예수 그리스도와 함께한 승리와 교제로 인한 갖가지 느낌을 표현하며 또 즐겼다. 하나님은, "영접하는 자 곧 그 이름을 믿는 자들에게는 하나님의 자녀가 되는 권세를 주셨으니"라고 말씀하셨기 때문에 나는 하나님의 자녀가 된 특권을 인하여 하나님을 얼마나 찬양하는지 모른다.

그 후 20살이 되던 해, 나는 사진사가 쓰고 버리는 인화 용액에서 나오는 은을 재생하는 사업에 뛰어들었다. 전에 미국 내의 4개의 회사들이 바로 나와 똑같은 일을 하려고 시도했다가 모두 다 실패했었던 사실을 나는 몰랐던 것이다. 만일 내가 이 사실을 알았더라면, 나는 아예 그 일을 시도해 보지도 않았을 것이다. 그러나 나도 시도해 본 결과 다섯 번째의 실패자가 된 것이다.

그것은 90마일 떨어진 어느 도시에서 일어난 일이다. 나는 나의 모든 소유물을 내 차에 싣고 집으로 향했다. 나는 운전하면서 사업 실패로 인한 실망에 대해 하나님께 기도하고 있었는데, 바로 그때 주님은 나의 마음에 말씀하셨다, "실망할 필요가 없노라; 그 사업을 나에게 넘겨주면 내가 성공케 하리라." 그 날 나는 이 언약을 했다, "주님, 만일 당신이 이 사업을 맡으셔서 성공케 하신다면, 저는 사업하며 제가 할 수 있는 모든 면에서 주님께 경의를 표하겠습니다."

나는 집에 도착하자 아버지와 의논하며 사업을 다시 시작할 돈을 좀 부탁드렸다. 아버지가 말씀하시기를, "경제 공황이 계속되고 있고 내가 가진 돈도 조금 밖에 없구나. 그렇지만 내 돈 전부 네가 써도 돼." 그날 그는 나에게 12불을 주셨고 내 돈 25불과 합하여 전부 37불을 가지고 하나님을 믿는 믿음으로 나는 다시 사업을 시작했다. 아주 조촐한 시작이었지만, 하나님과 함께 하면 모든 것이 가능한 것이다. 세월이 지나자 나는 결혼하고 집도 살 수 있을 만큼 돈도 벌었고, 우리 가정에는 네 딸들도 태어났다. 그 후 1940년에, 하나님은 내가 사업의 모든 면에 하나님께 경의를 표하리라는 하나님과 맺었던 언약에 대해서 말씀하시기 시작했다. 나는 기도 중에 하나님의 인도하심을 느껴서 하나님을 나의 상관 경영주(Senior Partner)로 모셨으며, 사업의 51%를 하나님께 드렸다. 나의 아내도 사업을 성공케하신 분께 경의를 표하는 것은 좋은 일이라고 동의하였다.

이제 사업을 시작한지 수년이 지났다. 하나님은 나에게 믿음과 부(富)를 다루는 것에 대해 너무나 많은 교훈을 가르쳐 주셨다. 우리 그리스도인들은 우리가 갖고 있는 이 세상의 물질을 영원한 부(富)로 변화시킬 수 있다. 이제 성령께서 이러한 변화의 과정에서 어떻게 나를 인도해 주셨는지 말해보자.

1952년에 나는 한국의 선교지를 방문하고 있었다. 어느 날 아침에 나는 묵고 있던 곳에 홀로 남아있으라는 부탁을 받았다. 나는 잃어진 영혼들을 위해 애타는 마음으로 하나님께 기도하며 매달렸다. "주님, 무엇이나이까? 제가 선교 서약을 두 배로 하기를 원하시나이까?" 응답이 없으셨다. 나는 두 번이나 더 주님께 두 배의 선교 서약을 말씀드렸으나, 여전히 응답이 없으셨다.

그러자 주님은 룻기를 생각나게 해 주셨다. 룻이 어떻게 실제로 수확하는 들에서 일 할 수 있는지를 여쭈어 본 내용이다. 나는 깊은 감동을 받고 다시 기도하였다. 그리고 주님은 나에게 한 가지 제의를 하셨다: "내게 구하라. 내가 열방을 유업으로 주리니 네 소유가 땅 끝까지 이르리로다"(시편 2:8). 두 번이나 나는 그의 제의를 거절했다; 그러나 세 번째 너무나 강렬한 강권하심에 나는 드디어 주님께 열방을 달라고 하면서 하나님과의 서약을 온전하게 맺었다.

나는 일본, 홍콩과 태국을 여행하면서 하나님의 이 어마어마한 제의에 대해서 생각했다. 그 당시 나의 사업은 총 매상액이 불과 20만 불 밖에 되지 않는 소규모의 사업이었다. 나는 교육도 잘 받지 못했고, 아브라함처럼 하나님의 약속에 마음이 흔들렸다. 도대체 어떻게 이 성경 구절이 나의 삶에서 성취될 수 있겠는가? 그러나 하나님은 그것이 가능하다고 말씀하셨고, 나는 그를 믿었다.

나는 태국을 오전 6시에 떠나면서 기내에서 경건의 시간을 가지려고 노력했으나, 여행으로 너무 지쳐있어서 집중할 수가 없었다. 성경을 닫으려고 할 때 마치 조각해 놓은 것 같은 한 구절이 내 눈에 들어왔다. "주의 손으로 만드신 것을 다스리게 하시고 만물을 그 발 아래 두셨으니"(시편 8:6). 다시 성령께서 말씀하셨다, "너는 그리스도를 구세주로 알고 있으니까 네가 한국에서 맺은 서약을 뒷받침할 자본을 구해보지 않겠는가?" 바로 그때 나는 하나님께 시편 2편 8절의 말씀에 의지하여 그 돈을 위해 간구하였다. 하나님이 조지 뮬러에게 고아원을 경영하라고 700만 불을 주실 수 있는 분이시라면 그는 분명히 나도 도우실 수 있으리라.

1955년에 주님은 나의 아내와 나를 남미로 보내셨다. 내가 어느 원주민 교회에서 간증을 한 후에 구원의 초청을 하였을 때 초청에 응하여 앞으로 나온 사람들로 가득찼다. 내가 서서 바라보고 있었을 때 주님은 말씀하셨다, "스탠리, 이 세상에서 가장 값진 것이 무엇인가?" 나는 답을 알았다. 한 영혼. 그러자 하나님은 두 번째 말씀하셨다: "스탠리, 한 영혼이 이 세상에서 가장 값지다면, 이생에서 어떤 투자가 이제부터 100년 후에 가장 큰 이익 배당을 지불할 수 있겠는가?" 나는 집, 은행의 돈, 다른 두 회사에 들인 투자, 그리고 은 사업을 생각해 보았다. 이것들은 녹슬거나 먼지가 쌓이든지 타인의 손에 넘겨질 것이다. 지금부터 100년 후에 가장 큰 이익을 낼 수 있는 유일한 투자는 분명히 영원한 것에 대한 투자이다. 그러자 하나님이 세 번째 말씀하셨다. "너는 전 사업을 나에게 넘겨줄 용의가 있는가?" 나는 그것은 너무하다고 주님과 논쟁하였다. 그러나 주님은 상기시켜 주셨다, "스탠리, 나는 너를 위해 십자가 위에서 모든 것을 다 지불했으며, 이제 너는 나의 제자이고, 나는 네 안에 거하고 있는데 네가 가진 모든 것을 다 내게 주지 않고 덜 주겠단 말인가?" 내 마음을 상하게 한 바로 그 부분을 치자 나는 반항했다. 그러자 나는 하나님은 자신을 위해 그것을 원하시지 않고, 나의 이 세상 부(富)를 영원한 보물로 변화시키기를 원하셨다는 새로운 진리에 눈이 떠졌다. "주님, 감사합니다." 나는 말했다. "저에게 있는 것을 다 가지세요."

그 이후로 우리는 처음 것보다 4배나 더 큰 새 공장을 지었다. 후에 우리는 공장을 새로운 곳으로 옮겨야 할 정도로 사업이 번창하여 몇 배나 더 큰 새로운 공장을 짓게 되었다. 1952년의 20만 불의 총 매상액이 2,500만 불 이상으로 늘어났다. 그 사업으로 인하여 약 450명의 전임 선교사들을 후원하고 있는데, 이들의 보고에 의하면, 매년 25,000명이 주님을 믿기로 결단하며 매년 약 85개의 새 교회가 개척되고 있다.

개인적으로, 주님은 나에게 매년 전세계에서 100여 번의 말씀 증거의 사역을 주셨으며, 세 가지 목표를 주셨다: 매일 세 사람을 그리스도께 인도할 것, 내 생애 동안에 백만 명에게 그리스도를 전할 것, 그리고 매년 선교 사역에 백만 불의 헌금을 할 것. 왜 이런 모든 일을 하는가? 하나님의 말씀에서 보자: "이것이 곧 적게 심는 자는 적게 거두고 많이 심는 자는 많이 거둔다 하는 말이로다"(고린도후서 9:6). 하나님께 모든 영광을 드린다.

당신이 소유한 모든 것을 영원한 가치가 있는 것으로 만드는 것은 당신의 능력 여하에 달려있다. 당신은 당신의 은과 금을 불멸의 보석으로 바꿀 수가 있다.

"기본 영어 성경"(Bible in Basic English)의 마태복음 6장 19~21절은 특별히 실제적인 번역을 해주고 있다: "너희 재산을 위해서 재산을 땅에 비축해 놓지 말라. 그것은 벌레와 날씨로 인하여 먼지로 변할 것이며; 도둑이 강제로 들어와서 훔쳐가 버릴 것이다. 그러나 너희 자신을 위해서 재산을 천국에 저장해 놓아라. 그 곳은 먼지로 변화시키지 않을 것이며, 도둑이 훔치러 들어오지도 않는다. 너희 재산이 있는 곳에 너의 마음도 있게 될 것이다."

이 번역에는 영어 68자만을 사용했는데, 다만 현명한 자들만이 깨달을 수 있게한 암시에 불과하다. 이것은 어리석은 자가 계속 무시하는 중요하고도 기능적인 진리이지만, 현명한 자는 염두에 두며 유의할 진리이다. 이것은 신약 전체에서 찾아볼 수 있으며 세상에서의 부(富)의 문제에 대한 그리스도와 사도들의 가르침에서 나타나 있다.

당신은 시간, 돈, 능력과 기회를 가지고 있다. 그런 것들은 영원속에서 당신에게 무슨 의미를 줄 것인가?

초청의 글

이 책에 실린 스물한 분의 진솔한 신앙 고백은 공통점이 하나 있습니다. 그것은 그들 모두가 예수님을 개인적으로 그리고 인격적으로 만났다는 사실입니다. 또 놀라운 것은 그들이 예수님을 만난 후 생애의 목적과 방법이 완전히 변화되었다는 사실입니다. 어떤 분들은 교회를 다니다가, 어떤 분들은 교회와 전혀 관계없이 살다가, 어떤 분들은 타종교에 심취했다가 예수님을 만나고 변화되었습니다. 흥미롭게도 어떤 사람들은 십대의 나이에, 어떤 사람들은 청년의 나이에, 또 어떤 사람들은 장년의 나이에 예수님을 만났습니다.

이 글을 읽는 독자도 이 진솔한 저자들의 글로 인하여 예수님을 만나기 원하는 마음이 생겼다면, 나이와 신분과 관계없이, 그리고 현재 어느 곳에 있든지 상관없이, 예수님을 만나 그 생애가 변화되어 적극적이고도 보람된 삶을 영위할 수 있습니다. 여기에 제시한 간단하나 중요한 내용을 따르면 될 것입니다. 그러나 먼저, 조용한 장소를 찾으십시요. 주위가 산만하면 집중도 안 되고 또 예수님과 대화하기도 어려울 것입니다. 그런 다음, 다음의 핵심 내용을 음미하십시요.

첫째, 당신이 예수님 만나기를 원하는 것 못지 않게 예수님도 당신을 만나기 원하십니다. 왜냐하면 예수님은 당신이 풍성하고도 의미있는 인생을 영위하기를 원하시기 때문입니다. 성경은 당신을 향한 예수님의 마음을 이렇게 표현합니다: "내가 온 것은 양으로 생명을 얻게 하고 (그 생명을) 더 풍성히 얻게 하려는 것이라"(요한복음 10:10). 물론 여기서 "양"은 당신을 가리킵니다. 예수님과 당신의 관계를 목자와 양으로 묘사한 것은 애정과 보호를 강조하기 위함입니다.

둘째, 그러나 당신이 이 놀라운 생명을 누리지 못하는 이유는 죄 때문입니다. 성경에서 말하는 죄의 시발점은 우리 인간을 창조하시고 사랑하시는, 그래서 풍성한 생명을 주시기 원하는 하나님을 멀리한 것입니다. 마치 자녀가 부모를 등진 것과 같습니다. 다시 말해서, 하나님과 아무런 관계를 맺지 못하고 있다는 말입니다. 우리는 그런 이유 때문에 인생이 어디에서 왔으며, 왜 살고 있으며, 또 어디로 가고 있는지 알지 못합니다. 우리는 인생의 궁극적인 목적과 의미도 모르는 채 시시때때로 외로움을 느낍니다. 두려움도 느낍니다. 그러면서 우리는 그러면 안된다는 것을 뻔히 알면서도 여러 가지 유혹과 죄에 빠집니다. 성경은 이런 상태를 이렇게 묘사합니다: "하나님의 손이 짧아 구원치 못하심도 아니요 귀가 둔하여 듣지 못하심도 아니라. 오직 너희 죄악이 너희와 너희 하나님 사이를 내었고 너희 죄가 그 얼굴을 가리워서 너희를 듣지 않으시게 함이라"(이사야 59:1~2).

셋째, 그러나 죄인된 우리를 향한 하나님의 마음은 미움이 아니라 애틋한 사랑입니다. 성경은 그 마음을 이렇게 표현합니다: "너희를 향한 나의 생각은 내가 아나니 재앙이 아니라 곧 평안이요 너희 장래에 소망을 주려하는 생각이라. 너희는 내게 부르짖으며 와서 내게 기도하면 내가 너희를 들을 것이요 너희가 전심으로 나를 찾고 찾으면 나를 만나리라"(예레미야 29:11~13).

무엇을 근거로 우리가 하나님을 찾으란 말입니까? 선행입니까? 종교입니까? 죄의 포기입니까? 아니면 구제입니까? 이 모든 것은 훌륭한 행위이기는 하나 그 행위로서는 하나님과의 관계를 회복할 수 없습니다. 왜냐하면 하나님은 완전히 의로우신데, 우리는 그 행위로는 완전히 의로와질 수 없기 때문입니다. 다시 말해서, 우리는 우리의 죄 문제를 완전히 해결할 수 없습니다. 해결은커녕 오히려 죄에 대한 심판을 받아야 마땅합니다. 그 심판이 바로 죽음이요 그리고 지옥입니다.

그러면 어떻게 해야 됩니까? 우리는 가망이 없지 않습니까? 그렇습니다. 우리에게는 아무런 소망이 없습니다. 그런 까닭에 하나님께서 이 문제를 해결하셨습니다. 그 해결이 바로 예수 그리스도입니다.

하나님은 우리들 죄인을 사랑하시지만 그렇다고 그분의 공의(公義—justice)를 포기하실 수도 없고 또 포기하셔도 안됩니다. 만일 하나님께서 공의를 포기한다면 어떻게 우리들의 죄들과 불의를 심판하실 수 있겠습니까? 그런 이유 때문에 예수님이 십자가에서 처참하게 죽으셨습니다.

예수님은 짧은 생애를 깨끗하게 그리고 죄없이 사셨습니다. 죄는커녕 오히려 죄인들을 용서하시고, 어린 아이들과 가난한 자들의 친구가 되셨고, 병자를 고치셨으며, 죽은 자들을 살리셨습니다. 그런데 왜 예수님은 십자가에서 피흘리며 죽으셨습니까? 그분의 죄 때문이 아니라 우리들 죄인을 대신하여 죽으신 것입니다. 다시 말해서, 우리가 받을 심판과 죽음을 하나님의 아들인 예수님이 담당하셨습니다.

그러나, 예수님은 죽음으로 끝을 맺지 않으셨습니다. 그분은 우리들의 모든 죄가 용서되었다는 것을 보여주고 또 선포하기 위하여 죽은 지 삼 일 만에 다시 부활하셨습니다. 성경은 그분의 죽음과 부활에 대하여 이렇게 말합니다: "예수는 우리의 범죄함을 위하여 내어줌이 되고 또한 우리를 의롭다 하심을 위하여 살아나셨느니라"(로마서 4:25).

넷째, 그러면 우리들 죄인은 자동적으로 죄를 용서받고 인생이 변화됩니까? 아닙니다! 우리들 한 사람 한 사람이 부활하여 살아계시는 그리고 지금 우리를 부르고 계시는 예수님 앞으로 나아와야 합니다. "오라 우리가 서로 변론하자. 너희 죄가 주홍 같을지라도 눈과 같이 희어질 것이요 진홍 같이 붉을지라도 양털 같이 되리라"(이사야 1:18)고 죄의 용서를 약속하며 우리를 부르시는 예수님에게 믿음으로 나아와야 합니다.

예수님은 이렇게 우리를 초청하고 있습니다: "볼지어다, 내가 문 밖에 서서 두드리노니 누구든지 내 음성을 듣고 문을 열면 내가 그에게로 들어 가리라"(요한계시록 3:20). 여기에서 "문"은 바로 당신의 마음의 문입니다. 믿음으로 문을 열고 예수님을 당신의 구세주로 영접하십시요. 그분은 약속대로 당신의 죄를 용서하고 당신의 삶 속으로 들어가십니다. 당신의 생애는 변화될 것입니다.

다음과 같이 진실되게 그리고 엄숙하게 기도하실 수 있습니다: "하나님, 저는 죄인입니다. 저의 모든 죄를 가지고 예수님에게 나옵니다. 십자가 위에서 흘리신 그 피로 저의 모든 죄를 씻어주옵소서. 그리고 예수님을 저의 마음 속에 영접합니다. 들어와 주옵소서. 오늘 저를 용서하시고 약속대로 저의 생애 속으로 들어오신 것을 감사합니다. 저의 남은 인생을 예수님에게 맡깁니다. 예수님의 이름으로 기도합니다. 아멘."

다섯째, 당신이 이 기도를 진심으로 하셨다면, 예수님의 약속대로 당신의 죄가 용서되었습니다. 예수님은 죄를 얼마나 철저하게 용서하셨는지 당신의 죄를 기억지도 않는다고 했습니다. "저희 죄와 저희 불법을 내가 다시 기억지 아니하리라"(히브리서 10:17). 그뿐만이 아닙니다. 예수님은 약속대로 당신의 마음 속에 들어가셨습니다(요한계시록 3:20). 믿음은 감정을 의지하는 것이 아니라 성경 말씀의 약속을 그대로 받아들이는 것입니다. 또 있습니다. 하나님은 당신을 하나님의 자녀로 삼으셨습니다. 성경에 이렇게 약속되어 있습니다: "영접하는 자 곧 그 이름을 믿는 자들에게 하나님의 자녀가 되는 권세를 주셨느니라" (요한복음 1:12).

여섯째, 이제 하나님의 자녀가 되었으니 그 신분에 걸맞는 삶을 살아야 합니다. 우선, 매일 아침 저녁으로 성경을 읽으십시오. 성경 말씀은 영적 양식입니다. 이 영의 양식을 부지런히 먹을 때 당신은 건강하게 성장합니다. 예수님의 충고를 들어보십시오: "사람이 떡으로만 살 것이 아니요 하나님의 입으로 나오는 모든 말씀으로 살 것이라"(마태복음 4:4). 이 말씀은 하나님, 예수 그리스도 및 성령에 대하여 알려 줄 뿐 아니라, 우리의 과거의 나쁜 습관을 없애고 새로운 성경적 습관을 제공합니다.

그리고 기도하십시요. 기도는 하나님과의 대화입니다. 기도를 통하여 우리는 하나님을 만나고 또 우리의 마음을 하나님에게 알려드립니다. 그뿐 아니라, 기도를 통하여 우리는 깨끗하고 능력있는 삶을 살게 됩니다(요한복음 15:7, 빌립보서 4:6~7을 보라).

다음으로 복음을 전하며, 성경을 올바로 가르치며, 그리스도인들간에 사귐이 있는 교회를 찾으십시오. 그 교회에서 정규적으로 예배를 드리며 훈련을 받을 때 당신의 영적인 가정을 찾은 것입니다(히브리서 10:25를 보라).

마지막으로, 당신이 예수 그리스도를 믿고, 영접하고 구원받은 사실을 만나는 사람에게 나누십시오. 가족에게도 나누십시오. 친척과 친구들에게도 나누십시오. 말로 잘 나누지 못할 경우에는 좋은 도서를 소개하든지 선물하면 효과가 좋을 수 있습니다. 이 도서, 「나는 어떻게 예수님을 만났는가?」를 선물할 수 있습니다.

이제, 당신도 이 책의 저자들처럼 예수님을 당신의 구세주로 영접한 것을 진심으로 축하합니다. 오늘 날짜를 성경에 기록하여 두고 기억하기를 바랍니다. 그리고 또 당신의 결정을 우리에게 알려주어 당신의 기쁨을 함께 나누기를 바랍니다. 우리에게도 큰 격려가 될 뿐 아니라 당신을 위하여 기도하겠습니다. 감사합니다.